Johanne Ladner
Vaterbriefe

Erster Band

Vaterbriefe

Worte der Ewigen Liebe

durch die innere Stimme

des Geistes empfangen

von

Johanne Ladner

Erster Band

Bibliografische Information der Deutschen Nationalbibliothek: Die Deutsche Nationalbibliothek verzeichnet diese Publikation in der Deutschen Nationalbibliografie; detaillierte bibliografische Daten sind im Internet über http://dnb.dnb.de abrufbar.

Neuauflage 2021 der 3. Auflage von 1933 erschienen im Neu-Salems-Verlag
Neu herausgegeben von Klaus Kardelke
Umschlagfoto: Pixabay
Herstellung und Verlag: BoD – Books on Demand, Norderstedt
ISBN 978-3-7534-2065-3

Vorbemerkung

Eine einfache Frau des Volkes war es, durch welche die Liebe Gottes die in diesem Büchlein gesammelten Stärkungsworte und Belehrungen an die Menschenkinder ergehen ließ. Die Worte waren zunächst für einen engeren Kreis der Freunde des durch den großen Seher der Neuzeit, Jakob Lorber, geoffenbarten Gotteslichtes bestimmt. Aber die zu Herzen dringende Liebesweisheit dieser schlichten „Vaterbriefe" machte sie bald zu einem wahren Volksgute, einem Quell des Trostes, der Belehrung und Erquickung für viele Menschen, die eine unmittelbare Verbindung mit dem Herzen Gottes, dem Vater in Jesus, ersehnen.

Johanne Ladner, die Mittlerin dieser „Briefe", lebte von 1824 bis 1886 in Württemberg. Sie war lange Jahre hindurch Hausmutter in einer Krankenanstalt des bekannten Menschenfreundes Gustav Werner in Reutlingen. Später war sie an verschiedenen Orten als Wochenbettpflegerin tätig und widmete so als eine barmherzige Seele ihre Kräfte zeitlebens dem Dienste der Nächstenliebe.

In vorgerücktem Alter nahm sie ihren Wohnsitz in Bietigheim, Württemberg, und lernte hier durch den damaligen Leiter des Neu-Salems-Verlages, E.F. Landbeck, die Werke und Schriften Jakob Lorbers kennen.

Durchdrungen von der himmlischen Wahrheit und dem Liebegeist der Eröffnungen Jakob Lorbers stellte sie ihr ganzes Sein und Wirken unter dieses Licht. Und da der Herr Selbst verheißen hat: „Wer Meine Gebote der Demut hat und hält, ... dem will Ich Mich offenbaren", so geschah es, dass auch im Herzen der einfachen, liebetätigen Magd die Stimme des göttlichen Geistes sich vernehmen ließ. Und zumeist war es an den Abenden, die ein besonders aufopferndes und aufreibendes Tagewerk abschlossen, dass sich die ewige Liebe des himmlischen Vaters herniederneigte und ihr diese Briefe in den ihrer Fassungskraft entsprechenden Worten ins Herz gab.

Möge das Licht dieser denkwürdigen Botschaften auch in der heutigen großen Entscheidungs- und Wendezeit vielen Menschen den Weg der Demut und tätigen Liebe zum Vaterhause und zu einem ewigen, seligen Leben in Gott weisen!

Der Herausgeber

Verheißung

„Wer Meine Gebote hat und hält,
der ist es, der Mich liebt.
Wer Mich aber liebt, der wird
von Meinem Vater geliebt werden.
Und Ich werde ihn lieben
und Mich ihm offenbaren.“

(Joh. 14,21)

„Ich habe euch noch viel zu sagen;
aber ihr könnt es jetzt nicht tragen.
Wenn aber jener, der Geist der Wahrheit, kommt,
der wird euch in alle Wahrheit
leiten.“

(Joh. 16,12-13)

Vorwort des Vaters

Liebe Kinder! Bei manchem, der die Worte liest, welche Ich euch unmittelbar zukommen lasse, ist es ein Stein des Anstoßes, dass Ich in so herablassender Weise mit Meinen Kindern verkehre. Diese Zweifler können aber keinen eigentlichen Beweis liefern, warum solches nicht möglich sei, sondern es ist ihnen eben zur Gewohnheit geworden, das als ihren wahren Glauben zu betrachten, was sie in der Schule und Kirche gelehrt wurden, wobei sie seither so bequem leben konnten, mit der Entschuldigung, dass sie sich eben auf die Versöhnung verlassen, weil es nicht möglich sei, durch Werke selig zu werden.

Sie haben zum Teile recht, denn diese Werke, welche sie da zu Meiner Versöhnung meinen, haben allerdings vor Meinen Augen keinen Wert, weil es meist materielle Opfer sind, woran das Herz und die Liebe nicht teilgenommen haben, sondern wobei die Triebfeder „Spekulation" auf den Himmel genannt werden kann.

Es scheint solchen Seelen die Aufgabe zu groß, mit Mir, als dem heiligen und liebevollsten Gott sich in einen lebendigeren Verkehr zu setzen. Sie sind oft zu ängstlich dabei und sagen, es könne in der Heiligen Schrift kein Beweis dafür gefunden werden – während es dort deren viele gibt und einem wahrhaft aufrichtig Suchenden bald solche Stellen klar werden, die darauf hinweisen, wie Ich immer wieder auf wunderbare Weise Mich und Meine Allmacht den Menschen kundgab.

So z.B. bei dem Teiche Bethesda, all wo ein Engel das Wasser segnete, damit die Kranken gesund wurden. Es taucht hier die Frage auf, warum gerade nur der erste gesund ward, der da hineinstieg. Und es wird wohl jedes die Antwort schuldig bleiben. Denn die richtige (Antwort) ist: Es gehörte auch diese Gnaden- und Liebe-Einrichtung, welche vom Himmel aus gespendet wurde, zu den unerforschlichen Dingen, welche zeugen von der Verbindung zwischen Himmel und Erde (was mit dem natürlichen Verstande eben nicht begriffen werden kann). Aber der Segen von diesem Glauben ist es, der (euch) klarmachen soll, dass Wahrheit ist, was ihr glaubet!

Nun habe Ich damals auch einen Kranken geheilt, ohne das äußere Mittel, das er so lange gesucht hatte. Auch dieser Kranke suchte seine Heilung in dem äußeren Mittel und wartete lange

Zeit darauf. Doch bat er Mich dabei auch im Herzen um das Gelingen.

Und darum – weil er sich an Mich wendete – wurde ihm die rechte Hilfe zuteil.

Wendet ihr jetzt euer Auge auf das Gebiet, von welchem einst Mein Prophet (Hes. 37) so traurig klagte, es sei „ein Totenfeld und der Leichengeruch gehe darüber" (sah er doch im Geiste die Seelen der Menschen, welche dem geistigen Tode entgegengingen und teils schon ganz stumpf waren und teils sich angetrieben fühlten, nach Rettung suchen) – so wird euch klar werden, dass (auch heute) eine ganz außerordentliche Hilfe dazu nötig ist, dem derzeitigen Verderben zu steuern. Und Ich will deshalb als der ewig unveränderliche Gott, als der Ich schon vor Meiner Menschwerdung immer wieder, teils zur äußeren Abhilfe, teils zur Rettung der Seelen, Heilanstalten traf, auch nun wiederum unerforschliche Mittel gebrauchen, um über die Totengebeine dieses Leichenfeldes Leben zu hauchen.

Also sagt den Ungläubigen oder noch Unwissenden, dass Ich darum nun gleichfalls wieder unmittelbar mit einzelnen Menschen verkehre.

Und wie Ich dort einst den Segen in das Wasser legte im Teiche Bethesda, so will Ich auch zu dieser jetzigen Gnaden-Anordnung Meinen Segen geben, damit alle, die sich geistig krank fühlen und lange schon auf Hilfe warten (die ihnen aber von keinem Menschen gebracht wird) – nun von Mir Selbst besucht werden. Gleichwie der Gichtbrüchige, der mit zäher Ausdauer auf das Gnadenmittel wartete, das vom Himmel aus gesegnet wurde, so sollen nun noch viele gesegnet werden durch das Wasser des Lebens, das vom Himmel euch zukommt.

Weiset viele hin auf den „Teich Bethesda"! – Und so wie Ich einst dort segnete, will Ich als der ewig Unveränderliche es auch jetzt noch tun. Denn abermals bin Ich gekommen, nicht um aufzulösen, sondern zu erfüllen.

Viele werden noch zeugen müssen, wie ihnen der Glaube an Meine herablassende große Vaterliebe zur geistigen Genesung verholfen hat. Darum soll auch euer Glaube mit Sieg gekrönt werden! – Amen.

1. Selig sind die da Leid tragen, denn sie sollen getröstet werden!

(Mt. 5,6)   27. Sept. 1877

Meine lieben Kinder! Ich will alle Meine Kinder, welche Mich als den Vater erkennen, und sich dem (beseligenden) Gedanken hingeben, dass Ich unter ihnen weile, und ihnen direkte Worte mitteile, nun aber durch Meine Zulassungen in Zweifel darüber geraten sind und deshalb sich betrüben, mit besonderer Freudigkeit in ihrem Herzen segnen; sie sollen erfahren, dass Der, welchen sie suchten, bei ihnen Wohnung genommen hat. Ich lasse nicht vergebens nach Mir fragen, sondern lasse Mich finden, in Meiner Liebe und Erbarmung.

„Es ist aber ein köstlich Ding, dass das Herz fest werde" (Hebr. 13,9). Diese Worte gelten hauptsächlich denen, welche an Meine direkten Worte glauben; denn ohne festes Vertrauen und Glauben kann Ich aus ihnen keine Werkzeuge machen, welche auch ihre Nebenmenschen zu Mir, als dem alleinigen Vater, führen. Darum befleißiget euch in der Liebe zu Mir und eurem Nächsten, im festen Glauben und Vertrauen. Keines sehe auf das andere, sondern jedes trinke an der wahren Quelle das lebendige Wasser, welches Kraft verleiht, sich und andere dem Ziele zuzuführen, zu welchem der Mensch bestimmt ist, nämlich zu dem Urquell zu gelangen, zu Mir – dem Vater der Liebe! Amen!

2. Lobe den Herrn Meine Seele, und was in Mir ist seinen heiligen Namen!

(Ps. 103)   30. Sept. 1877

Liebe Kinder! Meine Kinder sollen Mich nicht nur lieben, sondern auch ehren, sie sollen Mich in ihr ganzes Wesen aufnehmen – auch als Regent. Ihre Seele soll Mich loben, soll immer mehr göttlicher Natur, und mit dem was in ihr ist, vereint werden, nämlich mit dem (göttlichen) Odem Meines Ichs; sie soll zeugen, dass sie göttlicher Abkunft ist, und wieder ihrem Ursprung zueilen will.

So wird durch Meine wahren Kinder, durch Ihr Leben und Wirken Mir das Zeugnis ausgestellt, dass Ich den Menschen nach Meinem Ebenbilde geschaffen habe, und ihn einst wieder zu Mir erheben will.

Sehet, liebe Kinder, dies ist eure Aufgabe; beherziget sie wohl, wirket still durchs Leben, und es wird sodann die Zeit auch nicht auf sich warten lassen, wo ihr Verbreiter Meiner direkten Worte werden könnt, und Ich will euch Meinen vollen Vatersegen dazu geben. Dies eurem kleinen Geschwisterkreise, euer lieber Vater.

3. Meine Kraft ist in den Schwachen mächtig!

(2. Kor. 12,9)   3. Oktober 1877

Liebe Kinder! Diese Worte gelten auch euch, die ihr mit so viel Zweifel euch herumgetrieben habt; ihr seid dadurch in eurem Herzen immer mehr zur Überzeugung gelangt, dass ihr durch Meine Hilfe gestärkt worden seid im Vertrauen und in der Liebe zur Mir. Ihr finget an, Mich in eurem Herzen zu suchen, welches allein fähig ist Mich zu erkennen, nachdem ihr Mich vorher mit dem Verstand erfassen wolltet, und darum wurdet ihr irre. Ihr konntet die Widersprüche nicht lösen, welche Ich zugelassen habe, um euch auf euer Herz (zurück) zu führen, um auf dasselbe acht zu haben.

Nun aber sage Ich euch abermals: Es ist ein köstlich Ding, dass das Herz Festigkeit erlangt im Vertrauen und in der Liebe zu Mir. Darum denkt nicht zu viel über eure äußeren Führungen nach, sondern überlasset dieselbe Mir, und besorget euer Herz, euer Tun und Lassen nach dem Gebote der Liebe zu ordnen.

Ich will Wohnung bei euch nehmen, und habe Meine direkten Worte, welche Ich durch Meine Diener niederschreiben ließ, in eure Hände kommen lassen. Leset sie mit dem Vorsatze denselben nachzukommen, und sie durch Liebe und euer Beispiel vor euren Nebenmenschen wert zu halten, damit es euch gelingen möge, noch viele für Mein Vaterherz zu gewinnen!

Der erste Posaunenstoß ist vorüber, der zweite naht sich in ganz anderer Weise als ihr es ahnet, es sind Aufforderungen zur Tat, zum ernstlichen Vorwärtsschreiten. Nachdem Ich Meine Liebe euch in vollem Maße zu kosten gegeben, sollt ihr die Liebe mehr als das Gesetz ehren, ihr sollt mit Freudigkeit das erlangen, was euch zuvor nur durch Kampf gelingen wollte, es soll euch keine Pflicht mehr sein, an Mich zu denken, sondern ein dankbares Gefühl soll euch beherrschen, dass ihr Mich nicht vermissen wollt!

Es werden euch noch viele Worte zukommen, welche die wirkende Kraft in sich tragen, euch immer mehr mit Mir zu vereinen, so ihr dieselben in der Liebe zu Mir, und im festen Glauben an Mich lesen werdet.

Darum fanget aufs Neue an, Meine Worte mit hungrigem Herzen zu erfassen. Glaubet ja nicht, dass ihr gesättigt seid und Himmelsbrot genug in Händen habt. Ich der Geber desselben, weiß besser, wie viel ihr noch nötig habt und werde noch vieles niederschreiben lassen zu eurer Stärkung. Amen! Euer Jesus.

4. Über das kindliche Vertrauen
bei der Erfahrung, dass sich nicht immer das bewähret,
was man bittet und hofft

7. Oktober 1877

Liebe Kinder! Wenn ein Kind zu Mir kommt und dabei meint, es sei versichert, dass seine Bitte eine gerechte sei, hauptsächlich weil sie auf der Nächstenliebe beruht, so lasse Ich es oft lange, teilweise ganz, auf die Erfüllung seiner Bitte warten, weil ihm dadurch oft ein viel größerer Segen zuteilwird, als durch schnelle Hilfe. Da heißt es: „Grabe durch die Wand!" –

Auch ihr sollt immer mehr durch die Wand tiefer graben (d.h. im Gemüte nachdenken) über euer eigenes Wesen, so auch über die Heilung der Kranken, welche, wenn sie gleich aus Liebe zum Nächsten so sehr in euch verlangt wird, doch oft mehr das Äußere dabei im Auge hat, als das Wachstum im Geistigen. Glaubet daher, dass wenn auch alles fehl schlägt bei solchen Kranken, euer Gebet für sie dennoch kein vergebliches war, sondern seine Kraft sich früher oder später von Innen beweisen wird, und auch ihr selbst nicht unbeteiligt dabei bleibet.

Daher fahret fort immer mehr auf die Gesundheit der Seelen zu wirken, wenn eine Aufforderung an euch kommt (zur Fürbitte), und ihr werdet bald erfahren, dass wenn auch die äußere Krankheit nicht so schnell, wie ihr es glaubet, behoben wird, doch dabei die Wirkung derselben diejenige ist, welche Ich eben durch das Auferlegen einer Krankheit erzielen wollte. Bleibet deshalb unverdrossen, wenn es euch nicht (nach eurem Wunsche) gelingen will, erst nach und nach wird euch mehr zugelassen werden von eurem Vater!

5. Über das Bewusstsein, dass der Vater bei uns ist

9. Oktober 1877

Liebe Kinder! Nachdem Meine Kinder, selbst nach vielen Kämpfen und Zweifeln in ihrem Herzen fest halten, dass Ich es bin, welcher zu ihnen redet, so will Ich Mich ihnen jeden Tag mehr zu erkennen geben; es soll aber dies nicht sowohl in äußeren Worten geschehen, als vielmehr in ihrem Herzen.

Jedem unter euch soll seine Hauptsorge sein, auf das zu merken, was in ihm vorgeht, und es wird ihm bald klar werden, ob die äußeren Worte, welche Ich niederschreiben lasse, zum innigen Verband unter euch und noch vielen, welche berufen werden Meine wahren Kinder zu werden, um den Vaternamen in seiner ganzen Bedeutung fassen zu lernen, - ob diese Worte mit dem, was in eurem Herzen vorgeht, übereinstimmen.

Ihr traget das Verlangen in euch für Mich zu wirken; doch erst dann, wenn ihr ganz überzeugt seid, auf welche Weise ihr Meine Liebe zu fühlen und zu genießen habt vor vielen anderen, wird es euch möglich werden, für Mich Weiteres zu tun. Denn das Bewusstsein, dass Ich es Selbst bin, Der in euch wirket und mit euch verkehrt, ist eine Hauptbedingung; ihr werdet dann mit Demut bekennen, dass ihr ohne Mich nichts vermögt, und stets bemüht sein, euch Meiner mehr würdig zu machen! Darum prüft ernstlich was da gegeben wird, es ist nötig zu eurem Fortschritte. Amen!

6. Über die Freude,
wenn wir fühlen, dass der liebe Vater Seine Hilfe uns zusagt

14. Oktober 1877

Liebe Kinder! Dies, liebe Kinder, ist jetzt eure Aufgabe, dass ihr euch immer mehr vergewissert, dass ihr des Vaters Stimme in eurem Herzen fühlt; ihr sollt euch ganz auf dieselbe verlassen können, in allem, was euch vorkommt, auch in weltlichen Geschäften!

Dazu gehört aber, dass ihr euch alle Mühe gebet, alles aus eurem Herzen zu entfernen, was sich mit Meinem Wesen nicht vereinigen lässt; als da ist: Eigenliebe, Hoffart, Stolz, Neid, Falschheit, Lieblosigkeit jeder Art, sowohl gegen Gott, als gegen den Nächsten. Denn Ich kann Mein Bild nur dann in euch geben, so das Herz rein ist, aber sobald es getrübt wird, könnt ihr nicht als Meine wahren Kinder euch freuen und wirken.

Es handelt sich jetzt nicht allein um ein Gefühlsleben, sondern ihr sollt im Wandel und in der Tat Mir jetzt nützlich werden, gleichwie ein Kind, das seinem Vater ähnlich sieht, dadurch noch wenig Wert hat, erst wenn der Vater sieht, dass es urteilsfähig ist, und selbst wählen kann, wird er sein Kind mit ganzer Liebe in sein Inneres aufnehmen, und ihm jeden Tag mehr sein Denken, sein Wissen und seine Kunst mitzuteilen suchen; also auch bei euch! Jetzt, da die Zeit gekommen ist, wo ihr das Wesen des Vaters immer mehr erkennen lernet, soll eure Entscheidung dahin gehen, euch ganz nach Meinem Willen zu richten, und demgemäß zu denken und zu handeln, und in Meiner Haushaltung die Ordnung, welche Ich eingeführt habe, zum Wohle der ganzen Menschheit, immer mehr aufrecht zu halten, und somit kann Ich euch keine größere Aufgabe mehr geben, als ihr schon habt; fanget an im Kleinen dieselbe auszuführen, und der Zuwachs im Größeren wird euch nicht ausbleiben. Amen! Euer Vater.

7. Über die wahre Treue eines Kindes zum liebevollsten Vater

17. Oktober 1877

Liebe Kinder! Ein Kind, das seinen Vater lieb hat, folgt demselben, auch wenn es nicht begreifen kann, auf welche Weise diese oder jene seiner Anordnungen zu seinem Wohle dienlich ist; es weiß, „der Vater liebt mich, und versteht besser als ich, was mir gut ist."

So, Meine lieben Kinder, sollt auch ihr, nachdem ihr Mich als Vater anrufet, bei allen euren Vorkommnissen euch dem Gedanken hingeben, der liebe Vater weiß besser als ich, was mir gut ist, und durch diesen Gedanken geleitet, euren freien Willen aus eigenem Antrieb und aus Liebe zu Mir dem Meinigen unterordnen.

Nur dann, wenn der Verstand nicht mehr das Herz bemeistern will, ist dies euch immer mehr möglich. Der Verstand wählt nach dem, was ihm durch die Sinneswerkzeuge von außen zu beurteilen beigebracht wird, und daher beziehen sich seine Ansichten mehr auf äußere Vorkommnisse und Interessen; ebenso auch das Urteil über einen Menschen oberflächlich (richtend) geschieht, während das Herz, als Wohnsitz der Liebe, sowohl im Vertrauen auf Meine Führung, als beim Urteilen, nur bemüht ist das Richtige durch die Liebe herauszufinden, und daher festhält im Vertrauen zu Mir (auch wenn ihm manches dabei unklar ist), weil es Mir treu bleiben und folgen will, gleichwie ein Kind oft unbedingt des Vaters Rat annimmt, auch wenn es dessen Folgen nicht ganz begreift, in der Hoffnung, dass es ihm später begreiflicher werde, somit seine Pflicht gegen den Vater erfüllt und sich dabei ruhig fühlt.

Also sollen auch Meine wahren Kinder folgen, weil sie wohl wissen, dass Ich ihnen nichts zumute, was gegen das Hauptgebot geht: „Liebe Gott und deinen Nächsten!" Wenn sie so das prüfen, was ihnen nach ihrem Urteil nicht annehmbar erscheint, dann werden sie bald finden, dass es gegen ihr Eigenes berechnet ist, sei es zu gewinnen oder zu verleugnen; denn durch Verleugnung gelanget ihr wieder am besten zu einem Gewinne. Gleichwie im Äußeren eine Darangabe stattfindet, ehe ihr zu einem Besitze gelanget, also geschieht auch bei geistigen Gütern ein Austausch.

Mögen deshalb Meine Kinder sich immer mehr vertrauensvoll an Mich wenden, und sich üben in der Treue, in dem, was ihnen anvertraut ist, so werden sie bald finden, dass sie bei einer gänzlichen Hingabe mehr gewinnen, als wenn sie ihren freien Willen durch den berechnenden Verstand leiten lassen. Amen!

8. Kurzer Wegweiser zum Herrn

18. Oktober 1877

Meine lieben Kinder! Ich will euch jetzt jeden Tag den Weg näher bezeichnen, der zu Mir führt. Er soll einem jeden unter euch sein eigenes Wesen mehr aufgedeckt werden, um zu erkennen, was die Scheidewand zwischen euch und Mir bildet. Verzaget dabei nicht, wenn ihr einsehen lernet, wie groß da eure Entfernung noch ist; auch die äußeren Vorkommnisse werden noch dazu dienen, euch besser selbst prüfen zu lernen.

Ich will jedem unter euch seine Schulaufgabe Selbst stellen; sorget deshalb nicht, wenn Ich von Wirksamkeit rede, dass ihr nicht Gelegenheit habt, diese anzuwenden. Also, seid zuerst tätig an euch selbst; suchet alles auszumerzen, was nicht tauglich ist in Meiner Gegenwart. Habt ihr doch Belehrung genug über diesen Punkt. Dann lasst es euch ein Anliegen sein, eure Umgebung durch euer gutes Beispiel in der Liebe zu gewinnen, ehe ihr Anwendung von Meinen Worten bei derselben zu machen suchet; denn nur die Liebe bahnt den Weg zum Herzen, nicht aber Belehrungen, welche oft auf Eigendünkel beruhen.

Machet euch jeden Tag mehr frei vom Urteil fällen, hauptsächlich auch in geistiger Hinsicht über eure Geschwister. Bedenkt dabei, dass Ich es bin, Der alle berufen hat, welche mit euch verbunden sind. Sind sie Mir angenehm, so sollt auch ihr sie alle mit Liebe in euer Herz aufnehmen; denn nur so kann der geistige Fortschritt geschehen, der das Band der Gemeinschaft fester bindet, und euch tauglich macht, als ein Ganzes etwas für Mich zu tun.

Befleißiget euch mehr der Geduld, sowohl mit euch selbst, als mit anderen! Wenn ihr an euch selbst wahrnehmet, wie schwer ihr ganz los werdet von einem Fehler der euch anklebt, so hoffet dabei auf Meine Durchhilfe, und haltet an im Gebet; vergesset dabei nicht, auch für diejenigen zu bitten, an welchen euch oft ein besonderer Fehler in die Augen fällt, anstatt über sie zu urteilen, so wird euch allen dadurch Meine Hilfe zugesichert!

Blicket nicht zu viel zurück auf die Vergangenheit, sondern strebet vorwärts nach dem Ziele, das euer geistiges Auge erblickt; hoffet auf Meinen Beistand, bei allem, was ihr in Meinem

Namen unternehmet; überlasset Mir die Zeit der Gebetserhörung, mit welchem Ich oft lange verzeihen muss, zu eurem und anderer Wohl.

Betrachtet die Worte, welche Ich euch nun niederschreiben lasse, als eine Zugabe zur Hauptgabe – der Heiligen Schrift, welche Ich zur Zeit Meines Erdenwandels niederschreiben ließ. Vergesset nicht, aus derselben euch Wahrheit zu holen, welche für alle Fälle im Leben mit derselben versehen ist. Fanget bei euren Mitmenschen damit an, mehr auf dieselbe aufmerksam zu machen, ehe ihr Meine (neuen) Worte, durch Meine jetzigen Schreiber gegeben auftischen wollt.

Es soll euch das Anliegen für Mich zu wirken mehr im Herzen beschäftigen, bis ihr mehr fähig seid, auch im Äußeren eine innere Überzeugung an den Tag zu legen; gedenkt des Spruches: „Bittet, so wird euch gegeben, suchet, so werdet ihr finden, klopfet an, so wird euch aufgetan," (Mt. 7,7) nämlich zuerst das Vaterherz, dann das Herz eurer Mitmenschen. Amen!

9. Selbstprüfung

21. Oktober 1877

Liebe Kinder! Indem Ich nun angefangen habe euch den Weg zu zeigen, der zu Mir führt, so will Ich denselben sowohl im Äußeren als im Inneren näher bezeichnen. Alle Untugenden, welche ihr mehrfach kennt, sollen nicht nur bei euch in eurem äußeren Leben nicht mehr zum Vorscheine kommen, sondern sie sollen nach und nach ganz aus eurem Herzen entfernt werden. Ihr sollt in dasselbe Tugenden dafür aufnehmen, welche euch regieren sollen, und um dieselben zu erlangen, zu Mir kommen, mit Bitten und Gebet. Denn durch das Verlangen nach Kraft zur Tugend wird der Weg zu Mir gebahnt.

Sobald ihr ernstlich anfangen wollt, dem was euch durch die Gnade klar wurde nachzustreben, so wird in euch das Verlangen nach Beistand fühlbar, und somit der Verkehr zwischen Mir und euch ein Bedürfnis.

Beobachtet euch deshalb stets, ob dieses Bedürfnis bei euch vorhanden ist, so werdet ihr immer mehr zu Mir getrieben, und Meine Liebe wird euch nicht zurückweisen, sondern dafür segnen. Nicht immer besteht aber dieser Segen im Wonnegefühl, vielmehr auch im Erkennen der eigenen Schwachheit. Denn dadurch werdet ihr aufgefordert zum Ringen; aus diesem Ringen entsteht Suchen, aus dem Suchen das Finden, aus dem Finden der Dank, die Vereinigung und Gemeinschaft mit Mir, und so wächst das Vertrauen zu Mir, und mit dem Bewusstsein, dass der Vater euch angenommen hat, das Gefühl der Glückseligkeit, dass ihr deshalb ruhig seid, über alles was euch vorkommt, wohl wissend, dass Ich es bin, der euch und euren Entwicklungsgang leitet, weil ihr mir denselben aus freiem Willen übergeben habt! So forschet jeden Tag mehr über euch und in euch selbst, wie weit ihr ernstlich strebet zu Mir zu gelangen, und der Weg wird euch nicht zu schwer, wenn auch lange vorkommen. Ich will schon weiter sorgen, dass derselbe keiner Öde gleicht, sondern auch manche Blume bei eurer Wanderung euch erfreut.

Meine Kinder soll man nie schmachtend und bedrückt auf ihrem Lebenswege sehen, sondern gestärkt durch den Zufluss von Innen und Oben mutig fortlaufend finden, ihres Zieles gewiss, und des damit verbundenen Gewinnes, also andere anreizend, und für sie, wenn es nottut, um Kraft bittend. Amen!

10. Die Liebe

25. Oktober 1877

Liebe Kinder, Ich will euch immer mehr an Mein Herz ziehen mit Worten der Liebe. Stoßt euch nicht an deren Einfachheit; sie sind ganz nach eurem Zustande gerichtet, und können euch mehr nützen, als große Gelehrsamkeit. Beherziget dieselben in eurem Tun und Handeln, und es sollen noch viele Worte in eure Hände gegeben werden, welche Zeugnis von Mir ablegen und euch Mein Wesen mehr bekannt machen.

Ich will jetzt den wahren Grund in euer Herz legen, das ist die Liebe, die mit allem was ihr vorkommt zufrieden ist, und auch nur Liebe darin erblickt.

Darum liebt Mich, und lernet euch untereinander recht lieben, hauptsächlich in geistiger Beziehung, so wird das Dunkel, welches euch noch hindert fest zu hoffen und zu glauben an Meinen väterlichen Verkehr, bald schwinden, und ihr werdet Gelegenheit genug finden, euch in der Tat zu bewähren gegen eure Mitmenschen. Der Drang zum Fortschritt wird in euch jeden Tag mächtiger werden, aber auch die Freudigkeit in eurem Herzen, wenn ihr erfahren dürfet, wie beglückend Meine Vorschriften sind.

Betet für alle, welche ihr auf diesem Wege gefunden habt; ja betet für die ganze Menschheit, dass Mein Reich sich bald offenbaren möge, und hoffet jeden Tag mehr auf Meine väterliche Durchhilfe. Amen! Euer Vater in Jesu.

11. Einigkeit

26. Oktober 1877

Meine lieben Kinder sollen sich nicht nur freuen, dass Ich wieder aufs Neue mit ihnen verkehren will, sondern sie sollen jetzt diese Freude dadurch mehr festhalten, dass die Liebe unter ihnen eine feste und brüderliche wird. Jedes strebe, dem anderen in der Liebe nahe zu kommen.

Ihr sollt das Band der Einigkeit immer fester ziehen, durch Liebe alles ausgleichen, auch Missverständnisse in geistiger Anschauung. Lasset überall die reine wahre Liebe walten, dünke sich keines mehr als das andere. Hat das eine mehr Erkenntnis und Weisheit, so bedenke es, dass es ein Gnadengeschenk vom Vater ist, und suche bei Mir an, dasselbe auch für seine Geschwister zu erflehen.

Denn ihr sollt wissen, dass Er euch alle gleich stellen will, je nach eurem Streben. Darum machet euch die Liebe zu eigen, welche mehr für andere wünscht, als für sich selbst. Denkt euch dabei den Vater als Mittelpunkt unter euch, also von jedem gleich weit entfernt, und gleich nahe einem jeden. Dies wird zu eurer Zufriedenheit beitragen, und ihr werdet dadurch immer mehr befestigt in der Einheit untereinander, und in der Liebe zu Mir. Amen!

12. Demut

Liebe Kinder! Nachdem ihr nun wisst, dass Ich wieder aufs Neue in eurer Mitte Meinen Vatersegen austeilen will, so will Ich euch nichts Neues geben, sondern vielmehr die Worte, welche ihr schon zu lesen habt, euch tief einzuschärfen suchen. Es sind Worte, welche euch immer mehr Aufschluss geben über Mein Wesen, und welche dazu beitragen, dass wenn Mein zweites Kommen stattfindet, die Herzen vieler schon vorbereitet sind. Erkennet deshalb die große Gnade, welche euch berufen will, zu Vorläufern Seines Kommens. Bestrebet euch deshalb recht durchs Beispiel zu wirken, und wachet, dass dieser wichtigen Aufgabe nicht die Demut fehlt. Denn nur die demütigen Herzens sind, bleiben fähig etwas auszurichten.

Darum Ich auch in eurer Führung so manches zulassen muss, was die Demut aufs Neue hervorruft, und wozu auch die äußeren Vorkommnisse behilflich sein müssen. So kann Ich euch nicht oft genug sagen: Wachet und betet! Und nehmt dankbar an, was die Liebe des Vaters euch zuschickt, sei es Freud oder Leid, sei es ein Kreuz für jedes Einzelne unter euch, oder für eure ganze Gemeinschaft. Bedenkt dabei, dass es eine geistige Führung ist, und nicht eine äußerliche, wo ihr sehr geneigt seid, euren Fortschritt im Äußeren wahrnehmen zu wollen.

Gleichwie in der Natur das Wachstum vor sich geht, ohne mit den Augen beobachtet werden zu können, ihr euch aber doch überzeuget, dass ein Wachstum da ist, also auch in eurem geistigen Entwicklungsgange das Weiterkommen nicht aufhört, wenn ihr es gleich nicht begreifen könnt, und erst später Meine Einwirkung dabei erkennen werdet. Euer Jesus-Vater.

13. Herzensdemut

Meine lieben Kinder! Das Erste, was die Liebe als Grundlage braucht, ist die wahre Herzensdemut, welche zuerst an sich selbst anfängt, (mit der Selbsterkenntnis), wobei das Herz sein gänzliches Unvermögen fühlt, aus sich selbst heraus etwas zu wollen und zu erreichen, was gut ist, ohne Beistand von Oben. Der wahre Demütige weiß, dass sein Wille nicht von selber das

Richtige verlangt, sondern durch die Gnade so geleitet wird, als ob er es selbst sei, alles also unter Meinem Einfluss geschieht.

Wer deshalb einmal zu der Einsicht gelangt ist, dass alles geistige Wachstum durch Meine Einwirkung geschieht, und wer zuvor durch äußere Mittel, sei es durch Lehre oder durch Verkehr mit Kindern Gottes, auf diesen Standpunkt gekommen ist, und sich dadurch angetrieben fühlt sich an Mich zu wenden, den werde Ich über sein eigenes Unvermögen erleuchten, und es wird ihm dadurch die erste Gnade zuteil, welche den Anfang zur weiteren Erkenntnis und Willensübergabe bildet.

Ist dieses einmal, wenn auch mangelhaft, bei einer Seele vorgegangen, so sind oft Mittel nötig, um dieselbe weiter zu führen in ihrem Streben, welche euch ganz unfassbar sind, da nur Ich als Vater es weiß, warum Ich so handeln muss, weil keines von euch das andere durchschauen und wissen kann, was dabei oft entweder erlangt, oder auch noch zuvor entfernt werden muss. Daher ist das Vertrauen zu Mir so nötig, durch welches ihr auch zur wahren Demut gelangen könnt.

Durch die wahre Demut wächst die Liebe zum Nächsten; denn wer sich selbst noch für schwach und fehlerhaft findet, der wird auch von seinem Nächsten nicht mehr verlangen, sondern Geduld und öfters Mitleiden wird das Gefühl sein, mit welchem er denselben trägt und behandelt, was dann als Liebe zum Nächsten aufgenommen wird.

Darum ist die Demut die Grundlage der Liebe, befleißiget euch deshalb dieser unentbehrlichen Tugend, damit euch auch die anderen Tugenden, welche wie eine Kette mit derselben zusammenhängen, zu eigen werden. Fanget an in euer Herz die Demut und die Liebe fest aufzunehmen und Ich will euch alles andere noch beleuchten, was zu eurer Vervollkommnung nötig ist.

Diese Meine Worte, wie Ich sie hier euch zukommen lasse, sind ein Probierstein (der Demut), ob ihr euch mit eurer Erkenntnis über dieselben hinaus denkt, oder ob ihr mit kindlicher Freude dieselben als ganz passend für euch findet und euch danach richten wollt! Amen! Euer Jesus.

14. Die Wahrhaftigkeit

1. November 1877

Meine lieben Kinder sollen mit der wahren Demut und Liebe auch noch andere Tugenden vereinigen, vor allem ist nötig, die Wahrhaftigkeit. Denn nur wer sich so gibt wie er fühlt und denkt, ist in der wahren Demut. Denn ein jedes ist mehr geneigt zu Schwachheiten, und stellt sich nicht gerne bloß. Der echt Demütige dagegen ist wahrhaft, und bekennt sowohl vor Mir, als auch, wenn es nötig ist, vor seinem Nebenmenschen seine Fehler, und es kann ihm dadurch mehr Beistand und Abhilfe geleistet werden. Der Wahrhaftige hat mehr Vertrauen zu seinem Nebenmenschen, weil er selbst wahr ist, und deshalb von anderen glaubt, dass sie es auch seien, darum auch gerne hilft, wo es nottut, und keine Ausfluchtsgründe aufsteigen lässt.

Der Wahrhaftige gewinnt die Herzen vieler; fest auf ihn bauend folgen sie gerne seinen Worten, und es wird ihm dadurch ein Wirkungskreis zuteil, welchen der Heuchler nie erreicht. So ist auch diese Tugend von größerer Bedeutung, als ihr nur erwägen könnt. Lasset euch deshalb alle Mühe nicht verdrießen, dieselbe euch völlig anzueignen, und hoffet bei eurem ernstlichen Wollen und Bitten auf Mich. denn Ich gebe zu jeder neuen Aufgabe auch neue Kraft. Nur müsst ihr mit ganzer Hingabe euch zu Mir halten und über euch wachen; denn jede gleichgültige Auffassung Meiner Worte bringt euch bei einem Vorkommnis viel mehr rückwärts, als ihr begreifen könnt.

Deshalb nehmt euch vor, jeden Tag aufrichtiger zu werden, reiniget euch immer mehr von allem, woran ihr euch schämen müsst, und weshalb ihr euch zu verbergen suchet. Amen!

15. Hingebung

2. November 1877

Meine lieben Kinder! Ihr sollt euch jetzt nicht mehr wundern über eure seitherigen Führungen, welche Ich als euer liebender Vater Selbst zugelassen habe, um euch dadurch zu reinigen und zu Etwas tüchtig zu machen. Ihr sollt Meine Kinder werden, in der Liebe, in der Demut, in der Wahrhaftigkeit, und in noch vielen anderen Tugenden, welche auch Mein Wesen ausmachen.

Als Kinder habt ihr aber die Verpflichtung, dem Vater zu folgen, bis Er euch tüchtig findet, euch etwas zu übertragen. So lange sollt ihr aber in Geduld alles annehmen, was über euch kommt, und zu eurer eigenen Besserung es anzuwenden suchen.

Glaubet nicht, dass Ich euch nötig habe Herzen für Mich zu gewinnen; aber Meine Liebe will euch an diesem beseligendem Geschäfte teilnehmen lassen. Erkennet daher dieses wohl, so werdet ihr es nicht als Verdienst euch anrechnen, wenn ihr eine Seele für Mich gewonnen habt, sondern mit dankbarem Herzen für dieses Gnadengeschenk zu Mir kommen.

Wie vieles muss Ich euch noch aufdecken, bis ihr euren Standpunkt Mir gegenüber richtig erfasset! Ich muss ganz von vorne anfangen euch zu erziehen, muss euch die Wichtigkeit, und die damit verbundenen Folgen jeder Tugend genau auseinandersetzen, damit ihr mehr zum Ernst angetrieben werdet, nach denselben zu streben. Ihr seid schon zu sehr in das Alltagsleben hinein gewachsen, habt Meine Worte im Überfluss, und daher selbe oft mehr zur Unterhaltung gelesen, als mit dem Vorsatze euch wieder eine neue Aufmunterung zu holen. Gleichwie die Heilige Schrift zu einem Alltagsbuche geworden ist, und gar wenige den hohen Wert derselben zu schätzen wissen, so geht es mit Meinen neuen direkten Worten auch in der Jetztzeit. Manches unter euch hat sich schon zum Überfluss daran gesättigt, und verlangt nichts mehr, was ihn aufs Neue für Mich anziehen könnte; zufrieden mit ihrem Vielwissen, sind gar viele unzugänglich für Meinen weiteren Reichsplan; denn ihre Eigenliebe verblendet sie!

Glaubet ihr denn, Ich der liebe Vater wolle nur so gar wenige durch diese Mitteilungen beglücken, und die Ausbreitung derselben auf Einzelne beschränken? Gewiss nicht! Sondern Ich will in vielen Herzen, welche nach Mir fragen, das Gefühl hervorrufen, dass sie Mich in ihrem Herzen finden können.

Dies ist das unsichtbare Wirken Meines Geistes; denn Ich habe schon viele Kinder auf der Erde, welche im Stillen zu Mir halten, und um Abhilfe bitten, bei dem Anblick der Versunkenheit ihrer Mitmenschen.

Ohne diese Gebetsstimmen, die an Mein Herz dringen, hätte Ich schon lange die Auflösung über diese arge Menschheit kommen lassen müssen. Aber da es Seelen gibt, die Meine Liebe,

Meine Geduld, Meine Erbarmung mehr als andere zu würdigen wissen, und daher liebend zu Mir kommen, um dieselbe auch für ihre Mitmenschen zu erflehen, so will Ich mit Meinen Gerichten noch verziehen.

Darum lasst es euch euer größtes Anliegen sein, euch selbst Meiner Erbarmung zu übergeben, und auch eure Mitmenschen dahin zu bringen, dass sie zu Mir kommen, und dieselbe für sich erflehen. Sorget nicht, dass ihr dazu zu ungeschickt bleibet; denn sobald ihr euch Mir nicht allein in Worten übergebt, sondern in eurem Wandel euch bemühet Meine Kinder zu werden, so werde Ich bei euch sein, als euer Helfer und Vater. Amen!

16. Ja, Ich will bei euch sein alle Tage

3. November 1877

Meine lieben Kinder! Haltet still in allem, was euch auferlegt wird zu eurem Besten. Meine Liebe ist es, welche euch alles zuschickt, Freude und Leid. Es geschieht Mir oft Selbst sauer, wenn Ich euch Freuden entziehen muss, und Leiden schicken zu eurer Erziehung, damit das erreicht wird, was unumgänglich nötig ist zu eurer Vollendung.

Welch großer Vorteil es für euch ist, wenn ihr schon auf dieser Welt alles dazu benützet, um einen Zuwachs von Innen dadurch zu erhalten, wird euch erst klar werden, wenn ihr drüben ankommet. Darum hoffet nicht, dass ihr durch lauter Vorkommnisse, welche euch freudig erheben, zum Ziele gelanget. Erkennet vielmehr, wie unentbehrlich der Kreuzesweg euch ist, den auch Ich betrat in Meinem Erdenwandel. Fahret fort euch stets untereinander zu stärken in brüderlicher Liebe, seid aufrichtig zueinander, und tröstet euch in der Zeit der Anfechtung damit, dass Ich unter euch bin als liebender Vater. Amen!

17. Haltet stille! – im Vertrauen

7. November 1877

Mein liebes Kind! Du sollst dich ganz zu Mir halten, Ich gebe dir jeden Tag die nötige Kraft, bleibe nur fest auf dem, was du in deinem Inneren dir vorgenommen hast. Dass du so sehr betrübt bist über den (langsamen) Missionsweg, kommt daher, weil du noch zu wenig Vertrauen auf Mich hast, und nicht genug fassen kannst Meine große Liebe zu dir, welche dich immer mehr läutern muss, bis du tauglich bist, Mir mehr zu leisten. Du willst oft mit Gewalt den Vorhang der Zukunft zerreißen und stürmisch den Erfolg Meiner Worte sehen. Siehe, Ich bin ein Gott der Ordnung, der Geduld und der Langmut! Meine Langmut ist es, die auch dich trägt, und Meine Liebe, welche dich erzieht und dich seither väterlich geleitet hat, und auch ferner Ihre Hand nicht von dir abziehen wird, so wie Ich auch allen unter euch ein Vater sein will; wenn gleich ihr oft andere Wege wählet, als die, welche Ich euch vorzeichnete. Da muss Ich dann andere Mittel anwenden, bis ihr Mein Herz wieder mehr findet. Aber darum hat Meine Liebe zu euch sich nicht verändert, sondern nur ihr selbst entfernet euch oft von Mir, und fühlt sie deshalb zu solchen Zeiten weniger. Amen!

18. Nicht du – sondern Ich!

10. November 1877

Liebe Kinder! Du sollst jetzt deine Zeit wieder mehr Mir widmen, Ich werde dir Kraft und Freudigkeit dazu geben, und du wirst Meine Nähe zu fühlen haben. Lass dich nicht beirren, als ob du zu unfähig wärest und zu unwissend. Ich will ja nicht dein eigenes Gemisch in Meinem Worte, sondern du sollst das schreiben, was andere in ihrem Herzen empfinden, zum Zeugnisse für alle, dass es Mein Geist ist, Der euch alle zu durchdringen sucht. Ihr sollt durch solche Mitteilungen Meine Einwirkung auf euch erkennen, und dass ihr alle durch Mich miteinander verbunden seid; darum nur einzelne unter euch schreiben sollen, dagegen die anderen Geschwister euch prüfend, durch die innere Stimme erleuchtet, euch beistehen sollen.

Darum fahre fort, in der Liebe das zu tun, was du dankbar von Mir als Gnadengeschenk angenommen hast. Es wird dir und deinen Geschwistern zum Segen werden, und du wirst den Zuwachs bald erkennen, welcher euch allen dadurch an eurer geistigen Liebe zuteilwird.

Dass du so sehr arm dich fühlst, kommt von deinen äußeren Geschäften oft her, und darum bist du auch jetzt so bekümmert, ob du weiter machen kannst. Glaube, dass Ich als Vater besser weiß, wie viel du zu leisten imstande bist, vertraue auf Meine Durchhilfe, welche dir bisher in reichem Maße zuteil geworden ist, und übe dich in der Geduld und Sanftmut, welche dir noch abgeht. Dein treuer Vater. Amen!

19. Verhaltensregeln und Winke

12. November 1877

Meine lieben Kinder! Ich muss euch in euren Hoffnungen, welche ihr euch machet, oft unterbrechen. Ihr sollt nicht hoffen, als ob ihr dazu bestimmt wäret, eine Gemeinde nach außen bald darzustellen, sondern es ist ein unsichtbares Band, welches euch verbindet, ohne dass die Welt es wissen soll. Ihr sollt zuvor noch mehr Wurzel fassen in der Liebe zu Mir, zu euren Geschwistern, und zu euren Mitmenschen. Eure Hauptsorge soll sein, dass ihr euch immer mehr würdig machet, den Kindesnamen zu tragen. Dann erst, wenn ihr würdige Kinder seid, kann Ich euch mit Gaben aussteuern, welche dienlich sind Meinen Reichsplan zu unterstützen; denn, merkt euch wohl den Unterschied zwischen berufenen und würdigen Kindern. Die, welche berufen werden, fühlen den Zug des Vaters. Aber erst wenn sie dem Zuge folgend, mit allem Ernste danach streben, dem lieben Vater Seine Liebe auch teilweise zu erwidern durch Dank, welcher im Vollbringen Seiner Gebote besteht, werden sie würdig ihres Namens, und fähig Meinen Willen zu erkennen, in einer Weise, wo sie kein Gesetz mehr haben, sondern alles als Liebesanordnung mit Freuden von ihnen hingenommen wird; und selbst für sie oft unergründliche Aufgaben ihnen nicht mehr schwer sind, in der Überzeugung, dass der Vater Sein Kind lieb hat. Sie sind darauf bedacht, in ihrem Herzen zu untersuchen, ob Ich es bin oder ihr Eigenes, wodurch sie zu diesem oder jenem Schritte veranlasst werden, und Ich komme ihnen dann mit Meiner Antwort auf verschiedenen Wegen entgegen.

So sollt auch ihr immer mehr darauf bedacht sein, solch würdige Kinder zu werden, und stets Meine Antwort bei euren Vorkommnissen abwarten, damit ihr auch im Äußeren unterscheiden lernet Meine Wege und Anordnungen von den durch euch selbst erwählten, welche oft durch viele Umwege wieder gut gemacht werden müssen. Amen!

20. Vom Wert der Bibel und vom verlorenen Groschen

(Lk. 15; Pred. 29)   13. November 1877

Meine lieben Kinder! Nachdem Ich nun angefangen habe euch den Gang zu zeigen, welchen Ich mit Meinen würdigen Kindern vorhabe, so will Ich euch jetzt mit den Geschichten bekannt machen, welche Entsprechungen sind für eure innere Gemeinschaft, und euch über deren tiefe Bedeutung Aufschluss geben. Weil einige unter euch mit ihrer Bitte zu Mir gekommen sind, ihnen doch das wahre Lebensbrot in reichem Maße zufließen zu lassen, so mache Ich sie auf die Bibel aufmerksam, welche alle Fälle enthält, nur muss zuerst der wahre Sinn aufgedeckt werden, was Ich jetzt in der Weise tun werde, wie euer Aufnahmegefäß, das Herz, sich dazu hergibt.

Und so beschreibe Ich heute den verlorenen Groschen, welcher von einem Weibe gesucht wurde. Das Weib bezeichnet hier eine Seele, welche traurig ist über kleine Verluste, weil sie haushälterisch das zu erhalten sucht, was ihr durch die Gnade zuteil geworden ist in ihrer Erkenntnis und in ihrer dadurch erweckten Hingabe. Sie verwahrt es als einen Schatz, der ihr unentbehrlich geworden ist, und wenn sie glaubt, derselbe sei verringert, oder etwas davon verloren, so wird sie traurig, und sucht mit allem Fleiß wieder in den Besitz solcher Gnade zu gelangen. Es genügt ihr nicht, dass sie noch einen Teil hat, sondern es ist ihr ein Bedürfnis, etwas Ganzes zu besitzen, und dann, wenn sie den ganzen Besitz erreicht hat, kommt sie mehr auf den Punkt, dass sie auch andere zu beglücken sucht. Sie erzählt nun ihren Nachbarn, dass sie den Groschen gefunden hat, welchen sie verloren hatte, zieht diese durch ihre Mitteilung zur Teilnahme herbei, und auch diese werden aufmerksam auf den glücklichen Zustand dieser Seele.

So sollt auch ihr den verlorenen Groschen suchen, und nicht nachlassen, bis ihr alles erreicht und gefunden habt. Dann wird es euch drängen, eure Nachbarn, eure Umgebung zur Teilnahme zu veranlassen, und wer so sicher dann, und mit Freuden zu denselben eilt, dem wird es gelingen, auch andere Seelen zu gewinnen.

Darum gehört zuerst dazu die Wertschätzung dessen, was euch anvertraut wird, dann das Haushalten damit, das fleißige Suchen beim Vermissen der einen oder anderen Pflichterfüllung, d.h. beim Gefühl, dass ein Teil vom Ganzen verloren ward, sich sogleich anstrengen, es wieder zu erhalten, bis die Freude über das Gefundene stattfinden kann; denn nur der wirkliche Besitz von etwas beglückt!

Wenn ihr noch so sehr diese oder jene Tugend anerkennet, euch jedoch nicht bestrebet sie zu besitzen, so bleibt eure Anerkennung wertlos, fanget daher an fleißig zu suchen, das was euch fehlt zu etwas Ganzem, und ehe ihr eure Freude und eure Gefühle ganz mitteilet, bittet lieber untereinander, dass ein jedes dem anderen suchen hilft in der Liebe! Amen! Euer treuer Vater.

21. Lasset euch nicht beirren

16. November 1877

Meine lieben Kinder! Lasset euch nicht irremachen, wenn Versuchungen über euch kommen, die Ich zulassen muss, bis ihr ganz einsehen lernet, wem ihr angehöret, und euch immer mehr bemühet, Mich als euren Vater zu erfassen. Haltet fest an dem, was ihr schon als Gebote von Mir empfangen habt, tut, was Ich als Gesetz in euer Herz geschrieben habe; d.h. übet Liebe so viel an euch ist, auch gegen die, die euch bedrängen. Zeiget so durch euren Wandel, dass ihr festhaltet an Dem, Der euch berufen hat, zu üben alles, was ein Vater von Seinem Kinde verlangen kann, und es wird euch die wahre Leuchte schon in euer Herz gegeben werden. Lasset nicht ab füreinander zu beten, und prüft euer eigen Herz mehr als die Worte, welche niedergeschrieben sind als Mittel zu eurer Besserung. Wendet dieselben dazu an, so werdet ihr bald herausfinden, ob sie zu Mir, oder von Mir weisen? Trauet, glaubet, dass Ich ein allmächtiger Vater, es bin, Der das Gebot der Liebe gestiftet hat. Amen!

22. Befleißiget euch der Liebe

17. November 1877

Meine lieben Kinder! Ihr sollt euch fest auf Mich verlassen in euren Anliegen; nur müsst ihr euch immer mehr in der Liebe befleißigen, hauptsächlich gegen diejenigen, welche gegen euch stehen. Nur wo reine, uneigennützige Liebe im Herzen ist, kann auch Ich dasselbe regieren. Die Liebe ist das Zeichen, welches den Ort anzeigt, wo Ich weile. So sollt auch ihr daran erkennen, ob Ich es bin, Der in eurem Herzen wohnt, oder ein anderer Geist, und ihr könnt dabei nicht irregehen. Bei all eurem Reden und Handeln muss die Liebe die Triebfeder sein, ehe Ich euch ganz segnen kann mit Meinem vollen Vatersegen.

Daher lasst nicht ab, euch gegenseitig immer mehr zu lieben in wahrer Demut des Herzens um Meinetwillen; und es werden eure Meinungen, welche so sehr verschieden sind, bald dahin sich vereinen, dass ihr den Gott der Liebe immer mehr in eurer Mitte walten lasst, und alle äußeren Formen euch nicht mehr hinderlich sind an der wahren Verbindung untereinander. Wie es schon im Johannes heißt: „An der Liebe sollt ihr sie erkennen" (Joh. 13,35). (Meine wahren Kinder) nämlich, an der Liebe, die alles trägt, alles duldet, alles verzeiht (1. Kor. 13,7), um damit das eine oder andere für den Vater zu gewinnen. Amen!

23. Suchet, so werdet ihr finden!

(Mt. 7,7)   18. November 1877

Meine lieben Kinder! Ich segne euch heute mit Meinem Vaterherzen! Ihr seid zusammengekommen in Meinem Namen, welcher da heißt: Liebe. Aus Liebe zu Mir suchet ihr Licht, welches euch werden soll; doch auf eine andere Art und Weise, als ihr euch vorstellet. Ihr sollt jeden Tag einen Zuwachs von demselben erhalten in eurem Herzen. Ich Selbst will eure Leuchte sein in dem Dunkel, das noch über euch herrscht, und nicht durch äußere Umstände vertrieben werden kann.

Wer Mich sucht im Herzen, von dem lasse Ich Mich finden. Wer aus Liebe zu Mir eine Handlung unternimmt, die soll gesegnet werden. Wer zu Mir kommt im Vertrauen, auf eine Frage eine väterliche Antwort zu erhalten, dem will Ich antworten, und er wird die Antwort erkennen, ob sie von Mir ist, sei es durch das Innewerden im Herzen oder durch andere (äußere) Mitteilung. Die Hauptsache in eurem Anliegen ist, festzuhalten an Dem, Der euch die Liebe in euer Herz legte; es ist der Vater, welcher Seine Kinder nicht irreführt, sondern sorgt, dass deren Sehnsucht nach Ihm gestillt werde!

Liebet euch untereinander! Was Ich euch immer wiederholen muss, und es wird dadurch der Macht der Finsternis ein Damm gebaut, welchen sie nicht übersteigen kann.

Wer sich an einem Sandkörnchen freut, weil es vom lieben Vater geschaffen ist, der ist Mir so angenehm, als der Bewunderer Meiner großen Schöpfung, dem zuvor alles als Wunder dastehen muss, ehe er zum Anerkennen (Meiner Allmacht) und zum Dank für Meine Liebe und Gnade bewogen werden kann.

Darum ist ein kindlich dankbares Herz Mir das Liebste, was meine Kinder Mir bringen können, und wer also diese (hier gegebenen) einfachen Worte in seinem Herzen verehrt, als vom lieben Vater stammend, der kommt so sicher ans Ziel als diejenigen, welche sich selbst viel Wissen und Forschen auflegen, um ihr Ziel zu erreichen.

Wenn euch eine innere Anfechtung überfällt, so nehmt die Bibel (in Meinem Namen, d.h. in Meiner Liebe) zur Hand, und Ich will euch die richtige Antwort dann schon zukommen lassen. Amen. Euer treuer Vater.

24. Alles durch Liebe

19. November 1877

Meine lieben Kinder! Es ist jetzt sehr nötig, dass ihr alle euch auf dem Punkte vereiniget, dass ihr nur durch Liebe alles beurteilet, was euch zu prüfen vorkommt. Keines unter euch will sich von Mir entfernen, und jedes unter euch sucht, strebt, Mich ganz zu besitzen.

Euer Eifer für Mich ist es, welcher euch auf einer anderen Seite zum Schaden gereichen kann, wenn ihr nicht mit aller Kraft daran festhaltet, euch auch untereinander mit brüderlicher Liebe um Meinetwillen zu erfassen, und dies sei jetzt eure Hauptsorge, damit Ich euren Kreis immer mehr segnen kann.

Es wird einem jeden unter euch Meine Nähe durch diesen Vorsatz mehr fühlbar und alles andere, was noch hindert euch immer mehr geistig zu verbinden, dadurch beseitigt werden. Amen.

25. Seid unverzagt

(Lk. 21,36)   22. November 1877

Meine lieben Kinder! Ihr sollt nicht zagen, wenn Stürme kommen, welche nötig sind, um immer mehr euer eigenes Herz zu durchrütteln und euch zu befestigen in dem, was euch mit Mir verbindet. Sind es doch Meine Wege, welche ihr gehen wollt, so wisst denn auch, dass sie sich von menschlichen weit unterscheiden. Denn die Meinigen haben ein geistiges Ziel, die menschlichen dagegen suchen nur das, wozu der Verstand hinleitet; und wenn auch ein Bemühen für Mich damit verbunden ist, so seid ihr doch (als Menschen) zu kurzsichtig es zu erfassen, warum dieses oder jenes geschehen muss. Darum haltet fest an dem, was euch antreibt zur Liebe gegen Mich und eure Nächsten, setzet euer ganzes Vertrauen auf Meine väterliche Führung und übergebt derselben auch alle, welche euch angehören.

Es macht Mir große Freude, wenn eines das andere Mir übergibt, in der wahren Liebe des Herzens, und Meine Weisheit wird es schon so ordnen, dass es zu euer aller Heil dient, was euch als Hindernis vorkommt in eurer Gemeinschaft, welche gegründet sein soll in der Liebe Gottes, eures Vaters! Amen!

26a. Stille halten und vertrauen!

23. November 1877

Liebe Kinder! Es soll euch eure Bitte gewährt werden; weil ihr aus Liebe zueinander euch nicht anmaßen wollt, etwas zu tun, wodurch Anstoß gegeben werden könnte; und so will Ich euch fernerhin wieder mehr segnen mit Worten, welche euch zu Mir führen. Glaubet fest, dass das Beste über euch beschlossen ist. Nehmet alles auf euch, was nötig ist durchzukämpfen. Bleibet fest auf dem, lieber allem zu entsagen, als etwas durchzusetzen, wobei die Liebe Not leidet. Ziehet euch so viel als möglich zurück mit äußeren Worten, und betet dafür desto mehr, bis es an der Zeit ist, eure Liebe wieder mehr auch in diesem Punkte anderen mitzuteilen. Nur was die Liebe unternimmt, will Ich segnen, also was ihr aus Liebe - aber aus reiner Liebe - sogar unterlasset, ist Mir ein angenehmes Opfer. Darum seid ruhig, wenn ihr in nächster Zeit noch viele Stürme erlebet, ertraget sie aus Liebe zu Mir, und es wird Segen für euch und andere daraus ersprießen. Amen!

26b. Von Zweifeln und der wahren Wachsamkeit

23. November 1877

Meine lieben Kinder! Es ist nicht nötig, euch immer viele Worte zukommen zu lassen in der Weise, wie Ich es in letzter Zeit getan habe, um euch alle wieder mehr daran zu erinnern, dass ihr mit Mir auf lebhaftere Weise wieder verkehren sollt. Da nun aber etliche unter euch zweifeln an Meinen Vaterworten, so will Ich jetzt allen das Urteil selbst anheimstellen, und euch abermals eine Pause geben. Untersuchet euch in derselben, ob ihr euch mehr beglückt fühlt ohne direkte Worte, oder ob ihr dieselben vermisst.

Nicht jeder unter euch ist auf gleicher Stufe, der größere Teil von euch hat eine äußere Anregung nötig, welche ihm zum Segen wird, so er es dankbar annimmt. Darum stemmet euch nicht so sehr gegen etwas, was eure Geschwister mehr zu Mir erhebt und beglückt, es können doch für jedes Zeiten kommen, wo es ein äußeres Wort nötig hat. Bedenkt, dass Meine Liebe es ist, die solches euch zufließen lässt; und darum sollt ihr aus Liebe zu Mir stille halten bei Worten, welche, wenn ihr auch die Quelle nicht mit eurem Verstande auffinden könnt, doch in eurem Herzen das Zeugnis hervorrufen, dass sie zu Mir ziehen.

Darum harret in Geduld, und übergebt eurem Gott und Vater diese Frage mit der Fürbitte für alle, welche ebenso sehnsüchtig wie ihr die Antwort verlangen. Seid versichert, alles was den Stempel der Liebe trägt, kann unmöglich euch zum Schaden gereichen. Daher begehret keinen weiteren Aufschluss durch äußere Umstände, sondern suchet im Gebete das zu erhalten, was nötig ist zu eurer Befriedigung und für euer Forschen; trachtet aber auch danach alles zu entfernen was die Bruderliebe stört!

Sodann werdet ihr den Segen erhalten, welcher jedem Kinde zuteilwird, wenn es aus Liebe zum Vater ein unbedingtes Vertrauen in seinem Herzen walten lässt. Nicht äußere Vorsicht beschützt euch vor Missverständnis und Täuschung, sondern die wahre Wachsamkeit im Herzen, welche durchs Gebet bei Mir abgeholt wird. Es soll ein jedes unter euch untersuchen, auf welchen Posten es sich berufen fühlt, und es wird bald finden, wie nötig es Mich hat, und welche Wohltat ihm durch ein gemeinschaftliches Band zuteilwerden kann. Darum vereiniget euch dahin zu eurem eigenen Wohl. Nehmet alles, was über euch kommt, seien es Erlebnisse verschiedener Art, aus der Hand eines liebenden Vaters, beschwere keines das andere, sondern sprechet bei allem: „Vielleicht - der Herr hat's ihn geheißen", so wird dadurch das Feuer der Eigenliebe, der Überhebung gedämpft, und eure reinere Liebe zu Mir und zum Nächsten immer mehr zunehmen! Amen!

27. Sorget euch nicht - ob des unscheinbaren Senfkörnleins

25. November 1877

Meine lieben Kinder! Ihr sollt euch keine unnötigen Sorgen machen, wie und auf welche Art und Weise Ich Meine Kinder immer mehr sammeln und im Geist miteinander verbinden will; es ist dies Meiner Liebe und Weisheit zu überlassen. Seid ihr doch alle aus verschiedenen Gegenden und Verhältnissen zusammengeführt worden, damit ihr euch dem Geiste nach habt kennengelernt durch Meine Führung; also will Ich auch noch viele Meiner Kinder mit Meinen direkten Worten beglücken. Euer Streben soll nur sein, euch ganz nach denselben zu richten, damit ihr mehr durchs Beispiel, als durch Worte eure Mitmenschen für Mich gewinnen lernet.

Fanget an unter euch selbst, und befestiget euren Kreis in der Liebe, so werdet ihr bald finden, dass Ich Meinen Segen auch in dieser Hinsicht euch angedeihen lasse, indem ihr noch viele Geschwister erhaltet. Es ist euch noch vieles zugedacht zu eurem Wachstume im Geistigen, wenn ihr Mir treu bleibet. Doch kann Ich euch im Äußeren nicht immer nach eurem Gutdünken geben, wie ihr es wünschet; darum bemühet euch, das volle Vertrauen auf Mich zu setzen, und mit mehr Geduld abzuwarten, was noch kommen mag.

Und nun will Ich euch noch hinweisen auf das Gleichnis vom Senfkörnlein (Mt. 13,31), welches in der heutigen Predigt (Nr. 52) erhellt ist. Nehmet euch dabei zu Herzen den unscheinbaren Anfang, aber auch das gute Erdreich, welches erforderlich ist, damit der Keim nicht ersticke.

Das Erste, welches nottut, damit euch Segen werden kann, und ihr in diesem Worte Meine Stimme erkennet, ist ein kindlich Herz, welches zu Mir hält, und den Verstand unterordnet; darum geht es auch hier wie bei allen Meinen Offenbarungen, dass es bei dem einen Segen wirkt, dem anderen zum Ärgernis wird, und nun seht zu, dass ihr durch Wachen und Beten das demselben abgewinnt, was zu eurem eigenen Wohle nötig ist, nämlich die feste Überzeugung, dass die wirkende Kraft des Vaters darin verborgen liegt, so wird die Liebe unter euch stark werden, und auch Meine Liebe euch immer mehr fühlbar. Amen! Euer Vater.

28. Wer Mich lieb hat, der wird halten Mein Wort!

(Joh. 14,23)   27. November 1877

Meine lieben Kinder! Ich will euch Worte geben, welche mehr zu eurer wahren Ruhe dienen sollen. Sorget deshalb nicht so sehr für eure Geschwister, sondern für euch selbst, dass ihr erkennen möget, was euch immer inniger mit Mir vereinigt: es ist die Liebe, welche sich freut Mich zu besitzen, und zwar als Vater im Herzen, und das Zeugnis - „der Vater hat uns lieb, und erteilt uns auch äußere Worte".

Bleibet deshalb in der Liebe, so bleibet ihr in Mir, und ihr werdet die Wahrheit erkennen, und die Wahrheit wird euch frei machen - von allen Zweifeln über Meine Einwirkung, frei von allen Sorgen für Mich etwas zu tun.

Seid Kinder auch in diesem Sinne, überlasset dem Vater alles, was ihr für Ihn tun wollt, erhebet euch ruhig über alles, was euch hinderlich scheint für Meine Sache. Ich will Mich selbst Meiner Herde annehmen; haltet euch an diese Worte, wenn ihr betrübt seid, dass dieselbe zerstreut ist; es muss alles zu ihrem Besten dienen, und so gebe Ich euch die Trostworte: „Wer Mich liebt von ganzem Herzen und von ganzer Seele, bei dem will Ich Wohnung nehmen." (Joh. 14,23) Amen!

29. Mein Ebenbild in euch

30. November 1877

Liebe Kinder! Nun sollt ihr mit eurem Denken und Wollen euch in Mein Wesen versenken, damit ihr immer mehr erkennen lernet, wie viel dazu gehört, Mein Ebenbild in euch herzustellen, welches euer Lieblingsgeschäft sein soll. Jede Stunde, welche euch vergönnt ist, von materieller Arbeit euch frei zu machen, benützet dazu, zuerst über Mich, und dann über euch mehr nachzudenken (im Herzen).

Fanget an, in Meiner ganzen Natur Meine Allmacht zu erkennen, und prüft euch, was ihr mit solcher Macht tun würdet, beim Anblick so vieler Ungerechtigkeit, ob ihr nicht alles vernichten würdet? So werdet ihr Stoff genug finden, welcher euch eure Ungeduld vorhält, im Vergleiche zu Meiner Langmut.

Ist dieses geschehen, so wird euch auch klar werden, wie die Liebe wiederum die Trägerin des Ganzen ist, und wie die Weisheit alles in Ordnung hält. Auch euch ist die Weisheit nicht entbehrlich, sondern sie muss sich mit der Liebe vereinen, welche von Mir als Gnadengeschenk zu erbitten ist. Die Liebe könnt ihr euch selbst mehr zu Eigen machen durch den freien Willen, die Weisheit ist dann der Lohn, welchen Ich der Liebe beigebe, damit ihr immer mehr zur Vollkommenheit gelangen könnt.

Darum sollt ihr euch oft von allem zurückziehen, damit ihr euch in ein Betrachten versenken könnt, welches euch zu großem Segen werden wird.

30. Zum Adventfest

2. Dezember 1877

Meine lieben Kinder! Heute als am Tage, wo die Christen Advent feiern, das den Zweck hat, an Mein Kommen zu erinnern, will Ich euch ganz besonders auf Mein Kommen zu euch aufmerksam machen. Euch, die ihr Mich suchet, muss Ich sagen, dass ihr Mich gefunden habt. Weil eure Freude darin besteht, Mich im Herzen zu besitzen, so bin Ich auch jedem unter euch jetzt nahe. Ich will jedes unter euch immer mehr so führen, dass es ihm zur Wonne wird, mit Mir zu verkehren. Ihr sollt euch dabei immer mehr befleißigen, ruhig und stille zu verbleiben; denn die Zeit des inneren Sammelns ist jetzt für euch sehr nötig, damit ihr erst wenn Ich es für gut finde, ausstreuen könnt. Darum habe Ich nochmals mit euch von vorne angefangen, euch einfache Worte zukommen zu lassen, deren Wert einem jeden an seinem eigenen Herzen zu schätzen überlassen ist, und danach Mir seinen Dank in Tat und Leben zu bezeugen. Ehe nicht diese Wirkung jeden Tag mit dem Lesen und Erkennen der Vaterworte mehr verbunden ist, kann Ich Meinen Kindern nicht mehr anvertrauen im Äußeren, was doch zur Beförderung Meines zweiten Kommens nötig ist. Haltet darum fest zu Mir, - lasst euch nicht wankend machen durch Meinungsansichten, denn die Worte kann man euch jede Stunde noch wegstreiten; aber gegen den Vorsatz, dieselben in Tat und Leben zu bringen, dazu ist jede Macht zu klein, so ihr ernstlich wollt. Darum glaubet, dass Ich nicht erst zu euch kommen will, sondern dass Ich schon bei euch bin, so werdet ihr mutig fortfahren das zu tun, wozu Ich euch auch durch äußere Worte immer mehr aufmerksam machen will. Amen! Dies der Adventsgruß von eurem Vater!!

31. Vom Kommen des Herrn

5. Dezember 1877

Nachdem Ich euch den Adventsgruß gegeben habe, will Ich mit euch weiter über Mein Kommen verkehren, und zwar in der Weise, wie es für euren derzeitigen Standpunkt nötig ist. Es ist jetzt an der Zeit, dass alle, welche Mich suchen, Mich auch finden; darum auch die Bewegung in geistiger Beziehung.

Alles will Wahrheit, jedoch nicht alle aus Liebe zu Mir, sondern zumeist nur, um durch Aufklärung wieder weitere Fortschritte zu machen im Vielwissen. Jedes strebt danach, das andere zu beherrschen, aber gar wenige wenden sich an Mich Selbst um Wahrheit, sondern wollen dieselbe durch Studieren und Lesen erhalten, weil nur ihr Verstand Gewinn machen will, aber im Herzen ist ihnen Gott kein Bedürfnis, und somit auch der Glaube an ein ewiges Leben ihnen nicht nötig.

Wie wichtig es deshalb in dieser Zeit ist, wahre Kinder zu erhalten, könnt ihr selbst begreifen, wenn ihr eine Betrachtung anstellet über das damalige Streben der Menschheit. Darum Ich auch denen, welche Mich mit dem Herzen zu erkennen suchen, auf außerordentlichem Wege zu Hilfe kommen und also nun an vielen Orten den Geist der Weissagung (oder der wahren Erkenntnis) ausgießen will (siehe Nr. 56), welcher allen zuteilwerden soll, die Mich nicht allein bekennen, sondern ihren Lebenswandel nach Meinen Liebesgesetzen einzurichten sich bestreben.

Doch auch die Macht des Bösen ist jetzt zügelloser als je. Sie ahnt, wie viel ihr entzogen wird, wenn Meine Gesetze zur Geltung kommen, und deshalb ist auch auf ihrer Seite der starke Einfluss ganz besonders auf Meine Kinder. Wachet und betet deshalb, dass ihr die listigen Anläufe erkennen möget, welche Ich nicht jederzeit abwenden kann. Aber seid versichert, ihr steht unter Meinem Schutze, doch erst wenn ihr Mich anrufet, die Zeit der Gefahr erkennend, kann Ich euch denselben angedeihen lassen. Ihr sollt durcheuren freien Willen das erringen, was euch tüchtig macht, für Mich als Streiter zu kämpfen, durch Verleugnung und Demut, welche die Waffen sind gegen Begehrlichkeit und Hochmut; denn gerade dies sind die Hauptfeinde, welche Meinen Gesetzen entgegenwirken; darum musste Ich euch den Demutsweg Selbst zeigen, sonst könntet ihr nicht den Sieg erlangen. Benützet alles, was euch begegnet, dadurch die Demut zu erreichen, und bei ihr zu verbleiben. Selbst kleine Abweichungen können euch oft große Niederlagen bereiten. Lasset daher lieber in eurem Eifer für Mich etwas unverteidigt, als dass ihr nicht durch euer Beispiel den Stempel der Demut bewahret. Amen!

32. Zeit- und Lebenswinke

7. Dezember 1877

Meine lieben Kinder! Es ist euch erschienen der Tag des Heils und der Gnade, indem ihr euch freuen könnt, auf den Standpunkt gekommen zu sein, wo euer Herz Mich als das Höchste erfasst. Wie vielem seid ihr dadurch entgangen von den Einflüssen, welche durch das Verlangen nach materiellem Besitz hervorgerufen werden. Vieles wird verhindert, was Ruhe und Frieden im Inneren stört, wenn man sich von der Welt zurückzieht. Doch soweit es euer Beruf erfordert, sollt ihr dieselbe als Boden betrachten, in welchen gesät werden muss. Aber die Freude im Herzen soll sich nicht von weltlichen Umständen abhängig machen, sondern ihr sollt euch freuen, dass ihr Mich gefunden habt, und dann wird es euch gelingen, jeden Tag mehr über die Hindernisse, welche Mich und euch trennen, den Sieg davonzutragen. Trachtet immer mehr, Mich auch beim Geschäft in Gedanken festzuhalten, und Mein Vatersegen wird euch dabei nicht mangeln! Amen!

33. Die Zeit der Probe kommt an alle

12. Dezember 1877

Meine lieben Kinder! Euer Vater ist bei euch, obwohl ihr wähnet, als ob Er sich von euch entfernt habe, wegen eurer Unwürdigkeit. Erkennet Mich immer mehr als Den, Der die Liebe Selbst ist, und nicht richtet nach eurem augenblicklichen Zustande, der oft nur von außen her bewirkt wird. Dieses muss auch so sein, damit ihr das Suchen und Wachen nicht hintansetzet.

Wenn euer Herz Mich fest erfasst hat, so können euch solche Augenblicke nicht stürzen, sondern sind Mittel, euch einen Schritt näher zu Mir zu bringen. Lasset euch also nicht irremachen, die betretene Bahn, welche ihr in Meinem Namen unternommen habt, zu verlassen, sondern lernet mit Geduld dieselbe weiter gehen. Ich kann euch nicht alles wegräumen, was euch auf derselben Sorge macht; aber Kraft will Ich euch geben, dass ihr es ertragen lernet, und sowohl euch als andere dadurch zu dem Ziele bringet, welches denen vorgesteckt ist, die Mich mit allem Ernst, mit ganzer Hingabe ihres eigenen Ichs zu erlangen suchen. Darum wechselt auch bei euch, und unter eurer Gemeinschaft die Heimsuchung; bald wird dieses Kind, bald das andere mehr vom Vater auf die Probe gestellt, damit euch Gelegenheit geboten ist, einander in der Liebe zu Hilfe zu eilen. Darum lasst nicht ab in der Liebe zueinander, erkaltet nicht füreinander, wenn ihr den Vater abwesend glaubet, denn es kommt die Zeit, wo Er wieder in eurer Mitte sein und keines vermissen will! Amen!

34. Barmherzigkeit

15. Dezember 1877

Meine lieben Kinder! Barmherzigkeit ist es, dass Ich Mich auf euren Erdenball im Fleische niederließ; denn nur durch diese ist es Mir möglich geworden, Mich euch zu nähern. Meine Heiligkeit trennte Mich von euch, und stellte eine unübersteigliche Kluft zwischen Mich und euch.

Durch die Barmherzigkeit wurde eine Brücke über diese Kluft geschlagen. Wollet ihr deshalb zu Mir gelangen, so müsst auch ihr Barmherzigkeit besitzen, und zwar gegen eure Mitmenschen und Mitgeschöpfe. Denn nicht allein die Menschen benötigen derselben, sondern oft auch die Tierwelt. Wie auch Ich schon bei Meiner Geburt Tiere in Meiner Nähe duldete, und sogar von ihnen Mir eine Wohltat zufließen ließ, so sollt auch ihr eure Gefühle für die Tiere immer mehr zu erweitern suchen.

Es gehört dieses ebenso wohl zur Veredelung eurer Seele, als die Liebe zum Nächsten. Denn wer eine Liebe zu den Tieren besitzt, dessen Liebe ist uneigennütziger, indem dieselbe nicht darauf beruht, dass man nach der Denkungsart, oder nach dem Verkehr mit denselben sie liebt, sondern man hat dieselben oft lieb, ohne zu wissen warum.

So lernet auch daraus, was eigentlich Liebe ist; es ist die uneigennützigste Selbstsuchtlosigkeit, die sich freut über alles, was in der Natur ist, und dadurch dem Schöpfer dankt. Dieser Dank wird erhöht, wenn euch klar ist, dass der Schöpfer euer Vater ist, und Sich Selbst ins Fleisch begeben hat, um euch zu belehren über Sein eigenes Wesen, und so den Geist durch Sein Wort auf die Stufe zu bringen, wo er begreift, in welch innigem Verhältnis er zum Schöpfer selbst steht.

Dieses ist nur möglich geworden durch Mein Kommen ins Fleisch; denn vorher war es nur ein ängstliches Ahnen von einem Gott, nun aber ein freudiges Erkennen eines göttlich liebenden Vaters.

Wie wenig solche Menschen Mich, ihren Gott, erfassen können, welchen Mein Wort von Meinem Wirken auf Erden noch nicht zuteilgeworden ist, das seht ihr an den Heiden. Darum es auch immer noch viele sind, welche zeugen von dem Unterschiede (in dem geistigen Zustand), wo Ich als Gott und Vater im Glauben erkannt bin, und dem derer, welche noch keine (direkt von Mir) geoffenbarte Religion haben.

Eure Aufgabe soll es sein, auch in dieser Hinsicht Weihnachten zu betrachten, und ihr werdet den Segen von Meiner Geburt nicht erst erhoffen, sondern für denselben schon jetzt danken, mit dem Vorsatze, dass ihr euch immer mehr bemühen wollt, Meine Barmherzigkeit, Meine Liebe, Meine Demut, Meine Geduld und Meine Langmut euch anzueignen. Damit auch ihr als Sprösslinge von Mir dazu beitraget, die Menschheit auf die Segnungen hinzuweisen, welche durch Mein Erscheinen dem Erdballe zuteilwurden.

Dies ist die wahre Mission, wenn ihr durch euer Vorwärtsstreben euren Mitmenschen zeiget, mit welch großen Fähigkeiten Ich den Menschen ausgestattet habe aus Liebe, und wie Mich Barmherzigkeit bewog Selbst zu euch zu kommen, euch darüber zu belehren, und den Weg zu zeigen, welcher heißt: Selbstverleugnung und Demut, der zu Mir führt. Dann kann euch nicht mehr die Frage beschäftigen, was ihr für Mich tun sollt? Lehret durchs Beispiel, wirket durch die Mittel, die euch zu Gebote stehen, auch im Äußeren, und betet jeden Tag inbrünstiger, dass so Mein Reich überall mehr ausgebreitet werde.

So soll euch das kommende Weihnachten ein Mahnruf werden, in tiefe Betrachtungen einzugehen, welche euch den großen Vorzug aufdecken sollen, welchen ihr vor vielen eurer Mitmenschen zu genießen habt. Amen!

35. Vorbereitung zu Weihnachten

18. Dezember 1877

Meine lieben Kinder! Ich will euch auch dieses Jahr eine besondere Weihnachtsfreude bescheren, indem Ich euch Worte gebe über Mein Erscheinen im Fleische. Es ist dies für euch von großer Bedeutung, nachdem Ich euch berufen habe, Mein Ebenbild ins Fleisch zu übertragen. Eure äußere Handlungsweise und euer Verkehr (mit den Mitmenschen) sollen Zeugnis ablegen von dem Geiste, der in euch wohnt, und der da sucht, jeden Tag mehr seine Göttlichkeit durch den ihm angepassten Leib kundzugeben. Gleichwie Ich einen Leib annahm, um Mich Meinen Mitmenschen offenbaren zu können, so sollt auch ihr euren Leib betrachten als Werkzeug eures Geistes. Seid ihr eurer Abstammung klar, so werdet ihr selbst darauf bedacht sein, eurem Vater Ehre zu machen, wozu euch dankbare Liebe antreiben soll, und Mein eigenes Beispiel, als Ich auf Erden wandelte, wird auch dazu beitragen, dass euer Forschen über Mein Ich euch immer mehr Wonne bereitet. Ihr werdet dann einsehen lernen, wie leicht Ich es euch zu machen suchte durch Meine Liebesgesetze, eure Probezeit zu diesem Leben durchzumachen; kein Leiden, kein Hindernis wird euch zu schwer dünken, kein Glück, keine Freude soll euch stören, Mir ganz anzugehören.

Das Bewusstsein der hohen Würde, Mich den Schöpfer und Vater Himmels und der Erde in gleiche Form gehüllt zu erkennen, wie euren eigenen Geist, wird euch erheben zur Liebe gegen Mich, zum Wohlwollen gegen eure Nächsten, welche euch gleichgestellt sind, sowie zur Ausdauer alles zu tragen und zu dulden, was nötig ist, um euch und andere auf den richtigen Standpunkt zu bringen, um einst als Kinder Gottes im Jenseits ankommen zu können, wo die Engel gleichfalls sich freuen werden über eure geistige Geburt. Gleich als wie sie sich freuten über Meine leibliche Geburt, so werden sie ein „Ehre sei Gott" anstimmen, wenn wieder eine Seele gewonnen ist.

O lasst nicht ab, euch immer wieder aufs Neue die hohe Bestimmung vorzuhalten, zu welcher Ich euch schuf! Jeder Tag sei euch ein Weihnachten, wo ihr euch in Mein Kommen und dessen Zweck versenket. - Bedenkt ihr dabei noch, dass es eine Höhle war, welche Mich zuerst beherbergte, so werdet ihr euch zu trösten wissen, wenn ihr euer Herz zu untüchtig, eure Gemeinschaft zu unwürdig findet, Mich in eurer Mitte zu haben. Amen!

36. Menschwerdung des Herrn

20. Dezember 1877

Meine lieben Kinder! Nachdem Ich angefangen habe, euch den Wert Meines Erscheinens auf Erden auseinanderzusetzen, so will Ich euch nun auf etwas weiteres über dessen hohe Bedeutung führen: Nicht allein ist euch dadurch klar geworden, wessen Abkömmlinge ihr seid, sondern ihr sollt auch wissen, welches Vorrecht ihr habt in Meiner ganzen Schöpfung; denn ihr seid dadurch gewürdigt worden mit Mir persönlich zu verkehren, und so Mich näher kennenzulernen in einer Weise, wie selbst Engeln es nicht zuteilwird.

Meine Hülle war es, die solches den Menschen möglich machte. Sie musste gleichfalls wie euer Körper den Prozess der Veredelung durchmachen; denn Meine Seele hatte von Geburt aus keinen Vorzug, sondern Ich musste gerade durch solche Erniedrigung, der Geisterwelt den Beweis liefern, dass Ich die Menschen so erschuf, dass es ihnen möglich ist, durch ernstliches Wollen zu dem zu gelangen, wozu Ich sie bestimmte, nämlich zu Meiner Kindschaft.

Darum Ich auch von innen und außen mit so vielen Versuchungen bestürmt wurde, und eben darum auch diejenigen, welche ihre Bestimmung mehr erkennen, so viele Gefahren und Kämpfe durchzumachen haben. Doch gleich wie Ich durch Meine in Mir wohnende Göttlichkeit überwunden habe, so werden auch Meine Kinder durch den göttlichen Funken in ihnen Kraft erhalten, denselben immer mehr zu stärken, wenn sie zu Mir halten und ihren freien Willen von Mir beeinflussen lassen; denn ganz kann Ich ihn nicht regieren, sondern Ich muss Mittel anwenden, welche dazu dienen, dass ihr erkennet, was euch wahrhaft glücklich macht, und dann selbst wählet.

Habt ihr Mich erkannt in Meiner Liebe zu euch, so wird es ein Leichtes für euch werden, Mich als Den zu erfassen, welchem ihr euch unterordnen wollt, und Ich nehme solches von euch als eine willige Gabe an; und dann tritt zur Liebe die Weisheit als Erzieherin, welche oft ganz andere Wege euch verordnet, als euer eigener Wille es tun würde.

Sehet, darum ist es so nötig, dass ihr Mir ganz vertrauet; und dieses Vertrauen könnt ihr stärken und erreichen durch Aufnahme Meiner Worte in der Bibel, welche euch manches aufschließen über Mein unerforschliches Walten und Erzählen, wie auch Ich, nach Meiner ewigen Ordnung, Mich im Gehorsam dem Vater unterziehen und alles dulden musste, was der Natur entgegenwirkte.

So ist es auch bei euch; wenn der Geist sein Recht erhält, und ihr euch mit ihm beratet über euer Tun und Lassen, so wird bald auch ein Entgegenkommen (Locken) von Seite der Natur stattfinden, das entfernt werden muss, wenn ihr Meine geistigen Kinder werden wollt.

Ich komme euch dann zu Hilfe und vermehre bei euch Meinen göttlichen Einfluss, wenn ihr Mich darum ersuchet, und so wird euch das Bewusstsein zum Troste werden, dass Ich Selbst Mensch war, und auch alle Schwachheiten auf Mich genommen habe, um euch in eurer Schwachheit mit Meiner Kraft zu stärken, damit auch ihr durch Kampf zum Siege gelangen und dann frohlocken möget: „Der Herr ist geboren nicht allein auf Erden, sondern auch in mir ist Er zur Herrschaft ins Leben geboren worden."

Welch tiefes Weihnachten für ein Kind, welches weiß, „der heilige Vater, welcher Mich liebt, ist jetzt in Meinem Herzen zum Leben gekommen, meine Seele, mein Leib geben Zeugnis dafür in Tat und Wandel."

So möge Mein Kommen ins Fleisch, welches in Bethlehem stattgefunden hat, nicht allein euch zur Freude, sondern eure Freude dadurch erhöht werden, dass ihr durchs Fleisch Mein Kommen in eurem Herzen verkläret, wenn ihr nach ernstlicher Selbstprüfung erfahren dürfet, „auch in Mir hat der Schöpfer Himmels und der Erde, als Vater durch Jesum, Sich eine Höhle in Bethlehem erbaut, und zwar als Kind, um einst groß und stark zu werden, und als König daselbst zu regieren."

Lasset den Stern der Liebe leuchten, dass wenn die Weisen euch fragen nach dem neugeborenen Könige, ihr ihnen sagen

könnt: „In unserem Herzen hat Er Seine Wohnung aufgeschlagen, wenn Ihr ihn anderswo suchet, könnt ihr Ihn nicht finden!"
Amen!

37. Christfest

25. Dezember 1877

Meine lieben Kinder! „Als berufen zu den Stufen vor des Lammes Thron!" Also sollen auch heute, als am Christfeste, Meine Kinder erscheinen, in dankerfüllter Stimmung; denn sie sind berufen Mich nicht allein mit den Lippen zu preisen, sondern ihr Herz soll sich erheben in großem Danke für alles, was ihnen durch Meine direkten Gnadenworte zuteilwird.

Es ist eine hohe Begnadigung für alle, welche dieselben im Besitze haben; denn je mehr sie Mich erkennen (auch) in Meinen (einfachen) Worten, desto mehr fühlen sie in sich die Liebe zu Mir, und die aus Liebe folgen können, fühlen keine Schwere des Gesetzes; erhoben über alles, was ihnen vorkommt, auf ihrem Lebensweg als Widerwärtiges, folgen sie einem Zuge, der sie zu Mir führt.

Sie sind einverstanden mit allem, was Ich ihnen auferlege; denn der heutige Tag erinnert euch, wie Ich mit tiefer Erniedrigung in Meine Lebensbahn eintrat, wie Ich sie fortsetzte und beendigte, sowie dass nur Liebe der Grund war, welcher Mich bewog, dieselbe zu wählen, und nur Liebe ist es, die auch euch eure Wege bezeichnet, wenn ihr mit Mir in Vereinigung lebet. Erkennet also den großen Segen, welcher euch zuteilwird durch Meine Geburt in euch, und Ich will euch jeden Tag mehr segnen. Amen.

38. Jahresrückschau

28. Dezember 1877

Meine lieben Kinder! Nachdem Ich euch Weihnachten und seine Bedeutung erklärt habe, blicket zurück auf die verflossene Zeit in diesem Jahre, mit all seinen Stürmen, welche ihr als Meine Kinder in eurem Kreis erlebt habt, und ihr werdet erkennen, dass ihr gar wenige nüchterne Stunden hattet, wo ihr mit der Stimmung Mir gegenüber standet, wie ihr es eurem Gott und Schöpfer schuldig waret. Eure Zusammenkünfte hatten zu viel Äußerliches im Auge, und obschon ihr Mich dabei um Meinen Beistand angefleht habt, so wolltet ihr doch das Weiterkommen im Äußeren bewirken, ehe ihr an die Besserung eures Herzens mit hohem Ernste dachtet. Ich ließ manches ohne Schaden für euch zu, weil Unwissenheit der Grund war und nicht Bosheit. So musste alles, was euch begegnete, in Widerspruch treten, gleichwie eure Begriffe in Widerspruch mit Mir standen. Ich ließ dies zu, um dadurch eure Herzen für Mich empfänglicher zu machen. Glaubet nicht, dass Ich es war, Der euch damals dies oder jenes in die Feder diktierte, sondern Ich ließ es nur zu in Meiner Erbarmung, und lasse Mich jetzt erst finden, nachdem ihr das Wertlose eures damaligen Treibens durch Meine Gnadenbezeugungen einsehen lerntet.

Nun ihr an der Ausgangsschwelle steht dieses gefährlichen und stürmischen Jahres, frage Ich - was ist euch geblieben? Etwa die Reue, die Wahrheit, die Liebe, das Vertrauen, die Wachsamkeit? Oder seid ihr auf andere Wege gekommen? Ihr könnt Mir die Antwort nicht zusammengeben, sondern ein jedes komme zu Mir mit der Bitte, dass Ich ihm selbst aufdecke, wie viel es dabei gewonnen oder verloren hat. Dies ist die segensreichste Selbstprüfung, wenn keines dabei das andere ins Auge fasst, sondern jedes auf sich selbst sieht; dadurch wird jedes so viel Demut erlangen, dass es erst dann richtig an seine Geschwister denkt.

Vor allem frage Ich euch, wie viel Zuwachs ist euch in der Liebe geworden? Nehmet euch vor, kommendes Jahr in der Liebe anzufangen, und dieselbe immer mehr zu erweitern. Nicht allein auf einige, sondern auf die allgemeine Menschheit; ja betet für alle Menschen. - Es gibt viele Seelen, die auch für euch beten, ohne dass ihr sie kennt, weil auch sie Mich als ihren liebenden Gott und Vater erkennen und gerne ihre Mitmenschen glücklich sehen möchten.

Entziehet euch jedem Vorurteil über andere Ansichten; denn nicht die Form, sondern das Herz ist mir ein angenehmes Opfer, und Ich segne jede Hingabe desselben an Mich. Haltet euch an die Worte, welche ihr schon in Händen habt, und an die Heilige Schrift, wie Ich euch schon mehrmals unterwiesen habe. Jedes unter euch strebe das Band der brüderlichen Liebe festzuhalten!

Wartet in Geduld, auf welche Weise eure Gemeinschaft mehr befestigt werden soll! Die Hauptsorge sei euer eigen Herz und ihr werdet Meine Nähe fühlen, ob Ich äußere Worte euch zukommen lasse, oder nur in eurem Herzen Mich bezeuge. Eure Losung sei: „Bis hierher hat uns der Vater geführt, Er wird auch ferner Seine Hand nicht entziehen." So könnt ihr getrost zurückblicken. Keines von euch hat Schaden erlitten und Ich will auch im kommenden Jahre euch nicht versäumen, so ihr Mir treu bleibet.

Harret aus in allem, was euch zu eurem geistigen Wohl auf eurer Bahn beschieden ist. Denkt, dass es der Weg ist, der zu Mir führt, und Ich werde euch, wenn ihr zu Mir kommet, nicht wegschicken, ohne dass ihr von Meiner Liebe zuvor gesegnet worden seid! Amen.

39. Vom Wesen und Zweck dieser Worte

Jahresschluss 1877

Meine lieben Kinder! Ihr steht an der Pforte dieses neuen Jahres, und wollt in dasselbe eingehen, nachdem ihr zuvor einen Rückblick auf das verflossene Jahr getan habt, und nach ernster Betrachtung eurer selbst, wie eurer Führung, welche Ich euch angedeihen ließ, Mir ein dankbares Herz entgegenbringet.

Freilich habt ihr im Stillen viele Fragen, welche Ich euch unbeantwortet lassen muss, weil sie nicht dazu dienen, euch durch ein demütiges Herz Mir näher zu bringen, sondern euer Verstand möchte einen Durchblick durch manches Dunkle, das gerade dazu dienen musste, dass ihr euch von ganzem Herzen an Mich wendet.

Jetzt da ihr einsehen gelernt, wie nur Ich Selbst es bin, Dem ihr durch euer Streben nachjagen sollt, will Ich Mich im nächsten Jahre immer mehr in eurem Herzen zu erkennen geben als Den, Der Mittel und Wege genug hat, euch eure Richtung so zu ordnen, dass ihr mit Freudigkeit fortmachen könnt, im Verkehre mit Mir.

Sind es auch nicht wissenschaftliche Worte, welche ihr seither erhalten habt, sondern nur die lautere Milch, wie sie ein Kind nötig hat für den Anfang, bis es fähig wird, auch gewürzte Speisen aufzunehmen, (obschon ihr dieselben auch schon zuvor verkostet habt); so frage ein jedes unter euch sich selbst; habt ihr dabei mehr Antrieb verspürt, Mich als Vater ganz zu umfassen, als bei diesen einfachen Worten, durch welche euer kindliches Herz immer aufs Neue wieder erfreut wird.

Ich mache euch keine Versprechungen, als ob Ich euch durch viel Wissen bereichern wollte, aber das rufe Ich euch als liebender Vater zu: „Wer Mich ehrt in diesen Worten, welche von Meiner Liebe zeugen und in kindlicher Freude Mir dafür Dank bringt, den werde Ich immer mehr zu Mir ziehen und er wird einen Schatz in sich sammeln, ohne dass er es selbst ahnt. -Die kindliche Liebe wird sein Eigentum werden und er wird dieselbe für alle Gelehrsamkeit nicht vertauschen."

So Meine lieben Kinder fahret fort, in kindlicher Einfalt euch Vaterworte untereinander zuzuschicken, Mein väterlicher Segen fehlt euch dabei nicht. An Gelegenheit euren Geschwistern zu beweisen, dass ihr sie liebt um Meinetwillen, will Ich es euch auch nicht mangeln lassen.

Wenn ihr durch diese äußeren Worte zuvor euch antreiben lasst, eure Betrachtungen Mir zu widmen, so werdet ihr eine Gedankenfülle in euch verspüren, wie es seither noch nicht der Fall war. Die Vereinigung mit Mir wird immer mehr befestigt werden, und also wird euch das Mittel zum Zweck nicht so gering vorkommen, wie einige unter euch glauben, dass ihr Herz stark genug sei, ohne äußere Anregung sich ganz in Mich zu versenken.

So ist ein Gnadenmittel, welches Ich euch zuteilwerden lasse durch diesen Weg der Mitteilung. Sehe daher keines auf das andere dabei, sondern nehme ein jedes so viel davon, als es für sein Herz bedürftig fühlt, und am Schlusse des nächsten Jahres wollen wir wieder fragen, ob ihr dabei gewonnen oder verloren habt? Euer Vater im alten und neuen Jahre, und Derselbe von Ewigkeit. Amen!

40. Vom getreuen Haushalter

(Mt. 25,21)   6. Januar 1878

Meine lieben Kinder! Nun will Ich euch den getreuen Haushalter als Muster anführen, wie derselbe sein ihm Anvertrautes nicht allein zu bewahren suchte, sondern auch danach strebte zur Freude seines Herrn immer mehr zu gewinnen. Er wusste, dass ein immerwährendes Wachstum mit solchem Streben verbunden ist, und darum wucherte er.

So sollen auch Meine Kinder bezüglich der Gaben, welche ihnen verliehen sind, nicht allein sorgen, dass sie erhalten bleiben, sondern suchen, damit für sich und andere den möglichst größten Gewinn zu erzielen; auf dass auch sie einst bei Meiner Abrechnung Mir die Freude machen, ihnen zurufen zu können: „Ich will dich über viel setzen, weil du Mir treu verwaltet hast, was Ich dir gegeben!" (Mt. 25,21)

O, wie vieles ist euch noch verborgen, von dem was ihr schon habt; darum ist es so nötig, dass ihr suchet und strebet, mehr zu gewinnen, und es wird euch gelingen, immer weiter in der Erkenntnis zu kommen, so wie im Eifer, eurem Ziele nachzustreben, welches ist die völlige Übereinstimmung mit Mir, dann kann Ich euch über vieles setzen, und euch zu euren Tugenden eine innere Macht beifügen, um auch andere zu beglücken.

Dagegen diejenigen, welche zufrieden sind mit dem, was sie schon haben, im Stillestehen sich befinden, und Stillstand ist oft der Anfang zum Rückgang. Also vorwärts sollt ihr dringen, auch wenn euch allerlei Einwendungen gemacht werden, weil ihr wisst, dass euer Vater den Keim des immerwährenden Wachstums in euch gelegt hat. So machet ihm Ehre dadurch, dass ihr jeden Tag wachset in der Erkenntnis und in der Liebe zu Mir, als zu Jesu Christo eurem Herrn.

Beweiset der Welt, wie es dem Menschen nie möglich ist stille zu stehen, wenn er seine Aufgabe als Kind Gottes erkennt, sondern wie seine Seligkeit darin besteht, dass er immer sucht weiter zu kommen, und sich zu verbessern in allerlei Tugenden, welche gegründet sind auf die Gebote: Liebe Gott und deinen Nächsten!

Zeiget, wer der Nächste nach euren Begriffen ist, und ihr werdet keinen Menschen zu weit entfernt wähnen, sobald er eure Hilfe nötig hat. So sollt ihr euren Fortschritt in diesem Jahre anfangen und Ich segne euch dazu. Amen!

41. Der heilige Vater und Seine Kinder

9. Januar 1878

Liebe Kinder! Heute sollt ihr über Mich Selbst etwas erhalten, und zwar über Mein Einwirken bei Meinen wahren Kindern. So sie Mich ernstlich suchen, so will Ich Mich ihnen immer mehr nähern durch ein Innewerden im Herzen, welches möglich ist, wenn sie ihre Seele immer mehr zu vergeistigen suchen; denn je mehr diese göttliche Eigenschaften annimmt, desto stärker wird der Geist, und vereint sich mit derselben, und nimmt Anteil an der Regentschaft über den Körper. Es soll derselbe vom Geiste regiert werden; und wenn dieses der Fall ist, so lebt der Mensch geistig, wenn er seinen freien Willen der Stimme in seinem Inneren unterordnet und nach derselben lebt.

Nun will Ich euch auch mehr Aufschluss geben über das (medianime) Schreiben, inwieweit es für euch von großer Gefahr ist. Denn wenn nicht eine innere Vereinigung mit Mir stattfindet, und eure Seele noch ganz sinnlicher und materieller Natur ist, so ist euer Geist dabei auch schwach. Gebet ihr nun euer Organ dazu her, das durch seine Beschaffenheit so ist, dass es auch andere Geister leicht regieren können, so wird euer eigener Geist zurückgedrängt, er verliert dabei und wird durch diesen Akt, wenn oft wiederholt, krank, weil die Substanz der Seele von anderen Geistern aufgebraucht wird, wo sie dann von eurem Körper Besitz nehmen. Da wird das eigene Ich zurückgedrängt, wobei es sich wehrt, und dieser Widerstand gleicht einem bewölkten Himmel, wo manchmal die Wolken verscheucht werden, und ein kleiner Lichtblick eintritt, aber bald wieder sich verdunkelt.

Da gerade solche Menschen zum Schreiben sich eignen, welche einen sehr weichen Körper haben, (in Folge eines sehr beweglichen Nervenfluides), so ist es gar bald geschehen, dass die Geister in Besitz eines solchen Menschen kommen. Ich lasse es zu, weil Ich den freien Willen der Menschen (und der Geister) ehre; aber es ist für Mich als Vater betrüblich, dass Ich gar wenige habe, die nur zu Meiner Ehre schreiben wollen. Denn Wissbegierde oft unschuldiger Art, oft aus Eroberungssucht, sind zumeist die Triebfedern zu solchen Unternehmungen, und da drängen sich niedere Geister herbei, weil ihnen diese Sphäre anpasst, und dadurch entsteht Unheil.

Solche, welche durch dieses (med.) Schreiben mehr mit Mir in Verbindung kommen wollen, sind wenige, und auch diese muss Ich durch allerlei Mittel vorher noch warnen, und sie zur Wachsamkeit anhalten, bevor sie zur wahren Einsicht gelangen, dass wenn Ich sie nicht durch Meinen Beistand unterstützte, sie zum Spielballe niederer Geister werden.

Wenn sie aber das Verlangen in sich tragen, nur mit Mir dadurch in Verkehr zu treten, so sende Ich ihnen (reine) Geister vom Jenseits, höhere Wesen, welche zeugen von Mir und Meiner Liebe, und dann wird ihr Geist statt zu verlieren, dabei gewinnen. Sie werden vereint dem Vater huldigen, und alles zurückweisen, was niedere Geister anstreben wollen. Dadurch wird ein Annähern oder Zuführen zu Mir Selbst zu Stande gebracht, und Ich lasse Mich finden in der Weise, wie man Mich zu finden bemüht ist.

Wenn der Schreiber (das Medium) auf diesem Standpunkte angekommen ist, so wird er seinen freien Willen nie mehr dazu hergeben, einem Geiste seine Organe zu leihen, von dem er nicht weiß, dass er göttlicher Natur ist; und diese Unterscheidung wird ihm leicht werden, wenn er nicht nur beim Schreiben, sondern sein ganzes Tun und Lassen, und seine ganze Zeit von Mir, als seinem himmlischen Vater, abhängig macht.

Ist dieses sein Hauptbestreben, so werde Ich gleichfalls seinem Geiste zu Hilfe kommen, dass seine Organe die Meinigen werden, und Ich werde ihm Worte geben, welche Meinen Kindern zum Nutzen werden sollen; doch nicht zu weltlichen Interessen, sondern zum Fortschritte ihres geistigen Lebens.

Seid deshalb unverzagt, so lange ihr in Meinem Namen euch Worte wünschet, so lange bin Ich Besitzer eures Wesens und keine andere Macht kann euch den Untergang bereiten, durch euren Verkehr mit Mir. Aber dabei sage Ich euch nochmals: Eure ganze Lebensweise, eure ganze Zeit, euer ganzer Wille sollen dazu dienen, immer mehr mit Mir verbunden zu werden. Amen!

Euer Vater.

42. Ausharren in der Anfechtung

14. Januar 1878

Meine lieben Kinder! Harret aus in allerlei Anfechtungen, welche ihr aus Liebe zu Mir auf euch nehmt. Ich will euch dadurch immer mehr aufs Neue an Mich fesseln, und obschon ihr wähnet, euer Kreis gehe der Auflösung entgegen, so bin Ich, Der wieder zu verbinden weiß.

Daher komme ein jedes von euch zu Mir in seinem Anliegen, und ihr sollt alle Meine Hilfe erfahren. Ihr sollt euch mehr von der Engherzigkeit frei machen, und im Allgemeinen Absonderungen vermeiden denen gegenüber, welche andere Ansichten haben. Denn Meine direkten Worte sollen noch von vielen anderen Kindern, die ihr noch nicht kennt, gelesen werden, und nicht allein unter euch Segen bringen; aber die Zeit, wann dieses geschehen wird, will Ich Mir vorbehalten. Einstweilen gebt euch Mühe, Meine Worte an euch selbst anzuwenden. Untersuchet wie viel ihr selbst dazu beigetragen, wenn euch ein Hindernis entgegentritt. Nützet alles zu eurer eigenen Vervollkommnung aus und erkennet in allem Meine liebende Hand, welche euch führt. Denn ihr könnt nicht erwarten, dass andere ein anderes Zeugnis gelten lassen, als das, welches durch eigenes Beispiel bestätigt wird. Amen!

43. Vom achten Gebot

(2. Mos. 20,16)   21. Januar 1878

Meine lieben Kinder! Da ihr in jetziger Zeit die Bitterkeit der Verleumdung zu tragen habt, so will Ich etwas schreiben lassen über das falsche Zeugnisreden gegen den Nächsten.

In diesem Falle ist jeder Mensch der Nächste, und verdient, dass ihr nur mit Liebe und Wohlwollen gegen ihn urteilet. Denn wie viel Unheil durch liebloses Richten angestellt wird, könnt ihr jeden Tag in der Welt sehen; aber noch weit mehr schadet eine verleumderische Zunge sich selbst und ihrem geistigen Fortschritte.

Es ist diese Sünde der größte Beweis von Lieblosigkeit; denn wenn auf diesem Boden nicht ernstlich gewacht wird, kann die Liebe keine Wurzel fassen. Nicht nur sollt ihr nicht falsch reden, sondern auch alle argen Gedanken auszumerzen suchen.

Es ist ein Hauptkennzeichen Meiner wahren Kinder, dass sie nicht lieblos reden von ihren Mitmenschen. Denn dieses Kennzeichen wird auch von den Weltmenschen wertgeschätzt, und wirkt mehr bei denselben, als jede andere Tugend, welche sie euch auch oft nicht abstreiten können; darum Ich es zulasse, dass gerade diejenigen, welche Mich suchen, von ihren Mitmenschen scharf beobachtet, und verleumdet werden. Diese sind Wächter für sie, damit sie dann nicht allein um Meinetwillen, sondern wegen ihres eigenen Ichs es sich zur Aufgabe machen, kein Ärgernis zu geben, wodurch ihr Streben wieder mehr gehoben wird. Denn, wenn ihr euch genau prüft, so werdet ihr finden, dass ihr ebenso viel um eurer selbst willen tut und unterlasset, als für Mich.

Wenn nun eine Verleumdung über euch kommt, so soll diese bittere Erfahrung euch auch noch dazu dienen, dass ihr desto gewissenhafter im Urteilfällen seid, und ihr in solchen Fällen nicht mit Klagen oder Anklagen zu Mir kommet, sondern bittet zuerst für euch um Liebe, die verzeiht, weil sie auch darin Meine väterliche Zulassung erblickt, und den damit verbundenen Segen erkennt. Dann nehmt euch ernstlich vor, niemand eine solche Betrübnis durch Verleumdung zu bereiten, wie ihr sie empfunden habt und hoffet, dass alles zu eurem Besten dient. Amen!

44. Lasset euch nicht vom Bösen überwinden, sondern überwindet das Böse mit Gutem!

(Röm. 12,21)   26. Januar 1878

Meine lieben Kinder! Auch ihr sollt alles, was euch begegnet, mit Gutem, mit Liebe auffassen und tragen, komme es durch Freunde oder Feinde. Überall sollt ihr nur Liebe entgegenstellen; denn nur dadurch werdet ihr stark werden. Alle anderen Bemühungen sind vergebens, weil sie nicht nach Meinem Willen sind und Ich Meinen Segen nicht dazu gebe.

Unter dieser Liebe ist aber hauptsächlich die Liebe gemeint, welche nicht bloß etwas tut, was den Anschein von Liebe hat, sondern die reine Liebe im Herzen soll zur Tat treiben, und in vollem Sinne wahr sein; denn nur dann ist das Böse mit Gutem überwunden. Darum ist es oft besser, wenn ihr stille haltet durch die Liebe und ruhig abwartet, bis sich Gelegenheit bietet dieselbe zu beweisen, als dass ihr die Gelegenheit sucht, was oft aus falschem Eifer hervorgeht, um die Gegner gleichsam durch Liebe zu überwinden und so den Sieg zu erringen.

Habet immer Mein Ebenbild vor Augen! Wie viel muss Ich mit Langmut und Geduld tragen, wie oft Mein liebendes Herz verschließen, um eine Seele zu retten, weil Meine Weisheit es für gut findet. Darum sollt ihr mit der wahren Liebe die wahre Weisheit verbinden, indem ein Stillehalten, welches bei euch mit Kampf errungen werden muss, euch und anderen oft mehr Nutzen bringen kann, als eure unzeitige Tätigkeit,

So lernet immer mehr Mein Wort halten und ihr werdet also am besten eure Pflicht gegen euren Nächsten erfüllen. Amen!

Euer getreuer Vater in Jesu.

45. Der Jesus-Name

3. Februar 1878

Meine lieben Kinder! Ihr sollt den Namen Jesus in seiner Bedeutung kennenlernen, da besonders viel daran liegt, dass ihr Mich nicht allein als liebenden Vater und Schöpfer Himmels und der Erde erkennet, sondern Denselben auch im Namen Jesu; denn nur durch Dessen Zugang habt ihr den Vater erlangt. Nicht aber wie der verkehrte Glauben es lehrt, als ob der Vater zuvor versöhnt worden wäre durch Meine Erniedrigung und Meinen Kreuzestod, sondern Meine Liebe war es zuvor schon, welche Mich zu diesem Akte veranlasste, um euch kundzugeben, dass in eurem Schöpfer ein Vaterherz für euch schlägt, und so musste Ich auf diesem Wege euch begegnen; aber auch zulassen, dass man falsche Begriffe von Meiner Versöhnung annahm, als ob Ich ein Gott des Zornes wäre, und erst durch grausame Strafe, welche an Meinem Leibe verübt worden, versöhnt werden müsste.

Ich musste Mich nach der durch die Sünde soweit gesunkenen Aufnahmefähigkeit der Menschen richten, und auch in dieser Hinsicht, wie eben alles nach Meiner Ordnung den Entwicklungsgang zu gehen hat, diese Irrbegriffe so lange dulden, bis es jetzt an der Zeit ist, Mich in Meiner ganzen Liebe und Meinen ganzen Heilsplan zu erkennen.

Durch die Worte über Meinen Erdenwandel (im Großen Evangelium Johannes) könnt ihr immer mehr Aufschluss erhalten, worin die wahre Versöhnung zwischen Mir und euch besteht, d.h. im kindlichen Vertrauen, dass, wenn ihr Mir folgen wollt, Ich euch durch Meine Kraft unterstützen werde, aus der Liebe, die alles für euch getan, ihr Blut vergossen, ihr Leben gelassen, um durch den Vater (die Göttlichkeit in Mir) auch euren göttlichen Funken, oder euer eigentliches Ich oder ewiges Sein (woraus ihr als Menschen besteht), tüchtig zu machen, eure Seele und Leib zu durchdringen, damit sie zur Auferstehung in das himmlische Reich als Kinder Gottes fähig werden. Denn erst durch Mein Erscheinen ist den Menschen ihr ganzes Wesen mehr aufgedeckt worden, dass sie aus Geist, Seele und Leib bestehen, und darum die Aufgabe haben, sich mit Dem zu vereinen, nach Dessen Ebenbild sie geschaffen sind, Der ihnen durch Sein Beispiel den Weg gezeigt hat, welcher dahin führt; nämlich gehorsam sein bis auf den höchsten Grad, wie auch Ich - als Jesus dem Vater folgte und den Weg der Verleugnung Selbst auf Mich nahm, durch Spott und Hohn bis zum Kreuzestod.

Wenn ihr so, als Meine Kinder, den Vater in Jesu ehret und Seine Erlösung euch aneignet, da wird euch der wahre Segen werden; aber nicht, wenn ihr euch durch Mein Blut ohne eure Bemühungen rein waschen lasst und warten wollt, bis euch die Liebe des Vaters zugeteilt wird durch Vermittlung. Meine Vermittlung ist die Lehre, welche bloß durch das Befolgen ihre Kraft beweisen wird.

Darum seid Täter des Wortes, und ihr werdet euch nicht selbst betrügen, sondern das Kindesrecht euch erwerben, durch euren Gehorsam und kindliches Vertrauen zu Mir. Amen!

46. Zur Fastenzeit

10. Februar 1878

Liebe Kinder! Nun ist die Zeit, in welcher ihr lebet, nach dem Kirchenjahre die Fastenzeit, in welcher ihr euch nach euren Kirchengesetzen allen äußeren Vergnügungen entziehen sollt; aber Meine Kinder sollen in anderer Art ihre jetzige Zeit erkennen, als bloß in äußerem Entsagen! Sie sollen sich vorbereiten in ihrem Herzen, nachdem Ich als Kind bei ihnen Wohnung gemacht habe, Mir Meine Wohnstätte immer größer und reiner zu machen, damit Ich dort, ehe die Leidenstage anfangen, als König, der Einzug hält, aufgenommen oder völlig anerkannt werde.

Auch zu euch werde Ich auf einer Eselin kommen; denn durch die Demut ist es Mir nur möglich, Mich euch immer mehr zu nähern. Darum ist es jetzt so nötig, dass ihr euch der wahren Demut befleißet und willenlos tut, was euch befohlen wird, gleichwie Meine Jünger die Eselin holen mussten mit der Weisung: „Der Herr bedarf ihrer". Also sollt auch ihr eure Wege ruhig fortgehen, mit der Zuversicht, dass Ich eure Demut zuerst verlangen muss, um Mich bei euch und durch euch auch bei anderen als König zu beweisen.

Auch ihr sollt vorbereitet werden auf Meine Leidenswege im starken Vertrauen zu Mir; wenn ihr erfahren müsstet, wie Ich dem bittersten Spott und der Verachtung immer mehr ausgesetzt bin. Dann sollt ihr, wie Meine damaligen Jünger, festhalten an dem Einzuge, welchen Ich bei euch gehalten habe, auf dem Wege der Demut, und ruhig Meinen Worten vertrauen: „Der Herr bedarf es", ohne weiter zu fragen, auf welche Weise? Bleibet fest, auch wenn ein „Kreuzige! Kreuzige!" euch entgegentönt. Gleichwie meine damaligen Jünger sich verborgen halten mussten, aber treu an Mir hingen, also sollt auch ihr in aller Stille zu Mir halten; die Liebe soll euch dazu drängen und keine weiteren Hoffnungen. Euer Vater in Jesu! Amen!

47. Das Wort vom Kreuze

25. Februar 1878

Meine lieben Kinder! „Das Wort vom Kreuze" soll euch jeden Tag mehr verständlich werden, dadurch, dass ihr stille haltet, und euch nur im Inneren mit Mir beschäftiget. Denn gleichwie der Vater und der Sohn im Innersten eins, so sollt auch ihr mit Mir eins sein. Blicket daher auf Meinen Leidensweg und seid auch ihr damit einverstanden, alles was über euch kommt, dem Vater anheimzustellen mit der Zuversicht, dass es zur innigeren Verbindung mit demselben beiträgt.

Es ist jetzt die Zeit einer großen Gärung unter den Gemütern und ein Suchen nach Wahrheit und Licht, aber auch ein Ringen nach Herrschsucht. Darum ist es so nötig, dass Meine Kinder festhalten an dem Lichte, welches ihnen durch Meine Gnade zuteilgeworden ist, und der Demut sich befleißen, welches ist die Gegenwehr gegen Herrschsucht. Denn nur die, welche in der Demut Mich suchen, sollen Mich finden, und denen, welche Mich so gefunden haben, will Ich alles ersetzen, was sie um Meinetwillen in der Welt verlieren.

Ich will euer Gott und Vater sein und verbleiben, und ihr sollt Meine folgsamen wahren Kinder werden! Freuet euch in eurer Einsamkeit darüber und verlanget außer Mir keinen Besitz; leidet mit Mir, da Ich als euer Vater am meisten zu dulden habe, und ihr werdet euch auch mit Mir freuen dürfen! Amen!

48. Gottvertrauen

5. März 1878

Meine lieben Kinder! Lasset euch nicht irremachen, als ob Ich euch versäumen wollte, weil ihr so wenig Worte erhaltet. ihr sollt mehr im Herzen mit Mir sprechen, als durchs äußere Wort; denn ihr wisst, was dazu gehört, mit Mir in steter Verbindung zu bleiben.

Haltet an im Gebet und in der Liebe zu euren Mitmenschen, und es wird euch gelingen, manche Seele Mir dadurch näherzubringen. Die Zeit des Sammelns ist jetzt erst im Anfang, und wird am besten dadurch befördert, so ihr recht stille haltet, über euch selbst wachet, und eure Sehnsucht dahin geht, für Mich arbeiten zu dürfen.

Meine lieben Kinder, der Vater, Den ihr liebt, ist bei euch; Er leitet eure Schritte, Er kennt eure Wünsche, und erfüllt sie nach Seiner Weisheit. Haltet aus in allerlei Anfechtungen; sie sind das Wasser, welches die Pflanze benötigt, damit die Blüte nicht abfällt, sondern Früchte bringt! Werfet euch getrost in Meine Vaterarme, sie sind nicht zu kurz, um euch zu beschützen, sowohl vor unsichtbaren Feinden, als vor äußeren Drangsalen!

Suchet euren Rat und Trost im stillen Kämmerlein eures Herzens; denn nur dort weile Ich als Ratgeber. Alle anderen Wege sind nur Vermittler zum wahren Ziele zu kommen. Euch aber ist der Weg kurz gemacht worden, denn Vater und Kind brauchen nicht viel Vermittlung, wenn ihr Verhältnis nicht auf gewaltsame Art getrennt worden ist. Euer Vater!

49. Die Liebe Gottes als Vater

17. März 1878

Meine lieben Kinder! Freuet euch über die Liebe, welche Ich euch als Vater erzeige, dadurch, dass Ich durch Meine Einwirkung der Gnade euch immer mehr stark mache, das Richtige des materiellen Lebens mehr einzusehen und demselben zu entsagen, damit euer Geist immer mehr sein Recht erhält, und Seele und Leib ihm dienstbar werden.

Kurz ist sein (des Menschen) Weilen auf Erden, groß seine Aufgabe in derselben, um sich tüchtig zu machen, dort im Jenseits zu empfangen das himmlische Erbe, welches denen zuteilwerden soll, die in allen Anfechtungen und Proben dieses Lebens dennoch nicht aufhören, „Vater" zu rufen, sondern um jeden Preis das Kindesrecht zu bewahren suchen.

Darum lasst nicht ab, euer Vorrecht zu behaupten, kehret Mir nicht den Rücken, sondern vermehret euer Rufen bei der Anhäufung mancher Glaubensproben. Meine Kraft ist mächtiger in euch, als ihr oft fühlt, so lange ihr festhaltet die Waffen der Liebe und des Vertrauens; zweifelt nicht an dem Siege.

Dort im Jenseits werdet ihr einst fragen, warum ist mir nicht mehr auferlegt worden, wenn euch die (Segens-) Früchte eurer Heimsuchungen gezeigt werden, so ihr dieselben nach Meinem Willen getragen habt. Lasset nicht ab zu hoffen, dass endlich eine innere Gemeinschaft in eurer Mitte aufblühen wird!

Euer Vater! Amen!

50. Pfleget die Brüderlichkeit

23. Mai 1878

Meine lieben Kinder! Lasset nicht ab euch derer anzunehmen, welche gleichfalls berufen sind Mitteilungen vom Jenseits zu erhalten, damit sie durch diese Führungen sowohl ihre Leiden besser ertragen und verstehen lernen, als sich auch das Kindesrecht mehr anzueignen suchen, durch ein eifriges Bemühen nur für Mich zu leben, und die Zeit verstehen lernen, in welcher Ich immer mehr zulasse, dass Geister Besitz nehmen von menschlichen Organen. Wohl denen, die ihr Herz zu einer Wohnstätte bereiten, dass Meine Diener einziehen können; es wird ihnen zwar der Kampf mit finstern Mächten nicht ganz erspart bleiben, weil der freie Wille geehrt werden muss; doch wenn sie sich auf Meine Hilfe verlassen, und zu Mir halten, will Ich ein jedes segnen nach dem Zustande seines Herzens!

Ihr aber, die ihr durch Erfahrung geläutert worden seid, reichet ihnen die Hand zum geistigen Verbund, tretet für sie ein mit Bitte und Gebet! Da Ich nach Meiner ewigen Ordnung es jedem freistelle, in welcher Sphäre er sich bewegen will, so traget auch ihr dazu bei, dass guten Geistern Bahn gebrochen wird, und alle, welche in Verbindung mit diesen Mitteilungen stehen, nur das eine Ziel vor Augen haben, dadurch an Mein Vaterherz zu gelangen. Euer Vater in Jesu!

51. Zur Himmelfahrt Christi

30. Mai 1878

Meine lieben Kinder! Meine Himmelfahrt ist das Durchwandern durch alle Sphären und Stufen, in welchen Geister sich bewegen. Es ist die Wiederholung Meines Erdenlebens, wo Ich durch alle Schichten der Geister hindurchdringen musste, um zu der Höhe zu gelangen, wo Ich und der Vater eins waren, oder Meine Seele durch den Leib sich das anzueignen wusste, dass sie mit dem göttlichen Geiste harmonisch war und so nur Göttliches wollte.

Dieser Standpunkt wurde Meinen Jüngern sinnbildlich durch das Emporschwingen Meines auferstandenen Leibes dargestellt, sowie auch der Geisterwelt gezeigt, dass Meine Zeit auf der Erde abgelaufen, und Ich nun im Himmel Meine Macht wieder antrete, damit auch sie mehr nach Himmlischem trachten sollten.

Es ist nun das Symbol der Liebe im Himmel aufgerichtet. Gleichwie Ich auf Erden einen Leib trug, welcher das Zeichen Meiner größten Liebe und Erbarmung in sich birgt, so ist nun das Kreuz im ganzen Universum das größte Zeichen Meiner Liebe; wer sich zu ihm flüchtet, hat Hilfe zu hoffen. Gleichwie auf Erden Leiden und Trübsal mit dem Namen „Kreuz" bezeichnet sind, und dieselben in Meinem Namen getragen, geistigen Gewinn bringen, also bezeichnet das Kreuz solche, welche den Drang nach geistigem Fortschritte fühlen, den Weg, welcher zum Ziele führt!

Auch ihr auf Erden habt Schwingen des Geistes, hebet euch mit denselben empor durch die dunklen Wolken, welche euch so nahe der Erde halten! Je mehr ihr danach ringet, desto durchdringlicher werdet ihr die Luft, und desto leichter die Richtung, die in die Höhe führt, finden. Gleichwie Ich durch Tat und Leben den Weg bahnen musste, also sollt auch ihr durch Tat und Leben eurer Seele die Eigenschaften zu gewinnen suchen, welche fähig machen, einst beim Austritte aus dieser Welt euch Bahn zu brechen dahin, wo ihr vereint mit Mir, dem Vater in Jesu, eure weitere Entwicklung für alle Ewigkeit abwarten könnt! Amen!

52. Wer Ohren hat, der höre!

(Mk. 4,23)   2. Juni 1878

Liebe Kinder! „Wer Ohren hat zu hören, der höre, was der Geist der Wahrheit sagt." (Mk. 4,23) Dies ist sehr wichtig für die kommende Pfingstzeit, wo Ich Meinen Geist in denen vervielfältige, welche nach Mir fragen und Mich hören wollen. Denn die reine Wahrheit kann nur durch Meinen Heiligen Geist gegeben werden, und zwar also, dass jede Seele, welche ein ernstes Verlangen danach hat, dieselbe in sich selbst finden wird; ihr eigenes Innewerden wird es sein, welches ihren Glauben stärkt.

Darum, wer Ohren hat, oder sich empfänglich macht für dieses Innewerden dadurch, dass er sich vom Weltlichen immer mehr los macht, und nach Geistigem trachtet, der höre! Das heißt, er gebe sich Mühe, auf das zu achten, was der Geist der Wahrheit in seiner Herzens-Gedankenwelt hervorruft. Ein sicheres Erkennen wird ihm zuteilwerden!

Nicht von außen her kommen die beseligenden Gefühle, welche euch dem Vater so nahe stellen, sie werden bloß durch äußere Mittel und Lehren hervorgerufen. Doch der Geist, der mit dem Vater euch vereint, wohnt in euch von Anbeginn eures Seins. Nur das Verlangen in euch muss geweckt werden, eurer göttlichen Abkunft gemäß eure Lebenstätigkeit einzurichten, und dazu Seele und Leib ihm (dem Geiste) dienstbar zu machen, damit ihr das euch bestimmte Ziel erreichet. Amen!

53. Zu Pfingsten

9. Juni 1878

Meine lieben Kinder! Das Pfingstfest, welches ihr heute feiert, ist in seiner Bedeutung für euch das, was für Mich die Geburt ins Fleisch war. Gleichwie Ich dort Mich in einen Leib begab, um Mich euch nähern zu können, also ist es jetzt wiederum Meine Göttlichkeit, welche zu euch im Geiste kommt, um euren Geist mehr mit Mir zu vereinen.

Ihr sollt durch den Einfluss von Oben immer mehr angetrieben werden, nach Meinem Ebenbilde euch zu bilden! Darum Ich Meinen Jüngern die Verheißung gab, ihnen den Heiligen Geist zu senden.

Äußerlich musste Ich sie verlassen. Sie fühlten, dass sie noch recht schwach im Glauben waren, und sie mussten jetzt auf anderem Wege unterstützt werden. Deshalb wurden sie erfüllt von Meinem Geiste, der in Seinem Willen heilig ist.

Nicht Mut und Eifer allein war es, das sie fühlten, auch nicht nur Erkenntnis und Rednergabe, sondern hauptsächlich das Bedürfnis - mit Mir als Gott dem Vater vereint zu sein, und Mich über alles zu lieben. Diesen heiligen Drang fühlten sie da sehr stark in sich. Denn was von Mir ausgeht, trägt das Verlangen in sich, wieder zu Mir zurückzukehren. Dieses Verlangen wurde durch Mein leibliches Erscheinen auf Erden und durch Meine Lehre wieder mehr wach gerufen.

Seither ist unter den Menschen das Streben - mit Mir als Gott und Vater versöhnt zu sein (darum auch der Sohn „Mittler" genannt wird). Auf dieses hin gründen sich alle Parteien in der Christenheit. Es ist die Grundlage, welche stets bleibt, wenn auch der Ausbau in verschiedene Formen übergeht, was Ich zulassen muss, dabei aber jeder Seele, welche redlich Mich sucht, besondere Hilfe durch Meinen Geist zusende, dass sie Mich findet. Darum auch am ersten Pfingsten bei der Ausgießung des Heiligen Geistes viele fragten; „Redet der nicht unsere Sprache?", weil einem jeden eifrigen Zuhörer das Verständnis besonders geöffnet wurde. Amen!

54. Zum Dreieinigkeitsfest

16. Juni 1878

Meine lieben Kinder! Vater, Sohn und Geist in einer Person ist Mein Wesen. Vater bin Ich als Erzeuger alles Daseienden; und gleichwie ein Vater seine Kinder lieb hat, also ist auch Meine Liebe eine unbegrenzte für alles was existiert, besonders aber zu den Menschen, welche Ich ganz nach Mir gebildet habe.

Meine Liebe entäußerte sich und legte alle Fähigkeiten in sie, wodurch sie Mir ähnlich werden können; darum Ich ihnen auch den freien Willen hinzutun musste, und nachdem sie so ausgestattet waren, verlangte Ich von denselben, dass sie Mir folgen sollten.

Weil sie dann aber den freien Willen missbrauchten, so musste Ich als Sohn erscheinen, Fleisch annehmend, um sie durch Meine Lehre und Mein Wort, welches da ist der Geist, mit Mir wieder zu verbinden, und ihnen die Zusammensetzung ihres Wesens begreiflich machen, damit sie einsehen lernen, wie nötig es ist, ihren Willen dem Meinigen unterzuordnen, um einst im Jenseits mitregieren zu können.

Gleichwie der Mensch seine Dreiheit nicht trennen kann, weil er sonst kein Mensch mehr wäre. Denn der Geist ist das eigentliche Ich, welches von Mir ausgeht, die Seele das Mittel oder Werkzeug, welches ihn in Verbindung mit dem Leibe setzt, damit er sich immer mehr ausbilden kann, und so diese drei zusammen ein Ganzes ausmachen, welches dadurch tätig und für andere Geschöpfe fassbar ist. Also auch Ich durch die Einhüllung Meines Sein (Sohn), und durch die Kundgebungen im Wort (Geist), der fassbare Gott wurde, so dass man für diejenigen, welche Mich in Meinem wahren Wesen erkennen lernen, die Namen: Gott, Vater, Sohn, Geist (gleichbedeutend für Mich) sind.

Die drei Namen zusammengestellt, sind der Ausdruck, welcher der Mein ganzes Wesen bezeichnen soll, wie es bei den meisten Christen geschieht; jedoch im Herzen könnt ihr nur ein Bild besitzen, doch unter verschiedenen Namen, je nach dem augenblicklichen Bedürfnisse. Bald verehret ihr Mich mehr als den Schöpfer, wenn ihr von der schönen Natur und ihrer Mannigfaltigkeit gehoben seid; dann als Sohn und Mittler, wenn eure Unzulänglichkeit euch klar wird beim Kampfe gegen die Sünde, und ihr eure Zuflucht zur Barmherzigkeit und Versöhnung nehmt, wo dann meine Weisheit es ist, die es ermöglichte, dass ihr den Geist oder Tröster empfanget, der euch in alle Weisheit leitet, und ihr erkennet Denselben, darum ihr sagt: „Vater, gib mir den Heiligen Geist." Also bin Ich es wiederum, Der die wirkende Kraft ist, und nicht geheilt oder getrennt werden kann von Sohn und Geist.

Wer in Mir den dreieinigen Gott verehrt, so wie Ich es euch jetzt erkläre, der hat in allen Verhältnissen des inneren Lebens einen wahren Gott. Er braucht ihn bald als Schöpfer, bald als Mittler oder als Tröster, und wird deshalb Mich nie entbehren können, sondern wird angetrieben, sich gleichfalls (dreifältig) seinen Mitgeschöpfen zu zeigen, nämlich in Gefühlen, Worten und Taten, wodurch er sich erkenntlich macht, dass er ein Kind von Mir ist.

Gleichwie ein irdischer Vater oft auch eine dreifache Benennung hat, als einen Namen, einen Titel und auch Vater heißt; das Kind aber nur „Vater" sagen wird, also sollt auch ihr bei allen Benennungen, welche Mir die Menschheit gibt, an dem Namen Vater festhalten, welcher euch erinnert, dass ein Kind mehr Pflichten gegen den Vater zu beobachten hat, als sonst jemand, der bei demselben im Dienst ist um des Lohnes willen, und diese Pflicht heißt: Liebe. Ja, Liebe soll eure Grundlage sein, aus Liebe sollt ihr Mich anrufen; denn die Formen der Verehrung haben keinen Wert.

Alle drei Wesenheiten, welche von Mir zeugen, als Schöpfer und Geber alles Guten, als Sohn und Mittler, als Geist und Tröster, sind so eingerichtet, dass sie Gegenliebe hervorrufen. Wer nachdenkt über das Amt eines jeden derselben, wird finden, dass Liebe und Weisheit immer wieder Mein Wesen ausmachen. Amen!

55. Vom Wesen des Herrn als Schöpfer

22. Juni 1878

Meine lieben Kinder! Nachdem Ich euch Mein Wesen mitgeteilt habe, und wie sich dasselbe in verschiedenen Formen bei euch geltend macht, will Ich euch zuerst noch als Schöpfer etwas Weiteres geben, damit ihr begreifen lernet, dass die ganze Schöpfung für Mich Selbst eine Willenskraft brauchte, indem

Ich fest an dem Gedanken hielt: „Es werde!" und es ward der schöpferische Gedanke zur Wirklichkeit, in Formen der größten Mannigfaltigkeit, welche aber doch zusammenwirkend nur ein Ganzes bilden und vorstellen sollen, und zwar die verkörperte Liebe Meines Wesens!

Jedes Ding, welches existiert, trägt etwas in sich, wodurch einem anderen Nutzen geschafft werden kann; denn nur durch Entäußerung kann Liebe geübt werden. Immer ist es ein Darbringen für andere, sei es in Worten oder in Taten; es ist ein Ausströmen des Wesens, in dem Mineral- und Pflanzenreiche durch die Tierwelt hinauf bis zu dem Menschen, welcher bestimmt ist, nach Meinem Maßstabe auszufließen, weil der Mensch durch seinen Geist und freien Willen, welcher allen anderen Geschöpfen entweder abgeht oder nur schwach in verschiedenen Geschöpfen der Tierwelt zum Vorscheine kommt, sowie durch seinen Verstand und seine ganze Einrichtung auf die Stufe des Göttlichen gestellt ist, und somit immer weiter sich aus sich heraus veredeln soll, was ihm erleichtert wird, wenn er in Verkehr mit Mir Selbst tritt, wozu Ich schon von Erschaffung der Welt an immer wieder Anordnungen getroffen habe, bis Ich schließlich Selbst auf die Erde ins Fleisch kam.

Diese schöpferische Kraft in euch berechtigt Mich, das zu verlangen, was in Meinen Liebesgesetzen ausgedrückt ist. Euer Entwicklungsgang ist durch die Weisheit so eingerichtet, dass alles zur Vollkommenheit gelangen kann. Nebenbei liegt in euch noch etwas Ungesättigtes, welches ist der Sporn selbst zu suchen, bis ihr findet, das was nottut, einst ganz glücklich zu sein. Dies ist jedoch nicht ganz möglich, ehe ihr zu eurem Ursprunge zurückgekehrt seid, welcher ist: die göttliche Liebe!

So wird euer Streben und Suchen in alle Ewigkeit fortdauern, immer wieder aufs Neue euch beglückend, wenn ihr einen Schritt vorwärts gekommen seid. Amen!

56. Zweck der Reformation - Luther

25. Juni 1878

Liebe Kinder! Nun will Ich euch mitteilen, dass Ich es zulasse, dass ein Streit ist unter den Geistern, oder eine Meinungsverschiedenheit über Mein Wesen und Mein Wirken als Vater, Sohn und Geist, und über Meine Versöhnungslehre.

Es drängen sich deshalb bei den Medien vielerlei Geister heran, um sich geltend zu machen, und so eignen sie sich auch den Namen „Luther" an, und stellen ihn als reumütig dar.

Luther ist ein Diener von Mir schon zu seiner Zeit auf Erden gewesen; er war ein Vorarbeiter für Mein zweites Kommen[1]; denn durch Luther wurde die Heilige Schrift zugänglich gemacht für jeden Menschen, was zuvor sein musste, ehe Ich Mich weiter durch (neue) Mitteilungen von Oben kundgeben wollte; denn die Lehrer und Vorgesetzten stellten sich zwischen Mich und die Menschen, und brachten ihnen abermals irrige Begriffe von Mir bei, zu ihrem eigenen Vorteile; darum musste Luther die Versöhnungslehre stark betonen[2], im Gegenteile zu den vielen Missbräuchen durch Opfer, Zeremoniendienst und äußere Formen, wobei das Herz unbeteiligt war.

Die Menschheit war zu Luthers Zeiten noch zu unwissend gehalten, und es musste ihnen daher etwas (Einfacheres) geboten werden, was sie mit Freuden annehmen konnten. Gleichwie alles stufenweise nach Meiner ewigen Ordnung sich entwickelt, also auch Meine Lehre.

Der Sinn der Heiligen Schrift wird nach und nach enthüllt werden, nicht durch einen besonders dazu begabten Menschen, sondern durch das Ringen und Suchen vieler redlicher Seelen; das eine wird diesem, das andere jenem fasslicher aufgeschlossen werden, um die Liebe dadurch in allen zu erzeugen, damit sie sich gegenseitig unentbehrlich werden.

Denn alle Ansichten über Religion und Erkenntnis Meines Wesens sind von Oben beeinflusst; und ihre Grundlage ist die Liebe; nur mit dem Unterschiede, dass die eine Ansicht länger

---

[1] wie später Swedenborg, durch welchen das Verständnis des Wortes, dessen geistig innerer Sinn und das dreieinige Wesen Gottes (Jesus = Jehova = Zebaoth) mehr aufgeschlossen wurde. (d. Hsg.)

[2] damit die Menschen wieder mehr direkt an den allein wahren „Mittler" halten lernten, und statt eigener Werkheiligkeit auf die Gnade hingewiesen würden. (d. Hsg.)

braucht bis sie auf den Standpunkt kommt, wo Liebe erzielt wird; eine andere Ansicht dringt sogleich auf Liebe.

Liebe wird durch Tat erzeugt; darum alle Glaubensmänner, um ihre Ansichten anderen beizubringen, Anstrengung und Mühe nicht scheuen durften; Ich aber jede Mühe für Mich segne, wenn sie das Ziel erstreben will, zu Meiner Ehre und zum wohl ihrer Mitmenschen etwas beizutragen.

Deshalb sollt ihr, als wahre Kinder Gottes, beim Lesen der Schriften von Männern, welche der Geist Gottes veranlasste, für Mein Reich etwas zu tun, immer die Liebe beim Urteilen walten lassen, und solltet ihr an Stellen kommen, welche wider eure Auffassung sind, so wendet euch zu Mir um den Heiligen Geist, der wird euch in alle Wahrheit leiten! Bedenkt, dass Mein Geist es ist, der euch dann zu Hilfe kommt, dagegen andere Geister, welche ihr etwa vom Jenseits rufet, oft nicht in der Lage sind, euch den nötigen Aufschluss zu geben, und es oft auch nicht zugelassen wird, dass sie sich mitteilen dürfen, weil dadurch vieles Unheil gestiftet werden könnte, und irrige Auffassungen abermals veranlasst würden. Denn die Menschen verwerfen, wenn sie auf eine ihnen unrichtig vorkommende Anschauung stoßen, sogleich alles, und bedenken nicht, dass der Mensch immer einer Waage gleicht, wo bald das Gute, bald das Böse das Übergewicht hat. Darum hat Meine Weisheit es sich vorbehalten, dem Menschen den Geist der Erleuchtung nach dem Grade seiner Liebe Selbst zu verleihen.

Also befleißiget euch in derjenigen Liebe, die göttliche Abstammung beweist, in ihrem Denken und Tun, und ihr habt dann direkten Zutritt zu Mir und bedürfet die Vermittlung der Geister nicht. Amen!

57. Vom Wesen des Herrn als Sohn

1. Juli 1878

Liebe Kinder! Nun sollt ihr das Wort „Sohn" erklärt erhalten, damit ihr das volle Bild Meiner Dreiheit besser fassen könnt. Der Sohn ist entsprossen Meiner Liebe oder ist der Ausdruck derselben. Um eben dieselbe begreiflich zu machen, musste die Mitteilung durch etwas Wesentliches geschehen, welches war das Wort. Das Wort aber brauchte ein Organ zu seinem Schalle, welches durch den menschlichen Leib hergestellt wurde, („und das Wort ward Fleisch und wohnte unter uns") darum auch der Sohn Vermittler genannt ist.

Es wird das Wort Vermittler deshalb oft missdeutet, weil man darunter versteht einen Friedensstifter, während es die Vermittlung bezeichnet, welche getroffen ist, um dem Menschen zugänglich sein zu können!

Konnte doch Ich als Vater und Urheber der Vermittlung, welcher die Liebe zum Grunde lag, nicht zugleich Hass in Mir tragen, welcher mit dem, was von Mir Selbst ausging (Sohn), vertilgt werden sollte, sondern es war das tiefe Erbarmen mit Meinen geschaffenen Kindern, welches Mich bewog, in dieser Weise Mich ihnen wieder zu nähern.

Mein Wesen musste verhüllt werden durch das Fleisch, welches durch Meine Willenskraft erzeugt, Sohn genannt wird, und deshalb unzertrennlich mit Mir Selbst ist. Darum sagte Ich wer den Sohn sieht, der sieht den Vater, denn wer die Worte, vom Sohn gegeben, aufnimmt, der hat ja Meine Worte oder Meine eigene Mitteilung aufgenommen.

Nicht der Leib spricht, sondern das innen wohnende Ich ist es, und so wie „der Sohn", der auf Erden unter dem Namen Jesus wandelte, die Göttlichkeit ist, oder Gott Selbst durch das Ich bezeichnet: „Ich bin der Weg und die Wahrheit" (Joh. 14,6), ähnlich so sind auch die Menschen erschaffen. Ihrem Geist oder göttlichen Ich habe Ich gleichfalls die Sprache verliehen, um sich mitteilen zu können, was in ihrer Gedankenwelt, (welche ist eine schöpferische Kraft) vorgeht.

Die Sprache oder das Wort ist das Hilfsmittel, etwas hervorzubringen oder wirken zu können. Durch die Sprache werdet ihr aufgeklärt über euer Sein und weiter belehrt, euch nützlich zu machen.

Was nützte euch eine Fülle von Gedanken, wenn kein Mittel da wäre, sie mitzuteilen? Die göttliche Liebe, welche in euch gelegt ist, äußert sich in dem Drange, anderen euch mitteilen zu können, um näher mit ihnen verbunden zu werden. Doch durch den Sündenfall, welcher war ein Missbrauch des Vorzuges gegenüber anderen Geschöpfen und in Hochmut und Herrschsucht ausartete, wurde Mein Ebenbild entstellt und Ich musste nun sichtbar unter die Menschheit treten, um durch Lehre und Beispiel ihnen zu zeigen, wie sie leben sollen, um wieder auf die

Stufe zu gelangen, zu welcher Ich sie bei ihrer Erschaffung bestimmte, nämlich zu Meinen Kindern, welche der Vater nach ihrer Fähigkeit einsetzt, um mitzuregieren. Amen!

58. Vom Heiligen Geist

7. Juli 1878

Meine lieben Kinder! Der Heilige Geist ist es, welcher euch mit Mir verbindet. Seine Wirkungen sind es, durch welche der Mensch innewird, dass ein höheres Etwas es ist, welches seine Seele mit seinen Leib beeinflusst. Er fühlt es, wenn seine Natur ihn zu irgendeinem Handeln veranlasst, das ungöttlich oder böse ist, dass ein Widerspruch in ihm stattfindet. Dieser Widerspruch ist die Einwirkung des göttlichen Ichs, denn obgleich Ich dem Menschen den freien Willen gegeben habe, so ist es ihm doch nicht möglich, sich ganz des göttlichen Funkens zu entäußern. Auch der böse Mensch hat immer wieder Zeiten, wo ein inneres Anklopfen bei ihm stattfindet, und wenn damit auch nichts weiter erreicht werden kann, er doch unsicher und unruhig gemacht wird.

Ganz anders verhält es sich bei einem Menschen, welcher seinen freien Willen Mir unterzuordnen strebt. Da werden die Einflüsse von Meinem Geist immer mehr verstärkt; ein solcher fühlt sich gehoben im Ausblick und Vertrauen zu Mir. Seine Gedanken sind zu Mir hingewendet, er nimmt alle Hindernisse, welche zwischen Mich und ihn treten, als eine Aufforderung an zu neuem Kampf, weil er weiß, dass ohne Kampf kein Sieg möglich ist, und gewinnt dadurch immer mehr Kräfte, auch seine Seele und seinen Leib seinem göttlichen Einfluss dienstbar zu machen, und somit seine Verwandtschaft mit Mir, gegenüber seinen Mitmenschen, an den Tag zu legen, und er fühlt seine Abhängigkeit von Meinem Geiste (oder von Mir Selbst).

Durch dieses Erkennen, welches ist die Erleuchtung des Heiligen Geistes, wird das eigene Sein und Wesen, sowohl im Guten als Bösen aufgedeckt, oder der Wille durch das Urteil oder den Verstand bestimmt, zu handeln. Darum müssen Vater und Sohn vorausgehen und belehren, damit der Wille auf das Richtige hingetrieben wird, und der Geist verleiht alsdann seinen Beistand dazu.

So ist also zuerst Vater: Schöpfer, Urheber eures Seins; Sohn: Vermittler und Lehrer; Geist: Ermahner und Tröster. Das Drei-Wesen getrennt, kann euch nichts nützen um Mein Ebenbild in euch herzustellen.

Auch in euch ist das Dreifache nach Meinem Bilde gelegt: das Hervorbringende, das Mitteilende und das Unterscheidende und Erkennende. Amen!

59. Von der Allmacht des Herrn

14. Juli 1878

Meine lieben Kinder! Nachdem Ich euch Meine dreieinige Persönlichkeit erklärt habe und ihr nun in keinem Zweifel mehr sein könnt, dass nur ein Wesen es ist, zu welchem ihr eure Zuflucht nehmen könnt, will Ich euch nun über Meine Eigenschaften etwas geben, und dies zuerst über Meine Allmacht.

Das heißt, alle Macht ist in Mir vereint, Ich kann tun was Ich will, aufbauen und zerstören, durch Meinen Willen. Es gibt kein Wesen, das Mir hindernd entgegentreten kann; darum auch Meine ewige Ordnung, welche Ich bei der Schöpfung hergestellt, nie abgeändert werden kann! Alles bleibt in seiner Bahn, seinem Wachstum, seiner Wiedererzeugung.

Der ganze Entwicklungsgang alles dessen, was existiert, sowohl in anderen Welten, als auf eurer Erde ist mit dem Ausdruck: „Es werde" ins Leben gerufen worden, und fest und unwandelbar muss es seinen Entwicklungsgang dem Ziele zugehen, welches Ich ihm bestimmte.

Also auch der Mensch, obgleich er den freien Willen von Mir erhalten, so kann er zwar viele Umwege gehen, woran Ich ihn nicht hindern darf, und nicht hindern will, aber das Ziel, welches Ich für ihn bestimmte, ist unverrückbar, und nach menschlichem Denken scheint es unbegreiflich, dass dasselbe von Menschen noch je erreicht werden kann; denn dazu gehören oft Ewigkeiten; aber erreicht muss es werden.

Es ist etwas im Menschen, oder vielmehr in den Menschengeist gelegt, das nie ruht, gleichwie auch Ich nie ein Ende nehme, noch ruhen kann, sondern immer wieder aufs Neue hervorrufe. Wie jedes Jahr die Natur sich wiederholt, und ein Naturforscher neue Entdeckungen und neuen Zuwachs beobachtet, so ist in der ganzen sichtbaren und unsichtbaren Welt immer wieder ein Zuwachs.

Auch in eurer inneren Welt, wie ihr sie nennet, wenn ihr mehr eine geistige Richtung angenommen habt, werdet ihr neue Entdeckungen machen, neue Begriffe erhalten und Fortschritte in der Erkenntnis fühlen, und bei aller weiteren Entwicklung auch neuen Gewinn.

Meine Allmacht ist es, welche alles dieses wirkt. Darum betrachtet diese mit mehr Aufmerksamkeit und ihr werdet finden, wie Mir nichts entgegentreten kann ohne Meine Zulassung, da Meine Ordnung so viel Waffen in sich trägt, dass, was störend gegen dieselbe ist, jeden Augenblick Meine Allmacht fühlen kann, wenn das Entgegenwirkende gegen Meine Zulassung ist.

Es hat zwar alles, was die Erde trägt, bis auf das kleinste Geschöpf, etwas Entgegenwirkendes gegen sein Urwesen in sich, damit durch stetes Ringen und Schaffen das hervorgebracht wird, was zu seinem Ziele dienlich ist; darum auch jedes Ding seinen Feind hat, der verderblich auf es einwirkt.

So z.B. kann die Sonne, welche doch die Hauptwohltäterin der Erde ist, einer Pflanze zur Vernichtung dienen, wegen ihrer großen Hitze, deshalb ist sie aber doch keine Zerstörerin, sondern befördert vielmehr, das zu erreichen, was bloß durch die Auflösung erreicht werden kann. So tötet oft ein Tier das andere, wegen eines gewissen (höheren) Zweckes. Ebenso geht es auch oft bei euch Menschen untereinander. Ein guter Mensch kann oft einem anderen wehtun, oft unbewusst; es wird dadurch aber ein Zweck erreicht und bringt beiden Teilen oft geistigen Gewinn. Ich lasse es zu, setze aber dabei die Schranken: „Bis hierher und nicht weiter!"

Es gibt aber auch in der Natur große Erscheinungen, in welchen die Menschen Meine Allmacht sichtbar erkennen, wo die Elemente mit großer Gewalt alles zerstören, Meine Allmacht, aber auch wiederum es ist, welche deren Bahn und Zeit abgrenzt.

So ist überall Meine Allmacht zu erkennen, und sie ist die erste Eigenschaft Meines Wesens und die Grundlage, auf welcher das Vertrauen Meiner Kinder gebaut werden soll. Amen!

60. Von der ewigen Unveränderlichkeit des Herrn

21. Juli 1878

Liebe Kinder! Über alles was Ich niederschreiben lasse, soll ein jedes mit Mir wieder besonders verkehren. Erst dann werdet ihr erfahren, dass Ich es bin, welcher euch segnen will, auch ist schon vieles auf diesem Wege mitgeteilt worden, was ihr noch nicht wisst.

Da es Mir als Vater zum Bedürfnis ist, so nahe als möglich mit Meinen Kindern zu verkehren, so will Ich Meine Gnade dadurch auch euch besonders fühlen lassen und eure Schwachheiten mit Geduld tragen, welche ihr dabei an den Tag legt, wenn ihr zweifelt an Meiner eigenen Eingebung. (Bedenkt) Ich bin der ewige, unveränderliche Gott, und was Ich früher zu tun für gut fand, ist es heute noch.

Gerade dieser Punkt ist in mancher Beziehung für euch recht wichtig und daher will Ich euch nun etwas mitteilen über Meine Unveränderlichkeit gegenüber Meinen Kindern, welche die sind, die Mich suchen, und durch Mein Entgegenkommen auch finden. Für dieselben bin Ich ein Gott der Liebe und des Erbarmens. Ich sende ihnen immer wieder Propheten und tüchtige Lehrer, dass sie Erfrischungen erhalten und ihr Verlangen, von ihrem himmlischen Vater noch mehr zu erfahren gestillt wird.

Ich lasse sie auch durch ihren Geist selbst Blicke tun in Meine Haushaltung, sowohl in der Führung der einzelnen Herzen, als in der Führung der Gemeinschaft Meiner Kinder; auf der anderen Seite lasse Ich sie auch die Anordnungen erkennen, welche Ich treffen muss, gegenüber der Bosheit der Weltkinder, um dieselben auf bessere Wege zu locken, damit noch manche gerettet werden.

An diesem Geschäfte lasse Ich Meine wahren Kinder gerne teilnehmen und rüste sie deshalb mit den dazu erforderlichen Gaben aus, welche sind: wahre Erkenntnis von Mir, Liebe, Vertrauen auf Meinen Beistand, wie auch Liebe im Allgemeinen für die Mitmenschen. Doch das Bedürfnis mit Mir vereint sich zu fühlen, und auch andere auf diesen Standpunkt zu bringen, ist die Hauptbedingung Meiner Kinder!

Darum fühlte Ich Mich auch bewogen, außerordentliche Mitteilungen zu geben, als Antriebsmittel zu eifrigerem Streben eurer Kindespflicht nachzukommen.

In den Menschen ist von Mir aus der Drang, immer noch mehr zu erfahren, gelegt, und dieser Drang ist es gerade, weshalb das alte (Bibel-) Wort mehr außer Wirkung kommt und bei Menschen durch Hinzutun von etwas Neuem wieder seine Kraft erhalten muss; daher beides richtig ist.

Die Heilige Schrift genügt durchaus für den Menschen, wenn er sie frisch und aufrecht für sich erhält. Leider ist aber derzeit dies weniger der Fall, darum sende Ich immer wieder neue Belebungsmittel unter die Menschen, welche jedoch nichts (eigentlich) Neues verbreiten sollen, sondern nur ein und denselben Zweck haben, Mich als Gott und Vater darzustellen, welcher Seine Kinder an Sein Vaterherz zu ziehen sucht, und Der unveränderlich von Anbeginn der Welt ist. Amen!

61. Von der göttlichen Barmherzigkeit

28. Juli 1878

Meine lieben Kinder! Ich will euch zu Hilfe kommen mit Meiner großen Erbarmung und euch belehren über Meine Barmherzigkeit, welche jedem zuteilwird, der in sich fühlt, wie es nötig ist einen Gott zu haben, Der Sich seiner annimmt.

Durch Meine Barmherzigkeit erhaltet ihr das große Geschenk, durch Meine Engel und Diener von oben beeinflusst zu werden. Meine Heiligkeit hält Mich ferne von euch, indem ihr durch den Sündenfall verunstaltet worden seid, und das Gepräge Meines Bildes in euch verwischt ist; und solches ist in dieser Zeit immer mehr der Fall, denn die Menschen werden immer mehr von Mir entfernt.

Meine Barmherzigkeit ist es aber, die euch suchen und mahnen lässt, zu Mir zurückzukehren, und alle Mittel anwendet euch aufmerksam zu machen auf euren Standpunkt Mir gegenüber, auf dass ihr erkennet, welch großer Vorzug euch zugeteilt ist; aber auch - wie verkehrt ihr seid, wenn ihr keinen richtigen Gebrauch davon macht und euch von Mir abwendet.

Meine Barmherzigkeit, unterstützt von der Geduld, welche beide hervorgehen aus Meiner großen Liebe, ist es, die euch immer wieder trägt, und Annäherungen an Mich euch zukommen lässt!

Diese Barmherzigkeit sollt ihr anrufen in bedrängten Lagen eures Lebens und mehr darauf achten, euren Fortschritt im Inneren zu befördern, als um Abnahme des Kreuzes zu bitten. Denn gerade im Kreuz ist Meine Barmherzigkeit am stärksten, weil Ich euch dann besonders im Auge habe, freilich nicht um äußeres Wohlleben oder Weltfreuden euch zuzuwenden, sondern um die Flecken, welche euch als Meine Kinder so sehr entstellen, abzuwaschen.

Deshalb begreifet, dass Ich ein barmherziger Vater bin, und zaget nicht, wenn euch ein Leid trifft, als ob Ich euch strafen wollte; vielmehr danket Mir, dass Ich euch einer besonderen Zucht würdige.

Je mehr ihr mit Mir verkehret, desto eher findet ihr heraus, was Ich mit diesem oder jenem Vorkommnisse bezwecken will; denn je näher man einen Vater oder Freund kennt, desto sicherer kann seine Handlungsweise beurteilt werden. Also sollen auch Meine wahren Kinder Mich immer näher kennen lernen, um mit Zufriedenheit zu ertragen, was Ich ihnen aufzuerlegen für gut finde! Amen!

62. Von der Liebe des himmlischen Vaters

4. August 1878

Meine lieben Kinder! Liebe, - Liebe, - Liebe heißt der ganze Ausdruck für Mein Wesen, alles was ihr seht, wisst und begreift, ist aus Meiner Liebe hervorgegangen. Diese ist Mein Ursein, sie hat ausgeführt was besteht. Es war ihr Wille und ein Bedürfnis für sie, Schönes, Großes, Nützliches und Wohltuendes hervorzubringen, wie auch Geschöpfe zu erschaffen, welche für alles empfänglich und dankbar sind. Deshalb soll auch euer Streben sein - gleichfalls zu beglücken und zu erfreuen, und diesem Zwecke euch untereinander zu verbinden, damit ihr einander nützlich sein könnt. Liebe soll auch euer Urwesen sein (oder werden); aus der Liebe soll euer Wille und euer Handeln entspringen.

Liebe zu Mir soll in euch erwecken der Anblick Meiner Schöpfung, sowohl in der Natur, als auch das Firmament, wie am Forschen über euch Menschen selbst. Überall werdet ihr Ursache finden zu sagen, das kann nur die Liebe tun, die alles trägt, alles duldet! Denn jeder Hauch eures Lebens ist abhängig von Meiner Liebe.

Alle Meine Eigenschaften beruhen auf der Liebe und Meine Ordnung im ganzen Universum ist Liebe. Wenn gleich alles der Auflösung entgegengeht, was euch unwissende Menschen oft zum Murren veranlasst, so ist es doch die Liebe, welche einen höheren Zweck dabei ausführt, und in der Wiederbringung der Dinge, sei es in der Natur, oder in sonst etwas, wird wieder ersetzt, was euch entrissen wurde. Der Frühling z.B. mit seiner Üppigkeit wiederholt sich, sowie der Sommer und Herbst mit seinen Gaben, auch das Tierreich spendet immer wieder neue Freude, dass ihr in der Entwicklung von allem wieder etwas Neues kennenlernet.

Ich rede über dieses mit Meinen Kindern, welche sich bemühen, in allem Meine Einrichtungen und Meine Ordnung zu erforschen, und denen ein Stillstehen im Forschen unmöglich ist. Daher wird ihnen immer wieder Gelegenheit geboten, Beobachtungen zu machen, und ihr Leben ist nicht einförmig und eben, sondern durch immerwährendes Erhalten und Entsagen wird ihr Wachstum gefördert und ihre Verbindung mit Mir eine ununterbrochene. Immer wieder haben sie zu fragen: „Vater warum?" Und Meine Liebe ist stets bereit, ihnen durch Meinen Geist im Inneren zu antworten; und diese Antworten sind die wahren Freuden für sie, welche sie für die weltlichen Besitzfreuden gefühllos machen, da sie dabei auf eine hohe Stufe der Selbstverleugnung kommen. Sie bemitleiden ihre Mitmenschen, welche noch ganz auf die Weltfreuden angewiesen sind, gehen ihnen nach mit Liebe, weil sie von ihrem Vater die Liebe als Erbgut in sich tragen, um andere zu beglücken, und werden dadurch immer mehr Mir ähnlich. Ihr Bild verwandelt sich, ohne dass sie es selbst bemerken, immer mehr in ein anderes, das den Stempel der göttlichen Abkunft trägt.

So ist es Meine Liebe, die alle Vorkommnisse eures Lebens durchdringt, gleichwie die Sonne jeden Spaltriss durchleuchtet, also auch Meine Liebe im Kleinsten zu erkennen ist!

Oh liebe Kinder! Merket doch auf, dass ihr erfassen lernet den Vater der Liebe. Es ist nötig für Mich, auch nur wenige unter so vielen zu Meiner Freude gedeihen zu sehen, da die Verwüstung in dieser Zeit so groß ist. Seid mutig! Die ganze Hölle umgibt euch zwar, euer Vorrecht abzusprechen. Doch sage Ich euch nochmals: Seid mutig im Vertrauen zu eurem Vater, Der da ist die Liebe, allmächtig, unveränderlich, barmherzig und von großer Geduld, und ihr werdet nicht zu Schanden werden!!! Amen!

63. Vom nunmaligen Kommen des Herrn

11. August 1878

Meine lieben Kinder! Nachdem Ich Meine Liebe euch kundgegeben habe und euch aufmunterte, sie selbst zu üben, kann Ich euch einen Blick tun lassen in Mein jetziges Kommen, welches viele Seelen ersehnen. Denn überall wirkt Mein Geist in erhöhtem Maße ein und finden sich Kinder von Mir, die beim Anblick der großen Weltverdorbenheit rufen: „Komm, Herr Jesu, komme bald!" und denen Ich die tröstlichen Worte ins Herz lege: „Siehe, ich bin bei euch alle Tage, bis an der Welt Ende", so ihr Mich nur wollt in eurem Herzen wohnen lassen.

Jede Seele kann davon Zeugnis ablegen, welche Mich mit Ernst zu erfassen sucht, sie wird eine Kraft in sich fühlen, die allen äußeren Stürmen zu trotzen vermag, wie auch dem Einfluss der finsteren Mächte ihr Ohr verschließt, weil sie jeden Augenblick braucht, um mit Mir zu reden und darin nicht unterbrochen sein will.

Auf diesen Standpunkt zu kommen, dazu helfen gerade die äußeren Stürme, welche am empfindlichsten sind; sie nehmen ihre Zuflucht zu Mir und Meine Liebe ist bereit, ihnen entgegenzukommen. Sie gibt Trost und Rat, und rechnet dieses Annähern an, als ob es der freie Wille des Menschen wäre, während es oft notgedrungene Schritte sind. Meine Weisheit weiß diese zu veredeln, auf dass der Segen damit verbunden werden kann. Vater und Kind vereinen sich auf diese Weise immer mehr und Mein Kommen, das Fühlen Meiner Nähe, wird eintreten.

Gleichwie dies bei Einzelnen geschieht, und zwar in jetziger Zeit häufiger, so sollen auch ganze Völker erobert werden durch Heimsuchungen, welche sie zu Mir führen; nur muss der Anfang im Kleinen gemacht werden.

Wie in Meiner Ordnung immer aus dem Kleinsten das Größte wird, also wird auch durch wenige der Anfang gemacht, ganz auf Meine Seite zu treten; und dies ist eine Vorbereitung im Stillen, bis die Zeit kommt, wo es nötig ist, dass sie hervortreten, zum Troste ihrer Mitmenschen und zur Ehre Meines Namens.

Wohl euch, wenn ihr diese große Aufgabe erkennet, und immer mehr wachet und betet, dass der Satan, der umhergeht und brüllt, weil er weiß, dass sein Ende nahe ist, nicht auch euch noch erbeutet. Seid deshalb behutsam auch in den kleinen Vorkommnissen jedes einzelnen Tages; er steht auf der Lauer, euch sein Malzeichen aufzudrücken. Darum verlasst euch immer mehr auf Meine Hilfe, Der Ich reich an Liebe, allmächtig in der Kraft und die erbarmende Geduld bin. Eilt in Meine Vaterarme so oft ihr nur wollt und könnt. Auch in kindischen Anschlägen weise Ich euch nicht zurück, wenn ihr in kindisch strebsamer Liebe zu Mir kommet und von Mir eure Erziehung verlanget. So segnet euch auch heute wieder euer treuer Vater in Jesu! Amen!

64. Winke an einen jungen Prediger

(Mt. 18,20)   14. August 1878

Meine lieben Kinder! „Wo zwei oder drei versammelt sind in Meinem Namen, da bin Ich mitten unter ihnen." (Mt. 18,20) Dies sei auch eure Verheißung; besonders aber noch für Meinen Sohn, der in eure Mitte getreten ist, mit dem Vorsatze alles zu prüfen, was zu Meiner Ehre unternommen sein soll.

Demselben sage Ich: Frage in deinem Herzen Mich Selbst - was ist Wahrheit? und du wirst nie irregeführt werden. In deiner künftigen Laufbahn ist es so nötig, dass du sicher und fest bist in dem, was du deinen Mitmenschen aufzutischen gedenkst. Setze ihnen wahres Himmelsbrot vor, welches du selbst von einem allliebenden Vater erhalten wirst, so, wie es für dich und die Seelen, welche dir anvertraut werden, nötig ist.

Halte fest an Meinem (Bibel-)Worte und Ich will dir zu Hilfe kommen und die Hülle abnehmen, mit welcher oft eine Wahrheit verdeckt ist. Hast du Widersprüche in deinem Inneren, so disputiere mit Mir und lasse dich auf keine Außenformen ein, und du wirst bald finden, wie nur Mein Geist es ist, Der dich tüchtig machen kann zum Hirtenamte, damit du deine Schafe auf grünen Auen weiden lernest und nicht nötig hast entlehntes Futter ihnen zu geben.

Die Liebe zu Mir soll es sein, welche dich antreiben soll, deinen Mitmenschen viel vom allliebenden Gott und Vater zu verkünden, damit auch du ein Werkzeug werden kannst, welches die Mussgesetze in Liebesgesetze umzuwandeln fähig ist. Lerne daher zuvor an dir die Probe machen, richte dein Leben nach Meinem Willen ein, Ich will dir dabei zu Hilfe kommen. Wenngleich nicht immer auf rosigem Wege mit Blumen geschmückt, so will Ich doch Meine Gnadensonne über dich leuchten lassen, damit die bitteren Pflanzen heilsame Früchte bringen und du deinen selbst gewählten Weg, welchen du nach Meinem Willen anzutreten gedenkst, niemals bereuest.

Es ist nötig in dieser Zeit, wahre Kinder für Mich zu erhalten; denn Halbheit reicht nicht aus, einen Damm gegen den Andrang der finsteren Mächte zu setzen; darum auch die Verdorbenheit immer größer und der Kampf in der Geisterwelt auf Erden fühlbarer wird.

Wo nur irgendein böser Geist eindringen kann, nimmt er Besitz von einem Menschen; aber auch der Einfluss göttlicher Art ist verstärkt, daher die vielen Kundgebungen. Denn vielfach lasse Ich nun Meine Worte durch außerordentliche Berufung, entweder schreiben oder verkünden; es ist dies ein Gnadenmittel für diese (ernste letzte) Zeit!

Wer aber im Herzen fest zu Mir hält, den will Ich Meinen Geist tausendfältig fühlen lassen. Darum ziehet solche Offenbarungen dem Zuge des Herzens nicht vor, sondern betrachtet sie nur als eine Beigabe Meiner Gnade. Auch für dich ist das Wort von Mir ausgesprochen: „Lass dir an Meiner Gnade genügen, denn Meine Kraft ist in den Schwachen mächtig." (2. Kor. 12,9) Amen!

65. Vom Kommen des Herrn mit Seinen Engeln

14. August 1878 morgens

Ich bin, der Ich bin. Auch heute wieder komme Ich zu euch mit denjenigen seligen Geistern oder Engeln, die berufen sind, Meine Kinder Mir nahezubringen. Es ist dies Geschäft eine Erhöhung ihrer Seligkeit.

Oh mit welcher Freude blicken sie auf euch, wenn ihr den Anfang machet nach Mir zu fragen; darum erlaube Ich ihnen, dass auch sie teilnehmen dürfen an dieser Art von Mitteilungen an euch. Seid deshalb nicht zaghaft, als ob ihr dadurch Mich entwürdiget; überall wo Meine Liebe verkündigt wird, bin Ich als Vater in der Mitte.

Liebe ist ja Mein Wesen; auch Bruderliebe ist von Mir ausgehend. Darum fahret fort euch untereinander zu lieben und euch gegenseitig aufzumuntern, und scheuet euch nicht, bei Mir darum anzuhalten, eure (seligen) Brüder vom Jenseits kommen zu lassen. Immer aber rufe Ich euch wieder zu: Kommet lieber an Meine Brust, wenn euch etwas fehlt!

Ich bin der wahre Seelenarzt und will euch ganz gesund machen, denn alle anderen Mittel sind Nebensachen, die die Krankheiten nur mildern, aber nicht ganz entfernen können. Die volle Abhilfe habe Ich Mir selbst vorbehalten, gleichwie eine Mutter aus Liebe sich die Pflege ihres Kindes nicht nehmen lässt.

So segne Ich euer heutiges Beisammensein mit Meinem vollen Vatersegen, und rufe dem Sohne zu: Ziehe hin in das Land, das Ich dir zeigen will. Deine Wege sind zwar nicht die Meinigen, aber traue fest darauf, dass ein weiser, liebender Vater sie dir bezeichnet hat. Amen!

66. Über Nächstenliebe in der Fürbitte

(1. Joh. 4,16)   14. August 1878 abends

Meine lieben Kinder! Nun sollt ihr mit vieler Liebe derer gedenken, die aus eurer Reihe entfernt sind. Betet für sie! Beweiset euren Geschwistern Liebe durch herzliche Fürbitte, und sorget, dass ihr fest bleibet in der Liebe. Denn Ich habe euch schon so oft belehrt, dass die Liebe Mein Urwesen ausmacht: „Wer in der Liebe bleibet, der bleibet in Mir und Ich in ihm." (1. Joh. 4,16)

Redet nicht viel über die Liebe, aber handelt desto mehr in der Liebe, die Liebe ist der Magnet, welcher Geister an sich zieht, nicht allein vom Geisterreiche zu euch, sondern sie durchdringt auch die materielle Hülle des Menschen. Z.B. fahret fort einen noch so bösen Menschen mit wahrer geistiger Liebe zu behandeln, und ihr werdet erfahren, welch unwiderstehliche Macht sie beweist.

Freilich gehört dazu die Geduld, denn ohne Geduld ist die Liebe nur Stückwerk. Alle Eigenschaften Meines Gottwesens sind unzertrennlich mit Meiner Liebe verbunden. Wollet ihr deshalb Meinem Bilde ähnlich werden, so haltet fest an der Liebe, und sie wird euch lehren, alle übrigen Eigenschaften nach sich zu ziehen, denn sie ist die Wurzel des (ewigen Lebens-) Baumes. Amen!

67. Ein Morgenruf

(Joh. 10,27)   18. August 1878

Meine lieben Kinder! Es ist erschienen der große Tag des Heils oder das helle geistige Licht, welches nie mehr verlöschen wird bei denen, die es durch Meinen Geist erhalten.

Dass dieser Tag erschienen ist, könnt ihr daran erkennen, dass alle, welche sich zu Mir halten, in sich selbst das wahre Licht haben. Ihre Gedankenwelt ist von Mir aus beschäftigt und sie erfassen Mein Wesen durch Meine Gnade und lassen sich nicht leiten durch blinde Führer, sondern: „Meine Schafe erkennen Meine Stimme" (Joh. 10,27), auch wenn sie auf die Predigten und Lehren ihrer Vorgesetzten hören. Es wird ihnen auch durch die Predigt Segen zufließen, so sie dieselbe in Meinem Namen anhören. Denn Ich segne die Worte einem jeden nach dem Bedürfnisse seines Herzens.

Darum Kinder, möget ihr die gemeinschaftlichen Gottesdienste besuchen, mit der Zuversicht im Herzen: „Der große Tag ist da, die helle Flamme des Geistes durchdringt jetzt nach und nach alle Finsternis, und wird auch dir und anderen einen Gnadenstrahl zufließen lassen."

Daher, wenn ihr in die Kirche zu einer Predigt geht, betet recht herzlich um Meinen Segen, nicht allein für euch, sondern auch für andere. Es ist ja Mein Wort, das euch dort verkündet wird, und obgleich es den Anschein hat, als ob es keine Wirkung mehr habe, so ist doch seine Kraft, als von Mir ausgehend, ewig, und veraltet nicht. Die Zeit ist da, wo es sich wieder mächtig beweisen soll. Darum tut ihr eure Pflicht durch Bitte und Gebet, vereiniget euch im Geiste mit Meiner Heerschar, welche gegen die finsteren Mächte im Anzug ist.

77

So sollt auch ihr Menschenkinder teilnehmend auf Meine Seite treten bei dieser geistigen Schlacht, die dem materiellen Auge entzogen, nur von wenigen erkannt wird, durch Meine Gnadenmitteilung. Darum aber ihr wenige desto eifriger sein sollt, Mir noch viele zuzuführen. diese große Schlacht geht geistig vor sich, durch wahre Liebe, durch Gebet und durch anhaltenden Verkehr mit Mir, damit Ich jeden einzelnen im Herzen belehren kann, was er zu tun hat; denn das große Pfingsten ist vor der Türe, (als Siegesfest,) dessen freuet euch!

Wenn die Weltkinder mit ängstlicher Furcht und Bangen den Weltereignissen entgegensehen und fragen: „Was soll es werden?" so sollt ihr mit froher Zuversicht wissen, dass jetzt die Finsternis weichen muss dem hellen Tage, dem großen Lichte der Erkenntnis, wo Ich erkannt werde als Der, der Ich bin, als: die Liebe, in Vater, Sohn und Geist.

Wie Ich damals in Bethlehem geboren nur wenigen erkenntlich wurde und doch die Wiedervereinigung Meiner Kinder mit Mir dadurch bezweckt wurde, also unscheinbar ist auch jetzt Mein zweites Kommen. Nur wenige begreifen es und doch ist ein Aufhalten desselben unmöglich, das kleine Licht wird zur verzehrenden Flamme werden.

Meine lieben Kinder! Denkt dabei nicht, wie ihr eine äußere Umwandlung im Allgemeinen ertragen sollt. Bei solchen (materiellen) Gedanken öffnet ihr dem bösen Feinde eine Spalte, sondern eurer Schwachheit bewusst, verschließt die Türe eures eigenen Herzens gut gegen alle Leidenschaften, welche Boten des Satans sind, und er wird euch meiden lernen und nicht zu äußeren Kämpfen verlocken.

Ein starker Held, der schon viele Schlachten gewonnen, wird von seinen Gegnern nicht so mehr stark bedrängt, weil sie eine Niederlage fürchten. Ebenso hat im Geistigen ein gut Gewappneter, dessen Ausrüstung von der vollen Macht dessen zeugt, der ihn schickt, mit seinem Auftreten schon halb gesiegt, weil der Mut seiner Feinde geschmälert wird. Sie werden deshalb nur mehr listige Anläufe gegen ihn ersinnen und unbewachte Augenblicke zu benützen suchen. Darum verschließt die Türe eures Herzens, wachet und betet! Der euch den Tag helle gemacht hat, wird einst auch einen größeren Sieg von euch erwarten! Amen! Amen! Amen!

78

68. Vom Segen des Suchens nach dem Herrn und vom außerordentlichen Verkehr mit Ihm

25. August 1878

Liebe Kinder! Wenn ihr über Mein Kommen nachdenkt und euch dadurch in Meine Nähe versetzt, so ist Mir diese Annäherung von euch eine Freude, welche Ich segnen will. Denn nur aus der Liebe wächst das Verlangen jemand näher zu besitzen. Also sollt auch ihr in dem Grade Meine Nähe fühlen, in dem ihr euch danach sehnet.

Dieses Sehnen und Suchen ist bei jedem einzelnen nach seiner Art. Der eine sucht in der Natur, der andere in den Büchern, wieder ein anderer bei verschiedenen Gemeinschaften, wo noch verschiedene Glaubensansichten herrschen. Alles dieses Suchen führt erst zum wahren Ziele und es sind Vorarbeiten, Mich im eigenen Herzen zu fühlen (und zu finden), weil Ich dort Meinen Sitz habe und so mit euch verkehre, es ist das Höchste, was einem Kinde Gottes zuteilwird.

Ich komme aber oft schwachen Seelen zu Hilfe durch außerordentliche Zeichen und Kundgebungen, welche nur ihnen vernehmbar sind, und dies ist etwas, was in jetziger Zeit häufiger geschieht. Auch da ist es wiederum der gleiche Zweck, dass sie Mich in ihr Herz aufnehmen sollen; darum auch alle solche Kinder von Mir sich einer Gnadenführung rühmen dürfen, weil Ich ihnen zu Hilfe komme. Meine Weisheit ist es, welche dieselbe ermittelt, und nach der Fassungsgabe eines jeden Suchenden, sie auf den Weg stellt, welcher zu Mir führt.

Leider ist auch hierin die große Gefahr der Sicherheit mit verbunden, wo manche glauben dadurch schon am Ziele zu sein, und Meinen direkten Verkehr mit ihnen als Bestätigung Meiner Zufriedenheit betrachten. Oh, da geschieht großer Irrtum, im Gegenteile sollen dann erst die Fähigkeiten hervorgerufen werden, welche dem Menschen verliehen sind, um Mich ganz zu erfassen!

Das (eigentliche) Lernen nimmt da erst seinen Anfang, und soll durch wahre Demut und stille Ergebung fortgesetzt werden, und keine Anmaßung stattfinden, andere unter sich zu stellen, deshalb immer wieder ein tiefes Dunkel über diesen Verkehr mit Mir eintritt. Ich lasse zu, dass solche Seelen von außen durch ihre ebenfalls suchenden Mitmenschen mit Zweifeln angetastet werden, damit sie bei Mir ihre Zuflucht nehmen und dadurch erst das wahre Licht ihnen gegeben werden kann.

Darum auch ihr bei all diesen Erscheinungen annehmen dürfet, dass es Meine Gnadeneinwirkungen sind; doch die Form dabei, welche Ich nach Meiner Weisheit anordne, hat wenig Wert für euch, sondern erkennet in solchen Personen eure Nahegestellten durch den Vater Selbst und verkehret in Liebe mit ihnen. Teilweise sollen sie von euch erhalten, teilweise sollt ihr auch von ihnen bekommen.

Es gehört so zum großen Ganzen nach Meiner ewigen Ordnung, dass ihr gegenseitig euch beeinflusset; und so erkennet in allen, welche mit Mir verkehren, eure Geschwister. Freuet euch, wenn sie ihre freudigen Gefühle euch mitteilen über ihre Erlebnisse, danket mit ihnen, dass auch sie dieser außerordentlichen Gnadeneinwirkungen teilhaftig werden, und grübelt nicht über Wahrheit und Täuschung.

Euer Kennzeichen soll sein: Wer von ganzem Herzen zu Mir hält, dessen Vater bin Ich, und verkehre mit ihm väterlich, auf die Art, wie es Meine Weisheit für gut findet. Traget alle mit Liebe und Geduld, wenn auch Widersprüche gegen eure eigenen Anschauungen euch entgegentreten. Unterstützet einander mit Fürbitte und tut auch im Äußeren so viel Handreichung als vorerst verlangt wird. Denn solange Ich verborgen bleiben will, sollt auch ihr es so halten, und wenn die Zeit kommt, wo nach außen mehr getan werden soll, wird es euch angezeigt werden.

Das Wachstum geschieht zuerst durch Ruhe, die Stürme können erst nützen, wenn eine Wurzel schon festen Boden gefasst hat. So sind es jetzt noch erst zarte Pflanzen in den Herzen, die Ideen über Mein Kommen und Erscheinen, aber pfleget sie, dass das Verlangen danach groß wird, und machet die Wohnungen rein, wo Ich Einzug halten will, und so habt ihr Arbeit genug!

Euer Vater!

69. Verhaltensregeln - Bruderliebe in der Fürbitte

27. August 1878

Meine lieben Kinder! Lasset nicht ab zu beten für alle, welche euch nahestehen durch diese geistige Verbindung. Ihr sollt

Sorge tragen, dass die, welche gleichfalls die Gabe der Mitteilung erhalten haben, dahin kommen, sie zu Meiner Ehre anzuwenden.

Behandelt sie deshalb mit aufrichtiger Liebe; seid eingedenk, dass die Erde zuerst finster war und dass das wahre Licht erst nachher geschaffen wurde. Der große Schöpfungstag entwickelte stufenweise seine ganze Fülle der Herrlichkeit.

Also geht es auch bei dem Menschen bei der leiblichen Geburt; zuerst das Werden, dann die Entwicklung, dann das Bewusstsein, dann die Unterscheidungsgabe, dann das Wollen, und dann das Vollbringen, und ebenso dann das Beglückende (in der Harmonie).

Ebenso ist in der Wiedergeburt dieser Gang; nur ist da das Werden nicht so erkennbar, weil Geistiges (für euch) nicht so ersichtlich ist, sondern nur durch Innewerden und Fühlen sich bemerkbar macht.

Diesen Gang machet euch recht klar, es wird viel zu eurer Geduld beitragen und ihr werdet in euren Nächsten zuerst das Werden oder Sein als ein Zeichen annehmen, das euch auffordert, eure Aufmerksamkeit mit besonderer Liebe dahin zu wenden, damit der weitere Entwicklungsgang nach Meinem Willen geleitet wird. Stoßet euch deshalb nicht an der Einhüllung eines Geistes, wenn dieselbe schroff und eckig euch vorkommt, denn, wo viele Talente, sind auch viele entgegengesetzte Reizungen.

Wohl denen, die erkennen, warum ihnen die Talente verliehen sind und die sie deshalb zu veredeln suchen, um sie nach Meinem Willen zu gebrauchen. Dazu ist oft ein Führer dem anderen sehr nötig und beiden dient dann diese Verbindung zum Fortschritte. Darum soll auch euch in solchen Zusammenführungen mit einem Bruder eure Aufgabe klar werden, demselben die Hand zu bieten, damit er sein Pfund schätzen lernt; es ist dies von großem Wert und füllt einen großen Teil eurer inneren Berufung aus.

So seht nun wieder, liebe Kinder, wie wenig ihr begreift, dass ihr volle Arbeit habt, und es nicht nötig ist, euch nach weiterer umzusehen. Ich lege euch schon von Selbst zu, wenn ihr mehr verstehen könnt. Einstweilen seid zufrieden mit eurem getreuen Vater.

70. Von der Wahrhaftigkeit des Herrn

1. September 1878

Meine lieben Kinder! Nun sollt ihr weiter über Meine Eigenschaften schreiben, und zwar heute über Meine Wahrhaftigkeit. Denn Ich hafte oder setze Mein Wesen für ein Wort ein, das Ich einmal ausgesprochen habe, dass es wahr ist und bleibt, und jede Verheißung von Mir in Erfüllung geht.

In diesem Punkte stoßet ihr auf viele Widersprüche, wenn ihr euch erinnert, wie viele Verheißungen nach euren Ansichten unerfüllt bleiben, sowohl von denjenigen, welche in der Heiligen Schrift ausgesprochen sind, als auch von solchen, die Meine Kinder nun in direkten Mitteilungen erhalten.

Diese Anschauungen beruhen auf einer gänzlichen Unwissenheit und Kurzsichtigkeit Meiner geistig göttlichen Regierung gegenüber. Ihr seid noch zu materiell und habt geistig erst den Anfang des Erkennens gemacht, daher könnt ihr Mein väterlich geistiges Walten noch nicht richtig begreifen.

Hier ist es mehr der Verstand bei euch, welcher sucht und forscht, während das Herz es sein sollte, welches durch seine Verbindung mit Mir das Licht empfängt.

Das wahre Licht wird euch erst gegeben, so ihr kindliches Vertrauen zu Mir habt und so ihr Mein Wesen durchschauen lernet. Dann geht es euch nicht mehr so schwer, Meine Worte in dem richtigen Sinne aufzufassen und ihr macht keine Ansprüche mehr auf die Erfüllung dieser oder jener Verheißung, weil ihr dann wisst, dass diese oft unbemerkt geistig vor sich geht. Denn euer Vater ist Geist und die Verheißungen gelten daher auch größtenteils dem Geiste, und geistige Güter könnt ihr nicht betasten, sondern erst nach und nach wird ihr Besitz euch fühlbar.

Was aber die Erfüllung der leiblichen Verheißungen betrifft, wo ihr oft eine Gebetserhörung findet, so sind diese Erziehungsmittel; denn durch leiblichen Genuss wird oft auch der Geist erquickt. Sie sind so eng miteinander verbunden, dass der Geist nicht allein vom Leibe bedient wird, sondern er muss dagegen auch dem Leibe dienen. Dies könnt ihr am besten bei einer Krankheit sehen, wie viel darauf ankommt und es dazu beiträgt, gesund zu werden, wenn sich der Geist über die Beschwerden des Leibes erhebt.

Der Mensch baut oft auf eine Verheißung und Ich erfülle sie in vielen Fällen, damit er durch die äußere Erfüllung mehr im Glauben an die Erfüllung aller Verheißungen gestärkt wird, denn in ihnen liegt das vorgesteckte Ziel für die, welche zu Mir halten. Wer sie festhält und dieselben als von einem wahrhaftigen Gott und Vater kommend annimmt, der wird die Erfüllung derselben in reichem Maße erhalten und Meine Wahrhaftigkeit wird so zu einem weiteren Bande zwischen Mir und ihm, weil er weiß: „Mein Vater ist wahrhaftig, und was Er zusagt, das hält Er gewiss!" Amen!

71. Von der Allwissenheit

8. September 1878

Meine lieben Kinder! Die Wahrhaftigkeit ist nicht zu trennen von Meiner Allwissenheit; denn wie oft sind die Menschen im Wahne, sie seien von Mir vergessen, was daher kommt, weil sie Mein Wesen zu wenig erfassen und meinen, Ich müsse erinnert werden an diese oder jene Verheißung, und deshalb richten sie ihre Gebete so ein, Mich durch Schmeichelworte oder Versprechungen zu bestimmen, dass Ich Wort halten solle.

Sehet, darum ist es so nötig, dass ihr eine richtige Anschauung von Mir habt, denn wenn Ich allwissend bin, so weiß Ich zum Voraus was euch zu eurem Begehren, zu eurem Vertrauen und zu eurem Glauben veranlasst. Ich habe eure Beichte nicht nötig, da ihr oft weniger die Triebfeder dazu erkennet als Ich. Würde Ich nach derselben euch richten und geben, so stünde es oft übel um die Erhörung eurer Bitten; aber Meine Liebe ist es, die euch erhört, und diese gibt ganz anders, als ihr es verdienet. Meine Allwissenheit unterstützt sie, damit sie alles erwägen kann, was zu eurem Besten dient.

Meine Allwissenheit ist es, welche alles genau durchschaut, und zu fördern und zu verhindern weiß, was nicht dienlich ist zu eurem geistigen Wachstume. Wollt ihr geistig erzogen sein, so müsst ihr auch geistig vertrauen lernen, und euch losmachen (von der Gewohnheit) aus äußeren Vorkommnissen Schlüsse zu ziehen, welche Mich rechtfertigen sollen als den wahrhaften Vater. Erhebet euch über diese Anschauungen sie führen zu nicht viel mehr als zu Zweifel und Grübelei. Erwartet von Meiner Führung nicht, dass ihr sie von Schritt zu Schritt sogleich verstehet, sondern nehmt Mich als den allwissenden Vater in euer Herz auf, und ihr könnt ruhig bleiben, auch wenn das Dunkle nach vergeblicher Anstrengung euch nicht mehr zum Licht wird. Befriediget euch damit: „So will es mein allwissender Vater, Der da ist die Liebe, allmächtig, unveränderlich, wahrhaftig und allwissend," und viele Stunden vergeblicher Sorgen werdet ihr dazu verwenden können, in anderem Sinne mit Mir zu verkehren, ihr werdet euch freuen einen Vater zu besitzen, Dessen herrliche Eigenschaften in einer Fülle euch aufgeschlossen werden in eurem Inneren, wie ihr es nie geahnt habt.

Die Schöpfung, eure Umgebung, euer eigenes Ich werden zu Lehrern für euch sich verwandeln, und die Lasten, welche Ich euch im Probeleben oft auferlegen muss, werden so ihren Druck verlieren. Die Erhebung des Geistes ist das Größte, welches Ich Meinen Kindern verleihe, wenn sie mit Mir verkehren; Ich rüste sie mit derselben aus, wenn sie redlich und eifrig sind, um das Kindesrecht zu erlangen.

Ich bin ein allwissender Vater und kenne eure Herzen genau, darum seid ruhig und bauet auf Meinen Beistand, so euer Suchen redlich ist. Amen!

72. Von der Barmherzigkeit

15. September 1878

Meine lieben Kinder! Die Barmherzigkeit, welche euch trägt, ist nicht eine Barmherzigkeit des Mitleidens, um eurem Fleische nicht mehr wehe zu tun, sondern es ist das Erbarmen im geistigen Sinne, welches durch die Liebe hervorgerufen wird, sich derer anzunehmen, welche noch den Wunsch haben, einen Gott zu kennen, Der sie liebt, die zu Ihm beten und mit dem Wunsche zu Ihm kommen, dass Er Sich ihrer erbarmen solle; was freilich auf eine ganz andere Weise geschieht, als sie es begreifen können.

Die meisten meinen: In der Abnahme des Kreuzes bestehe das Erbarmen, während dasselbe oft mehr in der Zulage desselben besteht, weil nur Meine Allwissenheit es ist, welche die Erreichung des Zweckes dabei zu bemessen weiß.

Wenn der freie Wille sich Mir übergibt, dann hindert Mich nichts das zu erreichen, was einmal eine Seele erreichen muss, wenn sie zu Mir hält. Aber leider geschieht dieses oft erst auf vielen Umwegen und mit immerwährender Zulage von allen möglichen Sorgen, Kummer und Verlusten.

Oh, wie viele Kreuzübungen könnten erspart werden, wenn die Seelen ihren freien Willen Mir eher unterordnen würden! Es ist für Mein liebendes Vaterherz oft schwer, so harte Schläge austeilen zu müssen, bis Ich es nur so weit habe, dass Meine geschaffenen Kinder nach Mir fragen und Meine Existenz anerkennen. Dann aber wollen sie oft dieselbe zu äußeren Vorteilen ausbeuten, und das Ziel, würdige Kinder eines göttlichen Vaters zu sein, liegt da oft noch ganz ferne für sie.

Mein großes Erbarmen ist es aber, welches nie aufhört ihnen nachzugehen und sie immer wieder liebend ruft, zu Mir zu kommen.

Welch großer Missbrauch wird mit Meiner Barmherzigkeit getrieben! Die meisten Menschen wollen von derselben erst Gebrauch machen, wenn ihr Leib nicht mehr tätig sein kann; dann soll Ich sie durch Barmherzigkeit selig machen, während sie niemals darüber nachgedacht haben, was „selig sein" oder werden ist. Sie schreiben Mir gleichsam vor, ihnen etwas zu geben, was nach ihren Begriffen selig macht.

Solch Suchende um Meine Barmherzigkeit sind Aufwiegler gegen Meine ewige Ordnung, voll Undanks gegen die große Bevorzugung, die der Mensch im freien Willen erhielt. Ich müsste ihnen den freien Willen entziehen, und dann wären sie nicht mehr „Menschen", sie könnten sich (einst) nicht glücklich fühlen bei denen, die ihren freien Willen durch Meinen Beistand im Leben durch Wort und Tat geheiligt und nicht vergessen haben, Dem zu folgen, Den sie als wahrsten Vater erkannten, und Dessen Barmherzigkeit sie zu preisen wussten in allen Vorkommnissen des Lebens.

Ergreifet auch ihr in diesem Sinne Mein Erbarmen, damit dasselbe euch das Siegel kindlicher Ergebung aufdrücken kann, und ihr einst eingereiht werdet zu denen, welchen „Erbarmung widerfahren", dadurch, dass sie auf den Kreuzesweg gestellt worden sind, welcher zu Mir führt.

Erkennet das Nachgeben eures Vaters und Seine Barmherzigkeit jeden Tag in euren Vorkommnissen. Ihr werdet am Ende eures Lebens dennoch Ursache genug haben zu Meiner Barmherzigkeit Zuflucht zu nehmen. Nur muss euch klar sein, in was die Barmherzigkeit besteht, d.h. nicht in Äußerem oder Tastbarem, sondern es ist der Liebeszug des Vaters, Der euch tüchtig machen will zum Erbteil der Heiligen. (Denn nur die gereinigt sind, können Gott schauen.) Amen!

73. Von der göttlichen Langmut

22. September 1878

Meine lieben Kinder! Es ist für euch heute besonders wichtig über Meine Langmut etwas zu vernehmen. Ich will euch dieselbe dadurch näher bezeichnen, dass Ich euch hinweise auf eure eigene Führung. Denkt darüber nach, wie oft ihr diese Meine Langmut nötig habt, wenn ihr mit guten Vorsätzen zu Mir kommet und alles versprechet - Meiner mehr würdig zu werden und Mir zu folgen. Bittet ihr dabei um Meine Beihilfe, und lasse Ich euch dann dieselbe angedeihen nach Meiner Weisheit und Liebe, welche ihr mit eurem natürlichen Verstande nicht begreifen könnt, so murret ihr, dass Ich nicht nach eurer Vorschrift und Ansicht handle. Wie viel Geduld und Langmut gehört dazu, immer wieder eure Bitten anzuhören und dann eure Unzufriedenheit zu ertragen.

Ein wahres Kind von Mir hat die Langmut doppelt nötig, weil Ich von ihm mehr verlangen kann, dass es im Vertrauen zu Mir mehr gestärkt sei, und Meine Führung geistig deuten soll; denn es ist mehr bekannt mit Meinem Wesen, Ich verkehre mit ihm im Herzen, und darum soll das Materielle es zu keinem Unzufriedensein veranlassen können. Meine Langmut ist es wieder, die gerne antwortet, wenn es sich in seiner Lage zu schwach fühlt, selbst das Gute bei diesem oder jenem Falle herauszufinden. Ich werde nie ermüden als liebender Vater das Kind einen Blick in Meine segenbringenden Absichten tun zu lassen, und schon in diesem Leben werden sie manches besser einsehen lernen, als die Weltkinder.

Auch ihr habt, seit ihr direkte Worte von Mir erhaltet, Meine Langmut in hohem Maße nötig. Immer wieder kommen Zweifel und Verstandesfragen unter euch auf, anstatt fest auf Mich zu vertrauen, Der Ich bei euch bin und nur darauf warte, dass ihr bei Mir Selbst anfraget, damit Ich dann durch euer eigenes Herz euch antworten kann. Denn diese äußeren gegebenen Worte sollen nur dazu beitragen, dass ihr zu Mir kommet; sollen euch aber nicht vollständig befriedigen. Ich will euch nicht bloß etwas sagen lassen, sondern mit einem jeden Selbst Mich unterreden. Es gibt doch immer wieder Fragen, die nur der Vater und das Kind miteinander besprechen sollen, und zwar ein jedes von euch Geschwistern nach seiner Art, wie Ich es für gut finde, nämlich einem jeden seinen Weg besonders zu bezeichnen; darum auch die Sprache im Herzen verschieden ist. - Obgleich ihr zum Lobgesang einstimmig sein sollt, so sind doch eure Anliegen und Bitten ganz verschieden. Denn dieselben sind nach eurem freien Willen eingerichtet. Ihr sollt Mir dieselben vortragen, und Ich werde euch nicht bestimmend antworten, sondern den Geist verleihen, der euch in die Wahrheit leitet und euch erkennen lässt, was (auch speziell) zu eurem Frieden und Heile dienlich ist.

Darum kommet zu Mir! Ich bin langmütig und werde auch euch bei eurem Gefühle der Schwäche immer wieder Meine Nähe und Liebe fühlen lassen. Fahret fort auch im nächsten Jahre nicht mehr zu begehren, als was euch mit Mir verbindet, und euer langmütiger Vater wird euch abermals segnen! - Amen!

74. Von der Geduld

29. September 1878

Meine lieben Kinder! Fasset es in eurem Herzen mit Dank auf, wenn euch klar gemacht wird: „Barmherzig, gnädig, gütig, langmütig und von großer Geduld ist der Herr, Schöpfer Himmels und der Erde, wir dürfen Ihn Vater nennen, und Ihn als Vater in unserer Mitte fühlen." Er ist wohl ein verborgener Gott, Der aber auch große Schätze im Verborgenen auszuteilen weiß, welche keine Macht der Welt denen, welchen sie zufließen, rauben kann, so sie ihren freien Willen bewachen, dass dieser nicht gleichgültig dieselben fahren lässt.

Deshalb Meine lieben Kinder, seht nicht auf andere, die oft prahlen mit ihren Gaben und sich besonderer Gnade rühmen. Ein jedes hat die Gnade noch gleich sehr nötig, sie wird bloß unter verschiedenen Formen ausgeteilt. Euch soll aber der Verkehr im Herzen mit Mir das größte Gnadengeschenk sein. Daher kommet in allem zu Mir, und ihr werdet, je mehr Vertrauen ihr habt, desto deutlicher Meine Sprache erkennen. Obgleich ihr im Ganzen oft recht schwach seid in eurem Glauben, will Ich euch doch schon eine einzige Stunde, wo ihr euch fest an Mich anklammert, sogleich segnen. Ich bin von großer Geduld und vergebe gerne wieder die Abweichungen von euren Mir versprochenen Vorsätzen, so ihr eure Schwäche einsehet und Abhilfe bei Mir verlanget. Nur klaget dabei Meine euch zugedachte Führung nicht an, sondern vertiefet euch in Meine Eigenschaften, so wie Ich sie euch klar machen will, und ihr werdet nach und nach eure Schwächen bemeistern lernen.

Wenn ihr öfters glaubet, Ich ziehe Mich zurück, weil Ich dem Menschen den freien Willen gegeben habe, so sage Ich euch, dass dies nur bei solchen, welche nicht nach Mir fragen, der Fall ist. Aber auch da noch hat Meine große Geduld Anstalten getroffen, sie immer wieder an Mich zu locken.

Meinen Kindern aber will Ich Vater sein und ratend bei ihnen weilen. Ich erleuchte sie und zeige ihnen Mein Wesen, so wird es ihnen leicht gemacht, Meine Absichten herauszufinden. Darum „suchet, so werdet ihr finden, klopfet an, so wird euch aufgetan!" (Mt. 7,7) Nicht das Vaterherz, das für euch immer offen steht, sondern euer eigenes Herz, damit eine höhere Erkenntnis einströmen kann. Dies eine beobachtet bei allem, was euch drückt und ihr werdet die Bürde leichter finden in dem Bewusstsein: „Mein Vater trägt mit und hat Geduld, wenn ich ermüden will. Er gibt mir Kraft zur Ausdauer, wenn ich will, wie Er will. Er spricht deutlich mit mir darüber, sobald ich auf Seine Stimme mehr achthabe. Er ist geduldig und langmütig, und von großer Kraft, und unbegreiflich wie Er regieret!" - Amen!

75. Ein Morgenruf

6. Oktober 1878

Der große Tag bricht an, die ersten Morgenstrahlen haben euch schon begrüßt, wo Mein Ich von vielen im wahren Lichte, beschaut werden wird. Die geistige Sonne, welche Ich Selbst bin, wird dann viele Herzen erleuchten; sie wird aber im Verborgenen aufgehen, und ihr Glanz wird nur denen sichtbar sein, welche darauf achten, und ihr Herz vorbereiten.

Lasset euch in der Hoffnung nicht stören, dass ihr diese Leuchte erhaltet, sobald ihr ernstlich darum bemüht seid. Dies ist die große unsichtbare Macht Meines Wesens, wo kein äußeres Entgegenwirken möglich ist; kein Kreuz, kein Leiden, kein Verhältnis ist dann mehr fähig, diese Flamme im Herzen auszulöschen, wenn ihr sie ernstlich verlanget.

Nehmet ein Beispiel an Paulus, welcher ausrief: „Nichts kann uns scheiden von der Liebe Gottes." (Röm. 8,39) Also sollt auch ihr ausrufen können - „Nichts trennt uns mehr von der Liebe zu unserem himmlischen Vater, unserem Gott, Herrn und Meister, alles was mir begegnet, sind Triebfedern mich näher an Ihn zu fesseln; Seine verborgene Macht ist es, die jedes Vorkommnis auf meinem Lebensgange in Segen zu verwandeln weiß."

Wenn ihr durch euer Streben Mir folgsame Kinder zu werden, in Wort und Tat, euch diese Versicherung erworben habt, so seid ihr dahin gekommen, dass euch der Morgenstrahl Meiner Liebe umgibt, der die kräftige Sonne verkündet, vor der die Finsternis weichen muss; d.h. eure Sphäre wird helle, die finsteren Geister fliehen von euch, weil sie das Licht nicht ertragen können, welches euch umgibt, wohl wissend, woher es stammt; dann fühlt ihr Erleichterung in euren Kämpfen.

Dies ist die große verborgene Hilfe Meiner Liebe, welche Meinen wahren Kindern zuteilwird; sie sollen immer mehr zunehmen im Lichte, damit auch ihre Umgebung einen Segen davon fühlt. Hier ist das Gebet so nötig, als reines Öl, welches das Licht unterhält. So wird die geistige Sonne oder geistige Liebe immer höher steigen, bis sie euch ganz erleuchtet, und dann nach und nach den ganzen Erdball.

Ihr werdet durch diesen Aufschluss einsehen lernen, auf welche Weise ihr es angreifen müsst, Meinen großen Tag, oder Meinem Kommen Bahn zu brechen. Die geistige Sonne geht auf, wenn auch nur wenige ihr Licht und ihre Wärme von ganzem Herzen wünschen, und sie wird die dichtesten Nebel durchbrechen; aber wohl denen, welche mit jubelndem Herzen schon die ersten Morgenstrahlen zu würdigen wissen. Erfrischt und gestärkt werden sie den Tag antreten, und sich den Sonnenstrahlen aussetzen, wenn dieselben auch oft drückend heiß ihr Haupt bescheinen (d.h. wenn von ihrem Verstand das Kreuz nicht als Gnadenstrahl erfasst werden kann). Also tretet auch ihr den ernsten Tag an, ermuntert durch das Morgenrot, das die Finsternis vertreibt, suchet Licht in Mir und durch Mich, für eure eigene Person. Flehet aber auch um Erleuchtung für eure Mitmenschen. Verscheucht die finstern Nebel durch Gebet, alsdann müssen die Höllengeister weichen und ihr werdet gestärkt werden, die nötige Mittagshitze, welche die Frucht ausreifen muss, ertragen zu lernen und das Abendrot wird euch dann selig stimmen! Dankbar werdet ihr am Abend eures Lebens zurückblicken auf die vielen Segensgaben, welche euch zuteilwurden durch die Richtung, welche euch die ewige Liebe gezeigt hat. Amen!

76. Von einer Sünde wider den Heiligen Geist

13. Oktober 1878

Meine lieben Kinder! „So ihr des Herrn Stimme hört, so verstockt eure Herzen nicht" (Hebr. 3,8) - heißt es in Meinem Worte in der Heiligen Schrift! Und Ich sage nun abermals zu euch: „Verstockt nicht euer Herz, so ihr Meine Stimme hört", sondern seid bemüht, diese Stimme immer mehr anzuhören. Merket auf sie jeden Augenblick, besonders aber auch, wenn euch materielle Sorgen bewegen, bedenkt, dass ihr auch in diesen Fällen zu Mir kommen sollt und Meine Stimme, die aber nur dem geistigen Ohre vernehmbar ist, wird euch antworten. Wenn ihr eure Sache in Meine Hand legt, sie zu ordnen, mit dem Wunsche, dass euer geistiger Fortschritt dabei gewinne, so wird euch eure innere Überzeugung klarmachen, wie ihr handeln sollt; dies ist dann Meine Stimme!

Warnend rufe Ich euch nochmals zu: „Verstocket dann eure Herzen nicht!" Wenngleich es oft ganz anders ertönt für euch, als ihr es gerne haben wollt. Oft ist dieser oder jener Weg eurem Verstand entgegengesetzt, und also die Versuchung stark, euer Herz zu verstocken und mehr dem Verstande, als den bessern Gefühlen des Herzens Gehör zu geben. Hauptsächlich kommt dieser Akt viel vor bei Gelegenheiten zur Nächstenliebe. Wie viel Entschuldigungen und Widersprüche kommen da vor gegen

Meine Worte: „Liebe deinen Nächsten, wie dich selbst!" Nirgends habe Ich hinzu gesetzt: „Liebe deinen Nächsten, nach dem du ihn beurteilt hast, sondern - liebe ihn wie dich selbst." Merket nur ein wenig auf euch, wie geschickt ihr eure eigene Schwäche beurteilen und entschuldigen könnt, also tut auch an eurem Nächsten, und dann werdet ihr bald finden, wie groß (oder klein) seine Schwäche gegen die eurige ausfällt. Dies ist dann Meine Stimme, die Stimme des Vaters der Liebe, lasst die Liebe in euch reden, für euch und andere, und eure Herzen werden vor Verstockung bewahrt bleiben, sie werden angetrieben zur Liebe gegen Mich und eure Mitmenschen.

Dieses Hauptgebot soll eure Richtschnur sein, die ihr vor so vielen anderen bevorzugt seid, Mein Wesen mit Seiner allumfassenden Liebe näher zu erkennen, durch Meine direkten Worte, wie durch den Zuspruch von Innen!

Viel ist euch gegeben, aber Ich verlange jetzt auch mehr von euch, als von denen, die noch zuvor belehrt werden müssen. Haltet darum fest an Meiner Stimme, schätzet sie hoch in dieser Zeit, und gebet den Verstandeseinflüsterungen weniger Gehör. Es ist so betrübt für einen Vater voll Liebe, wenn Er immer wieder von vorne anfangen muss mit der Bitte: „Höret auf Mich!" Nehmet euch deshalb aufs Neue vor, auf Dessen Stimme allein zu hören, Der euch geistig erziehen will, damit ihr Kinder eines geistigen ja göttlichen Vaters werden könnt. Denkt euch zu hoch, materielle Wünsche fest zu halten.

Euer Vater in Jesu. Amen!

77. Von Gottes Heiligkeit und Gerechtigkeit
20. Oktober 1878

Meine lieben Kinder! Ich will Mich eurer annehmen in eurer Schwachheit, so ihr eure Hilfe von Mir erfleht. Denn Ich bin von großer Geduld, besonders gegen die, die ihre Zuflucht zu Mir suchen. Aber sie müssen sich bestreben, dass Ich ihnen nahe sein kann. Denn Mein Wesen ist auch heilig und gerecht und immer darauf bedacht, Meine Liebe so auszuteilen, dass Meinen Kindern der Antrieb, Meinem Vorbilde nachzufolgen, gefördert wird. Deshalb ihnen immer wieder etwas vorkommt, welches ihnen ihre Schwäche aufdeckt und sie erkennen lässt, wie weit sie noch zurück sind in der genauen Erfüllung Meiner Liebesgebote.

Wie würdet ihr regieren an Meiner statt? Strafe über Strafe würdet ihr ausüben bei jeder Übertretung, Zwangsmittel anwenden gegen den freien Willen, obgleich Ich euch dessen hohen Wert schon oft erklärt habe, und ihr wisst, dass nur eine allmähliche Entwicklung euch eurer wahren und glücklichen Bestimmung zuführt. Daher immer wieder die Erfahrung an euch selbst nötig ist, wie schnell ein Fehler gemacht werden kann, wenn ihr nicht anhaltend wachet und betet, und mit Mir zu verkehren bemüht seid.

Gleichwie aber Ich in Meiner großen Barmherzigkeit dieses Bemühen euch hoch anrechne, damit die Kluft zwischen Mir und euch in Bezug auf Meine Heiligkeit und Gerechtigkeit überstiegen werden kann, - also sollt es auch ihr mit euren Nebenmenschen halten. Die Liebe soll euch Kraft geben nach Meinem Sinne mit ihnen zu verkehren, wenngleich ihr glaubet, ihrer Fehler wegen eine Kluft zwischen euch und ihnen ziehen zu dürfen.

Wenn ihr Mich in Meiner Heiligkeit und Gerechtigkeit recht fassen könntet, so würdet ihr schüchtern vor Mir zurücktreten; aber Ich lasse Meine Liebe gegen euch Menschenkinder vorwalten! Daher lernet von eurem Vater auch in diesem Punkte. Es sind eure Verhältnisse immer so eingerichtet, dass ihr euch nicht entschuldigen könnt, es habe euch an Gelegenheit gefehlt, euch in allen Stücken auszubilden, um nach Meinem Beispiele, wie Ich auf Erden wandelte, Mir vollkommene Nachfolger zu werden.

Wenn ihr von euren Nächsten mehr erwartet, als euch von denselben zuteilwird, so denkt an Meine Heiligkeit und Gerechtigkeit, welche euch gleichfalls von Mir trennen würden, und auch an Meine große Liebe, welche mit viel Geduld euch liebend umfasst, bis sie euch gefesselt und zur Gegenliebe bewogen hat, wo freilich Ich wieder mit einer gar kleinen Portion vorlieb nehmen und immer wieder Anstalten treffen muss, sie aufs Neue zu erbetteln.

Gleichwie ein irdischer Vater immer wieder froh ist, wenn seine entarteten Kinder ihm nur einige Liebe entgegenbringen, also muss auch Ich euch mit viel Geduld und Langmut eurem freien Willen überlassen, wie viel Liebe und Geduld ihr um Meinetwegen euren Nächsten erweiset. Amen!

78. Lasset die Kleinen zu Mir kommen!

(Mk. 10,14)   22. Oktober 1878

Meine lieben Kinder! „Lasset die Kinder zu Mir kommen, und wehret ihnen nicht" (Mk. 10,14), habe Ich einst auf Erden gesprochen, als Meine Jünger glaubten, Mir einen Dienst dadurch zu erweisen, dass sie den Eltern wehrten Mich zu drängen, um den Segen für ihre Kinder zu empfangen. Sie hielten diesen Andrang für unbillig, weil sie einsahen, dass diese Menschen nur um der Wohlfahrt willen Mich so verehrten. Ich aber sagte zu ihnen: „Lasset sie zu Mir kommen, sie sind nicht bösartig, sondern unwissend; aber sie haben Vertrauen zu Mir, gerade darum liebe Ich sie, weil sie zu Mir kommen, um zu verlangen, was ihnen noch fehlt!"

Solch kindliche Seelen sind bestimmt zum Reiche Gottes, die ihr Wissen und ihren Segen bei Mir abholen. Obgleich oft zunächst äußere Interessen sie veranlassen, Meine Hilfe anzurufen, so ist ihnen doch dadurch der Weg zu Mir gebahnt worden. Wohl denen, die auf demselben fortwandeln, bis sie Mich gefunden haben; denn das Auffinden von Mir ist Anfang zur Seligkeit, und Folge eines Gnadenrufs. Wer denselben hört und sich zum Suchen anschickt, dem wird es gelingen, Mich zu finden. Wer Mich aber gefunden hat, dem ist es schon mehr zur Pflicht gemacht, selbst dazu beizutragen, dass Ich bei ihm bleiben kann; denn Mein Wesen verlangt Bedingungen, die erfüllt werden müssen, ehe Ich Wohnung nehme in eines Menschen Herzen. Diese Bedingungen hat Meine erbarmende Liebe aber so gestellt, dass nur ein Kindersinn dazu gehört, denselben nachzukommen.

Alles Trachten und Streben durch viel Wissen das Herz für Mich zu einer Wohnstätte auszubilden, hat keinen Wert, sondern Ich wiederhole Meine Worte: „So ihr nicht werdet wie die Kinder, so könnt ihr nicht in Mein Reich kommen," (Mt. 18,8) d.h. heget uneigennützige Liebe, Vertrauen zum Vater, mit dem Bewusstsein - „Er sorgt für mich," ohne Meine Anordnung zu bekritteln durch ein seufzendes „Warum so?" Habet Kindersinn auch im Verkehre mit euren Mitmenschen, und gleichwie die Kinder mit anderen Kindern sich einlassen ohne Argwohn, und sich mit ihnen offenherzig unterhalten, also sollt auch ihr ohne Argwohn mit allen Menschen verkehren. Und so wie die Kinder, wenn sie dann beleidigt werden, sich auf ihren Vater stützen, und zu ihm eilen, ihm klagen, und nach seinem Ausspruche sich nachher verhalten, also kommet auch ihr zu Mir um Rat, wenn euch eine Beleidigung zustößt, nur müsst ihr euch nicht zuvor selbst verteidigen wollen.

Ich bin der Allwissende, Meine Kinder sind nie allein; darum ihnen nicht weiter Unrecht getan werden darf, als wie Ich es zulasse. Wenn sie im rechten Sinne zu Mir kommen, wird ihnen bald klar werden, welchen Nutzen sie daraus ziehen können. Nur dürfen sie nicht in Hast oder Zorn vor Mir erscheinen, um gleichsam Mich als Gleichgesinnten auf ihre Seite zu fordern, sondern sie sollen in ihrem Anliegen so vor Mich kommen, dass Ich ihre Liebe aufrichten soll, damit es ihnen möglich ist, nach Meinem Willen zu wirken. Sie sollen Mich bitten ihnen Bahn zu brechen und auch ihren Mitmenschen ein empfängliches Herz zu geben, für die Liebe, welche von Mir ausgeht und beglückt. Sie sollen Mich gleichsam als Vater und Mittler bei der Hand nehmen, und dahin führen, wo geschlichtet werden soll.

Oh wie gerne lasse Ich Mich erfassen von Meinen Mir gleichgesinnten Kindern, welche Gedanken des Friedens in sich tragen. Ich begleite sie auf ihren Wegen und wenn es nottut, beweise Ich Meine Stärke gegen diejenigen, welche boshaft sie um Meinetwillen zu verfolgen suchen.

Ich bin barmherzig, gnädig, langmütig, aber auch heilig und gerecht. Darum liebe Kinder, arbeitet an euch - Mir immer mehr zu gefallen, und Ich will euer Recht anderen gegenüber Selbst verteidigen! Euer Vater in Jesu! Amen!

79. Denen die Gott lieben –
müssen alle Dinge zum Besten dienen!

(Röm. 8,28)   27. Oktober 1978

Meine lieben Kinder! „Denen die Gott lieben, müssen alle Dinge zum Besten dienen!" (Röm. 8,28) Dieser Spruch liebe Kinder, ist der Hauptinhalt von dem, was euch Vertrauen und kindliche Ergebung einflößen soll, dass in Meiner Regierung bei allem der Endzweck nur gut ist, so wie auch bei euch und eurer Führung als geistige Kinder alle Vorkommnisse nur geistigen Gewinn bringen sollen, und zu eurem Heile berechnet sind.

Nun aber ist in diesem Spruche nicht allein von denen die Rede, die „Vater" zu mir sagen, als ob nur denen alles zum Besten dienen solle, sondern allen, die Gott lieben. Darunter sind alle Seelen begriffen, welche an einen Gott glauben, und dass sie von demselben abhängen und deshalb suchen, mit Mir in Verbindung zu kommen. Sie gehen darum in die Kirche, wo Ich ihnen gepredigt werde, und beten zu Mir, und Ich lasse deshalb ihre Führung so einrichten, dass sie Mir immer mehr näherrücken.

Denn bei solchen Menschen, welche ihren Willen zu Mir hinlenken, wird der Einfluss der guten Schutzgeister nur verstärkt. Und obgleich es ihnen vorkommt, als ob sie ihr Schicksal selbst wählen und erschaffen, so ist doch immer wieder Mein Einwirken durch die Liebe dabei, welche teils befördert, was ihnen dienlich ist, teils zu verhindern sucht, was ihnen auf ihrem einmal betretenen Weg, welcher zu Mir führt, schädlich wäre.

Es ist dies von Mir ein Nachgeben Meinen geschaffenen Kindern, die sich zu weit von Mir entfernt haben, und nun durch die dazu bestimmten Schutzgeister und Engel nach und nach zu Mir zurückgeführt werden müssen. Darum Ich oft gegen Meine Liebe Leiden zulassen muss, damit Meinen Dienern aus höheren geistigen Sphären Bahn gebrochen wird, solche Seelen für Mich zu gewinnen, und sie Mir wieder ganz zuzuführen. Ihr Geist wirkt an den Herzen durch Meinen Geist, mit welchem Ich sie ausrüste, zu ihrem Amte, und sie tun es in Meinem Namen.

Deshalb ist es der Heilige Geist, welcher euch mahnt und erziehen will. Um diesen aber zu erlangen, müsst ihr zuvor bei Mir darum bitten, weil die Schutzgeister die Schranken beachten müssen, welche den freien Willen ehren. Wenn ihr aber denselben freiwillig Mir übergebt, um ihn zu leiten, so ist dies eine große Seligkeit für dieselben, und ihr Einfluss, welchen sie auf euch ausüben, wird von der Art werden, dass, je mehr ihr in der Liebe zur Mir zunehmet, desto sicherer ihr euch auf eure innere Stimme verlassen könnt.

In manchen Fällen wird sie euch deutlich zu Hilfe kommen; nur muss euer Hauptanliegen immer sein, dass ihr geistigen Gewinn machen wollt, und eure äußeren Verhältnisse gerne der Verleugnung unterordnet, mit dem Bewusstsein, dass wenn ihr Mich liebt, es zu eurem Besten dient.

Prüfet euch deshalb, wie viel Liebe ihr zu Mir habt, um Etwas zu verleugnen, zu dulden, zu tragen, und ihr dürfet annehmen, in eben diesem Grade will Ich euch segnen. Amen! Euer Vater!

80. Über ein Kleines

(Joh. 16,16)   8. November 1878

Liebe Kinder! „Über ein kleines, so werdet ihr Mich nicht sehen, und abermals über ein kleines, so werdet ihr Mich wieder sehen!" (Joh. 16,16) Diese Worte gab Ich einst Meinen Jüngern, welche Mich persönlich sahen. Aber in ihrem Herzen wurde es immer wieder dunkel über Meine Person. Bald wurde es ihnen zur festen Überzeugung, dass Ich Jehovah Selbst sei; bald aber waren sie mit den stärksten Zweifeln darüber geplagt; und Ich wusste wohl, dass wenn Ich einmal nicht mehr unter ihnen wandele, dieser Zustand noch mehr eintreten werde. Ich sagte es ihnen deshalb zum Voraus, damit sie sich trösten könnten, wenn sie traurig würden bei solchen Zweifelsgedanken; denn sobald sich diese einer Seele bemächtigen, dass Ich nicht mehr bei ihr sei, nachdem sie vorher das große Glück schätzen lernte, Mich zu besitzen, fühlt sie sich unglücklich und wird traurig; Ich sprach deshalb diese tröstenden Worte für alle Zeiten aus: „Ihr werdet über ein kleines Mich wieder sehen!"

Darum haltet auch ihr euch mit festem Vertrauen an die Worte der Heiligen Schrift, damit ihr nicht mutlos werdet beim Gefühle von Verlassensein, sondern desto mehr Fleiß tut Meine Gegenwart wieder empfinden zu dürfen. Ohne diese Überzeugung, dass Ich bei euch bin, werden euch Meine Liebesgebote zur Last. Nur gestützt auf den Gedanken „der Vater ist bei mir, und gibt zu allem Kraft es ausführen zu können", könnt ihr zunehmen, um mit Freudigkeit an Mich zu denken, und nach Meinem Willen zu handeln. Und kommen auch Zeiten, wo ihr euch entfernt von Mir glaubet, so hoffet, dass über ein kleines Meine erbarmende Liebe euch wieder aufs Neue erquicken wird.

Es ist diese Erziehungsweise von Mir so eingerichtet; denn gleichwie die Kinder, wenn ihre Eltern verreist sind, besser einsehen lernen, wie viel Wert dieselben für sie haben, und mit vieler Sehnsucht dieselben zurückerwarten und mit Freuden ihnen entgegeneilen, also tut es auch Meinem Vaterherzen wohl, wenn ihr Mich nicht missen wollt und so segne Ich eure Sehnsucht abermals mit väterlicher Liebe. Amen!

81. Siehe Ich bin bei euch -
alle Tage, bis an der Welt Ende

(Mt. 28,20)   10. November 1878

Meine lieben Kinder! Dies ist der Wahrheit gemäß Meinem Wort enthalten, wie auch die vorigen Worte: „Über ein kleines werdet ihr Mich nicht sehen". Denkt darüber nach, dass dies Gegensätze sind und doch beide von Mir, dem Wahrhaftigen und Unveränderlichen, ausgehen.

Um diese Worte richtig, als zusammengehörend, fassen zu können, müsstet ihr auf dem Standpunkte sein, wo ihr schon empfunden habt, welche Gefühle es sind, wenn Ich bei euch bin, um sie zu unterscheiden gegen jene, wenn ihr Mich entfernt glaubt. Denn für solche Zeiten oder Zustände gelten die Worte: „Ich bin bei euch alle Tage", weil das Gefühl des Verlassenseins eine Sehnsucht nach Mir in sich birgt, an welcher Ich Wohlgefallen habe.

Darum sind die Worte: „Über ein kleines werdet ihr Mich wieder sehen" ganz mit übereinstimmend. Denn wenn ihr Mich seht (d.h. Meine Nähe fühlt), seid ihr zufrieden und sicher, ihr rühmet euch da des inneren Friedens, welchen ihr fühlt. Es ist aber solches auch oft von euren äußeren Verhältnissen her bewirkt, indem es euch gut geht, wie ihr sagt, d.h. wenn ihr nicht über etwas zu klagen habt, da meint ihr dann auch Ich sei jetzt mit euch zufrieden, und werdet nachlässig in eurem Eifer für Mich.

Sehet, deshalb ist ein scheinbares Entziehen von Meiner Seite immer wieder so nötig, und die Worte sind doch so wahr: „Alle Tage bin Ich bei euch, bis an der Welt Ende."

Ja, keine Stunde könnt ihr bestehen ohne Mich; nur hängt es von eurem Willen ab, wie weit ihr selbst Mir das Recht einräumt, euch beeinflussen zu dürfen.

Jedes Leiden, jede Entbehrung, wodurch euch gezeigt wird, wie wenig ihr aus euch selbst vermögt, dies oder jenes nach eurem Gutdünken abzulenken oder zu erreichen, enthält einen Mahnruf von Mir, gleichsam bittend: „Wollet ihr, als Meine Kinder, euer Probeleben durchmachen, so haltet euch nur immer fester an Mich!"

Ich allein bin allwissend, und kann bemessen, was euch dienlich ist, um euren Vorsätzen nachzukommen, welche ihr in der Liebe zu Mir gefasst habt, nachdem ihr Mich besser erkannt habt als es bei vielen anderen der Fall ist, welche auch zu Mir kommen mit ihren Wünschen und Gebeten, aber mehr um äußerliches Besitztum, welches sie für Glück halten, und worin sie Meine Liebe suchen, was Ich deshalb auch oft gewähre. Denn viel mehr Dank wird Mir dargebracht für irdische Güter, welche doch über kurz oder lang wieder vergehen, als für geistige Güter, worauf sich das ewige Leben gründet.

Auch ihr seid noch so kindisch und verzagt, wenn euch ein Ungemach trifft, und verlanget Abwendung, statt zu Mir zu kommen, und anzufragen warum Ich rufe, und statt um den Geist zu bitten, Der euch in alle Wahrheit leitet, d.h. Der euch eure Abwege, Mängel und Gebrechen klar aufdeckt. Diese Bitte wird von Mir sogleich erhört, und ihr könnt euch so überzeugen, dass Ich bei euch bin, gebet nur recht acht auf euch selbst, und ihr werdet bald herausfinden, dass eure äußeren Sachen sich immer eignen zu eurem geistigen Fortschritte. Deshalb könnt ihr einsehen lernen, dass Ich alle Tage bei euch bin, mit der gleichen Liebe, und eurerseits ein Nichtsehen Meiner nur von euch selbst abhängt, wenn ihr euch durch Achtlosigkeit zu weit entfernt habt; Mein Gnadenruf aber euch wieder zurückführen will.

Liebe Kinder, bleibet bei Dem, Der bei euch ist! Denn die Finsternis wird immer dichter, damit ihr nicht durch unvorsichtiges Entfernen von Mir das helle Licht aus eurem geistigen

Auge verlieret, wo euch das Umkehren schwer werden könnte. Denn jetzt ist die Finsternis groß, so dass es euch Menschenkindern nicht mehr möglich ist, dass einer den anderen leite, sondern nur Mein Gnadenlicht vermag es. Darum kommt zu Mir, wenn euch eine Seele Sorge macht, wegen ihrem verirrten Zustande. Ich will euch da zu Hilfe eilen, und erst dann, wenn ihr es mit Mir ausgemacht, legt Hand ans Werk; dann wird's gelingen. Obschon ihr in jetziger Zeit nicht viel Arbeit in dieser Beziehung übernehmen könnt, denn in Anbetracht des großen Zudranges der finstern Mächte heißt es auch bei euch: „Wer da steht, der sehe zu, dass er nicht falle!" (1. Kor. 10,12)

Wisset, ihr seid noch recht schwach gegen die listigen Anläufe des Satans, darum nehmt Mich in eure Herzen auf, und erkennet, dass auch im Äußeren Ich eure Sache ordnen will. Denn „ohne Mich könnt ihr nichts tun!" (Joh. 15,5) - Daran haltet fest und Ich werde bei euch bleiben! Amen!

82. Hauptlebenswinke

17. November 1878

Meine lieben Kinder! Seid wahrhaftig, gleichwie euer Vater im Himmel wahrhaftig ist, gegründet auf Liebe!

Je mehr Liebe ihr habt, desto genauer werdet ihr es mit der Wahrheit nehmen, weil sie zugleich eine Wohltat ist. Denn nur, wenn ihr glaubet, dass das, was Ich euch schon in der Heiligen Schrift gesagt habe, und nun heute noch sage, wahr ist, könnt ihr ein Vertrauen zu Mir fassen, und das wird euch in manchen Lagen des Lebens zum Troste; ihr zaget dann nicht - wenn ihr keine augenblicklichen Beweise seht, über dieses oder jenes Versprechen.

Dieses Vertrauen aber gründet sich auf Erfahrung, und zwar Mir gegenüber auf Herzenserfahrung, weil Ich Geist bin, und geistig mit euch verkehre. Dagegen sollt ihr euren Mitmenschen gegenüber eure Wahrhaftigkeit im gewöhnlichen Verkehre beweisen durch Wort und Tat; und erst, wenn ihr euch dadurch bei ihnen ein Zutrauen erworben habt, wird euch auch in geistiger Beziehung Eingang verschafft und werden die ewigen Wahrheiten anerkannt werden.

So könnt ihr immer wieder sehen, wie euer Körper der unentbehrliche Diener des Geistes ist, und wie Ich alles geordnet habe, um demselben Gelegenheit zu geben, sich nach Meinem Bilde zu bilden. Alle Eigenschaften, welche Ich besitze, könnt ihr euch durch einen eifrig guten Willen aneignen, auch solche, welche euch unerreichbar erscheinen.

Wenn ihr z.b. ganz wahr seid, so findet ihr an dem Nächsten seine Unlauterkeit alsbald heraus. Aber darum muss sich eure Wahrheit ebenfalls auf Liebe gründen, die nicht geneigt ist, schnell ein Urteil zu geben, sondern alles zuvor in die Waagschale legt, ehe sie Nachteiliges annimmt, gleichwie Ich nicht menschlich richte, sondern Barmherzigkeit, Weisheit und Gerechtigkeit harmonisch verbinde. Also sollt auch ihr, wenn ihr Wahrheit prüfen wollt, diese Eigenschaften mit verbinden und dann seid auch ihr wahr!

Es gehört dazu, dass ihr zuerst wahr von euch selbst denkt, ehe ihr andere prüfen könnt.

Liebe Kinder, wie viele Aufgaben sind euch noch vorgezeichnet, bis ihr nicht mehr kindisch seid, und meint, dass Ich euch als Arbeiter brauchen könne. Kann auch ein Vater seinem Sohne das Geschäft übertragen, wenn er es nur stückweise begreift, oder nur zeitweise dazu Freudigkeit hat? Wird er nicht mit Sehnsucht auf die Zeit warten, wo er ihn ganz mitarbeiten lassen kann? Er wird kein Mittel scheuen, ihn dazu heranzubilden, und also ist es auch bei Mir der Fall.

Als Mittel zu eurer Erziehung sind in euren Lebenslauf gelegt, sowohl Freuden zur Ermunterung, als Leiden zur Warnung, gute und böse Menschen in eurer Umgebung zur Übung, Entbehrung zur Selbstverleugnung, Besitztum um Wohltaten ausüben zu können, und das Höchste, was euch dazu geboten wird, sind Mein Wort und Meine Wahrheiten. Wer dieselben festhält, sie durch Tat und Leben zur Wahrheit werden lässt, dem ist Mein Ebenbild zugesagt. Amen!

83. Ihr sollt heilig sein, denn Ich bin heilig!

(3. Mos. 19,2-11)   24. November 1878

Meine lieben Kinder! „Ihr sollt heilig sein, denn Ich bin heilig!" d.h. Mein Wesen ist rein, ohne jeden Gedanken von Selbstsucht, Hochmut, Hass, Unversöhnlichkeit, es ist pur Liebe. Meine Freude besteht darin, Meine Geschöpfe zu beglücken, in einem Grade, dass sie Mir ähnlich werden. Zu dieser Freude gehört aber ein geheiligtes Wesen, das immerfort sich selbst verleugnet, um beglücken zu können.

Es gibt unter Meinen Kindern wohl solche, die vieles verleugnen können, aus Liebe zu Mir, und auch an ihren Mitmenschen ihre Pflicht zu erfüllen eifrig bemüht sind. Aber ganz rein ist ihre Liebe noch nicht. Sie behalten für sich immer noch ein gewisses Vorrecht, welches den Nächsten nur bis auf einen gewissen Grad mitwirken lässt, aber nicht zugibt, dass derselbe oft mehr tun könne, als sie selbst. Auch lassen sie ihn nicht harmonisch mitherrschen. Dies ist aber mehr in den Gedanken verborgen und darum seid ihr noch nicht geheiligt, nämlich so: All euer Denken und Tun soll nicht nur im Ausdrucke als Liebe dastehen, wo eure Liebe nur mehr eine Pflicht ist, sondern die Liebe soll eine innere Freudigkeit sein, frei von jeder Überhebung, wohlwollend und dankbar Mir gegenüber, wenn es eurem Nächsten gelingt, besser zu stehen, als ihr selbst, und unverdrossen, wenn euch sogar ein Nachteil im Äußeren dadurch entsteht.

Dies sind Bedingungen, welche euch auf die Stufen der Heiligkeit führen. Habt ihr diese Bedingungen willig angenommen, und suchet ihr ihnen nachzukommen, so werdet ihr durch Meinen Geist dazu gestärkt und erleuchtet werden. Es wird euch die Unlauterkeit eurer Gedanken gezeigt werden; denn nicht nur die Tat soll gut sein, sondern der Beweggrund nur reine, heilige Liebe!

Ich bin heilig, auch ihr sollt es werden. Ich verlange von Meinen Kindern nichts, wozu sie nicht zuvor ausgestattet sind, es werden können. Entschuldiget euch deshalb nicht, es sei nicht möglich, diesen Geboten nachzukommen, sondern fanget an, eure Gedanken in Meiner Gegenwart zu ordnen, (wandle vor Mir und sei fromm!) Meiner Allwissenheit eingedenk, aber auch Meiner Barmherzigkeit, damit ihr bestehen könnt; und auch diese Aufgabe wird euch zeigen, dass Ich es bin, Der euch zu eurem ewigen Heile den Weg bezeichnet.

Wenn ihr euch in alles versenket, was ihr seither direkt von Mir erhalten habt, so bleibt euch wenig Zeit, den Weltgedanken Gehör zu geben, und die höllische Umgebung wird euch fliehen. Denn wer mag bestehen vor Meinem Lichte, welches denen verliehen ist, die nach Mir fragen von ganzem Herzen, von ganzer Seele und mit kindlicher Zuversicht. Also machet euch immer würdiger „Meine Kinder" genannt zu werden. Euer Vater. Amen!

84. Vom Kommen des Herrn in unsere Herzen
Zum ersten Advent

1. Dezember 1878

Meine lieben Kinder! Mein Kommen ist es, welches heute in der christlichen Kirche verkündet und in einer formellen Weise angepriesen wird, so dass die Zuhörer schon vorher wissen, was sie heute hören werden. Es ist zumeist ein Räsonieren[1] über die ganze Menschheit, dass dieselbe Mich nicht würdiger aufnimmt. Dieses ist ganz wahr; aber es fehlt, wenn auch in äußeren Formen mehr geschehen würde, dennoch die wahre Empfangsfeierlichkeit im Herzen. Dort will Ich thronen, in jedem Menschen; denn diese alleinige Stätte habe Ich Mir erwählt zu Meinem Kommen und diese soll lauter gefegt werden von allem Unrate, der durch Satans List hineingekommen ist, dann werde Ich Einzug halten.

Und gleich wie Ich bei Meinem Einzug in Jerusalem zwei Jünger vorausschickte, um eine Eselin zu holen, darauf Ich Mich setzte, und dem Volke Meine Macht durch eine geheime Einwirkung zu erkennen gab, dass sie Mich verehrten, so habe Ich allen, welche sich Christen nennen, zwei Diener zugesandt, bestehend in Geist und Lehre, welche ihnen kundgeben, was nötig ist, zu Meinem Kommen. Eine Eselin ist das Sinnbild wahrer Demut, welche Mir gegenüber willig dargebracht werden muss, eine Übergabe, wonach Ich Mich dann als König erblicken lasse, bei denen, die Mich dadurch verehren.

---

[1] sich wortreich und tiefschürfend, aber ohne konkretes Ergebnis über etwas äußern

So sollt auch ihr die wahre Herzensdemut Mir immer wieder aufs Neue entgegenbringen. Denn dort ist für euch immer wieder die Gefahr, wenn ihr Meine Nähe fühlen dürfet, so überhebet ihr euch gern über eure Nächsten, und meint eure Würdigkeit habe euch einen Vorzug verschafft.

Oh liebe Kinder, wenn Ich mit euch abrechnen wollte, so würdet ihr oft weit unter denselben stehen; denn bei Mir kommt alles in die Waagschale, der ganze Erziehungsweg. Bedenkt, wie viel habt ihr zum Voraus empfangen, an Verstand, Erkenntnis und Belehrung, oft freudige, oft bittere Erfahrungen, welche euch nötigen nach Mir zu fragen.

Für andere dagegen ist der Zeitpunkt eben noch nicht gekommen, wo sie auf Meinen Ruf achten, und Meine Geduld und Weisheit muss abwarten bis ihr Wille Mich mehr verlangt. Aber doch ist das Kindesrecht auch ihnen vorbehalten. Ich komme auch zu ihnen, und oft ist mein Verziehen für sie gut, sie ergreifen Mich dafür desto eifriger, wenn sie Mich gefunden haben, nachdem sie zuvor auf langen Umwegen geirret waren.

Immer und überall bin Ich bereit zu kommen. Auch bei euch verlangt es Mich immer mehr einziehen zu können, nicht allein als Lehrer und Tröster, sondern als Regent und Vater, und in allen Eigenschaften Meines Wesens, damit man auch von euch in der Wahrheit sagen könnte: Es sind Gotteskinder - in der Liebe, in der Wahrheit, in der Gerechtigkeit, in der Sanftmut, Geduld und in der wahren Demut.

Deshalb bittet um Mein Kommen in eure Herzen jeden Tag mehr, damit ihr nicht betrogen werdet durch die Hoffnung auf ein äußerliches Kommen, welches wenig Wert hätte für die, welche Mich geistig erschauen, dadurch dass ihnen Mein Bild beim Denken und Handeln vor Augen steht, indem sie Meine Stimme vernehmen, und ihnen so die Nachfolge und die Nachahmung ihres Jesu zur Freude wird. Amen! Solches sagt euch Derselbe!

85. Zum zweiten Advent

8. Dezember 1878

Meine lieben Kinder! Mein Kommen soll euch in euren Gedanken beschäftigen, nehmt deshalb eine ernste Selbstprüfung vor, vergleichet dabei in eurer Lebensführung alles das Gute, das ihr genossen habt, wie das Schwere das ihr tragen musstet, und erwäget, was ihr dadurch geworden seid, ob mehr geistig oder mehr materiell.

Wenn Ich diese Frage stelle, so sind da Meine Kinder gemeint, welche Mich näher kennen, und Meiner Regierung ihre Erziehung anheimgestellt haben. Aber umso mehr soll ihnen aufgedeckt werden, wie viel sie versäumt haben und wie viel gewonnen! Sie würden erschrecken beim Überblick, wie das Versäumte und die Unzufriedenheit gegenüber Mir so groß ist, und dass sie vor Meiner Gerechtigkeit und Heiligkeit nicht bestehen könnten, wenn nicht Meine große Liebe wäre, welche wieder mit Trost und Erbarmung ihnen entgegenkommt.

Diese Gefühle sollen in euch sehnsüchtig vorhanden sein, wo ihr dann rufen sollt: „Komm Herr Jesu, komme bald! Und verleihe uns durch Deine Gnade neue Kraft und neue Freudigkeit, Deine Erziehungswege mit dankbarem Herzen zu wandeln, damit Dein Kommen zu uns ein Bleibendes sei!"

Dieser Standpunkt gehört dazu, wenn Mein Kommen euch zum Segen werden soll. Zuerst das Erkennen der eigenen Unwürdigkeit, und sodann bußfertig, aber mit kindlichem Vertrauen ein Anhalten bei Mir um Meinen Beistand, welcher denen gesichert ist, bei welchen Ich einziehen kann mit Meiner Liebe, die alle anderen Eigenschaften mit sich bringt. Alsdann soll Meine Geburtsstätte auch von außen erkennbar werden, wenn diese Eigenschaften ins Fleisch oder in die Tat übergehen, wo euch oftmals das Zeugnis wird: „Hier ist der Herr geboren!"

Euer Handeln und Wandeln soll so geschehen, dass auch die Engel sich freuen mögen über euch, und ein „Friede auf Erden" anstimmen darüber, dass Kinder Gottes auf Erden zu finden sind, als ein Abbild vom Vater, Dessen Liebe und Erbarmung sie einst im Jenseits als ebenbürtig aufnehmen will. So ihr nämlich nicht ablasset zu bitten, dass Ich nicht länger verziehen möge, euch tüchtig zu machen für Mein Kommen, und euer Herz zu einer Geburtsstätte zuzubereiten, wo Ich als König und Regent im Tun und Lassen geliebt und geehrt werde.

So ziehet nun auch ihr mit Mir nach Bethlehem! Diese Reise ist zwar mühevoll und armselig, die Geburt nach außen ärmlich, so oft bis zum Mitleiden dürftig; aber für euch enthält sie eine nie geahnte Fülle von innerem Reichtum und Herrlichkeit.

Wie in Bethlehem nur die Weisen den Stern erblickten und wenige dessen große Bedeutung verstanden, also sind es in jetziger Zeit ebenfalls wenige, die Mich erkennen in der Art und Weise, in welcher Ich zu denen komme, die nach Mir verlangen, und nach der Lehre, wie Ich sie in der Heiligen Schrift gegeben habe, ihr Herz zu Meinem Empfange tauglich zu machen suchen.

So wie Ich einst leiblich geboren wurde, um mit euch vereint in dieser Welt leben zu können, so sollt ihr nun geistig wiedergeboren werden, um einst (dort) mit Mir nicht nur als mit eurem Schöpfer, sondern als mit eurem Vater ewig leben zu können. Amen!

86. Zum dritten Advent

15. Dezember 1878

Meine lieben Kinder! Nachdem ihr wisst, welche Empfangsfeierlichkeiten Ich wünsche, damit Ich kommen und in eure Herzen einziehen kann, sollt ihr erfahren, dass Ich vorerst klein komme, nicht gleich als König. Ihr selbst müsst es euch angelegen sein lassen, Mich groß zu machen, ihr müsst Mir jeden Tag mehr Liebe bringen, sowohl im Verkehr mit Mir und in anhaltendem Gebet, als auch in der Erfüllung Meiner Gebote, welche hauptsächlich aufrichtige Liebe gegen den Nächsten verlangen.

Darum auch zu Weihnachten die Anregung in den Gemütern mehr hervortritt, andere zu erfreuen und sie zu beschenken; es ist dabei ein Einfließen von Oben, das in dieser Erinnerungszeit an Meine Geburt verstärkt wird. Leider ist diese schöne Sitte nun aber auch ausgeartet, wie alle Gebräuche, welche Mir zu Ehren beobachtet werden.

Alles ist nun zu sinnlich geworden, in alles nisten sich böse Leidenschaften ein: „Habsucht, Geiz, Rangsucht, Hochmut, Neid sind sehr dabei beteiligt, und der wahren Bedeutung wird dabei oft gar nicht gedacht. Darum sollt ihr anders als die Weltkinder bescheren, weil ihr wisst, welche Gaben den höchsten Wert haben. Kommet also zu Mir mit der Bitte, dieselben denen zu geben, welche ihr lieb habt. Ich kenne das Bedürfnis eines jeden, und werde eure Bitte gewähren, als Gnadengeschenk für euch selbst. Nur müsst ihr eingedenk sein Meiner Art und Weise, wie Ich handle, und mit vollem Vertrauen glauben, dass es geschieht; die Zeit der Erfüllung dabei aber Mir überlassen.

Wenn ihr so Weihnachten entgegengehet, so wird euch der wahre Segen zuteil, und auch eure äußere Freude wird erhöht werden. Nehmt Mich mit, wenn ihr irgendwo Weihnachten feiert und es werden euch noch viele umgeben, die (als die seligen Meinigen von Drüben) mit Mir ziehen und sich freuen, wenn Mir die wahre Liebe und Verehrung von den Kindern auf Erden, welche Ich gedenke auch zu Mir zu ziehen, zuteilwird, wo dann in Wahrheit der Lobgesang angestimmt werden kann: „Friede auf Erden, der Herr ist geboren! Halleluja!"

Leset nun im Jesajas, Kapitel 60: „Mache dich auf und werde Licht." Amen!

87. Zum vierten Advent

Meine lieben Kinder! Arm und klein war die Stätte, wo Ich geboren wurde. Es war eine Höhle, ein leerer finsterer Raum, als ein entsprechendes Bild für die Herzen der Menschen, welche auch leer und finster sind, da sie den Zweck nicht mehr kennen, welchem sie dienen sollten, und doch ist Meine Liebe so groß, dass Ich Mir eine solche Stätte zu Meiner Geburt erwähle.

Die Verheißung, welche in dieser Entsprechung der Höhle liegt, soll euch zur Freude und zum Troste dienen, wenn ihr sehnsüchtig Mich verlanget und euch bestrebet, würdig zu werden, dass Ich zu euch komme; dabei aber bei eurer Selbstprüfung erschrecket und zaghaft über eure großen Mängel werdet.

Die Stätte Meiner Niederlassung war also leer, ohne alle Einrichtung, welche das Leben darin bequemer machen konnte. Daher trachtet auch ihr danach, dass eure Herzen immer freier werden von Wünschen und Verlangen nach äußerer Bequemlichkeit. Denn im Hegen dieser Wünsche ist die Gefahr verborgen, solche Wege zu gehen, die von Mir abführen, um zu dem

Besitze solch äußerlicher Dinge zu gelangen. Meidet deshalb viel Bequemlichkeit und Bedürfnisse im Leben euch anzugewöhnen. Denn wo das Herz ohne viel Wünsche ist, da ist für Mich mehr Raum und Ich werde es Selbst erleuchten, ohne dass Ich zuvor Anspruch auf mehr Licht mache. Meine Leuchte ist das ewige Licht, und wo dieselbe erhellt, da steigen die Engel auf und nieder, also erwartet die wahre Erkenntnis nur von Mir, wenn Ich zu euch komme, so wird der helle Tag für euch anbrechen.

Deshalb geht fleißig in das Kämmerlein eures Herzens, räumet dort aus, was von unnötigen Wünschen darin steckt, und hoffet bei Erkenntnis der Finsternis, die dort noch herrscht, auf Mein Gnadenlicht.

Und wie einst in Bethlehem Meine große Demut die dürftigsten Umstände für Mich Selbst erwählte, um mit Meiner Liebe überall durchzudringen, also ist es wieder bei Mir die größte Demut, welche mit der allergeringsten Übergabe bei der Neugeburt vorliebnimmt, um später Meine Liebe in reichem Maße austeilen zu können.

Wie Ich Mich damals allen weltlichen Anordnungen willig unterzog, so ehre Ich allezeit auch euren freien Willen und freue Mich, wenn ihr denselben als Geschenk Mir zu Füßen legt, wohl erkennend, dass Ich es bin, Der euch reich an Erkenntnis und Liebe machen will. Schätzet diese Gaben und holet sie mit Bitten und Vertrauen als Weihnachtsgaben bei Mir ab. Euer Vater in Jesu! Amen!

88. Am Christfest

25. Dezember 1878

Meine lieben Kinder! Am Christfest oder Meinem Geburtsfest ins Fleisch stehe Ich bei der ganzen Christenheit mehr im Andenken, als bei den meisten Menschen zu anderen Zeiten, wo sie Meiner gar nicht oder wenig gedenken.

Bei euch soll es anders sein; denn ihr sollt Meine Geburt in euch als Freudentag annehmen, aber auch, wenn dieses geschehen, eure Pflichten darin erkennen, das Kindlein groß zu ziehen zu einem Regenten.

Gleichwie ein Kind noch schwach und unfähig zur Welt kommt, und nur durch Weinen und Bewegen sein Leben kund gibt, weil alle seine Eigenschaften sich nur nach und nach entwickeln, also ist es auch bei der Wiedergeburt der Fall, nur allmählich geht sie vor sich. Doch soll dieses geistige Wachstum durch euer Streben immer mehr befördert werden, und Ich will euch Meine Gnade dazu verleihen.

So vereint, Ich in euch und ihr in Mir, soll Mein göttlicher Geist auch in euch Fleisch und Blut werden, oder in Tat und Leben übergehen, und auch euer Leib ein Organ für Mich sein, durch welchen Meine ewige Liebe sich mitteilen kann.

Dies ist dann der wahre Geburtsakt bei Meinen Kindern, durch welchen sie gesegnet werden.

Gleichwie ein Geburtstag als Andenken jedes Jahr gefeiert wird, und bei manchem der Rückblick aufs verflossene Jahr einen Dank oder eine Trauer hervorruft, in Beziehung auf den äußeren Lebensgang, also Schwere getragen habt, das mit Meiner Aufnahme verbunden ist!

Diese stillen Betrachtungen will Ich euch segnen, damit ihr eure Weihnachtsgaben einst mitbringet ins Jenseits, wo euch die ganze Bedeutung Meiner Darniederkunft erst klar werden wird, und ihr mit einstimmen dürfet in die himmlischen Chöre! „Halleluja!" Amen!

89. Sonntag nach Weihnachten

29. Dezember 1878

Liebe Kinder! Mein Geburtsfest ist vorüber, und Ich frage euch nun: Wie viel ist euch von den Segnungen und Bescherungen geblieben, welche dasselbe Meinen wahren Kindern anbietet? Habt ihr Mich aufgenommen als ein armes Kind, wohl wissend, dass mit dessen Pflege Mühe und Arbeit verbunden ist? Es ist eine ernste Frage an euch, die besonders in dieser Zeit wichtig ist, da es viele Herodesse gibt, welche Mir nachstellen, und Mich zu vertilgen suchen. Überall sind Anstalten dazu getroffen, Meine Lehre, Meine Liebe, den Glauben an Mich als eine Fabel zu erklären, damit der Unglaube und seine Tyrannei die Herrschaft behalten sollen. Leider muss man sagen „behalten", denn er hat sie nicht erst zu gewinnen, das Böse hat schon Oberhand gewonnen, wie zur Zeit Meiner leiblichen Geburt, wo alle Lehre so entstellt war, dass es selbst dem Redlichen nicht mehr möglich war, die Wahrheit festzuhalten; und wenn durch Meinen Geist getrieben der bessere Funke noch im Einzelnen erhalten wurde, so war die Finsternis doch zu dicht um sie herum, als dass sie dieselben erhellen konnten.

Also war der geistige Zustand der Menschen (oder vielmehr der Juden, als dem Volke Gottes) dort beschaffen, und ebenso ist es eben jetzt wieder unter der Christenheit. Die Finsternis im Geistigen ist sehr groß, und um sie zu erhellen, muss Ich aufs Neue Selbst das Licht anzünden. Nur diesmal nicht durch ein persönliches Kommen (d.h. vorerst), sondern durch Meinen Geist, welchen Ich in reichem Maße denen geben will, die nach Mir fragen; denn Ich Selbst will ihr Lehrer sein!

Darum haltet stille, merkt auf, wenn Meine Stimme zu euch tönt und euch den Weg zeigt, auf welchem kein Herodes schaden kann. Es ist gesorgt, dass seine Nachstellungen dann vergebens sind; denn die Leuchte ist in euren Herzen selbst aufgestellt, unantastbar für die Verfolger, welche wissen, dass Ich das Licht Selbst bin, das in euch wohnt, und deshalb, wenn sie auch Anspruch auf euch zu machen versuchen, sie doch zurückweichen und im Kampfe unterliegen müssen.

Dort als Kind bin Ich ausgewichen und habe Mich den Verfolgern entzogen, denn diesem ihrem Hasse hätte Ich in solcher Gärung nur ein Gericht entgegensetzen können, um ihn auszutilgen; Mein Zweck aber war, noch viele aus denen, die sich in blindem Eifer dem großen Haufen, oft auch durch ihre Verhältnisse dazu gezwungen anschlossen, und durch Liebe zu retten. So ist es jetzt wieder, um solcher willen muss Ich noch stille halten; denn viele, viele sind angefacht für Mich, aber noch zu schwach für Mich in den Kampf zu treten.

Auch bei euch ist dies der Fall, und Ich muss euch deshalb so führen, dass ihr von außen noch vor starken Angriffen geschützt seid, da eure Kraft zum Siegen noch zu schwach ist, und Ich von Meiner Ordnung nicht abgehen kann, die Menschen durch ihren freien Willen auf Meine Seite zu bringen.

Haltet euch deshalb auch in der Geduld, in der Liebe, in der Ausdauer an Mein Beispiel, geht mit Mir Hand in Hand, ihr habt Mich selbst zu eurem Führer erwählt, so schenket Mir das volle Vertrauen. Wenngleich ihr oft meint ihr wisst es besser als Ich, so werdet ihr, wenn ihr ausharret, doch noch erfahren, dass ein allmächtiger, treu liebender Vater euch geleitet hat! Amen!

90. Am Schlussabend des Jahres

31. Dezember 1878

Liebes Kind! Du bittest um Worte des Dankes für das verflossene Jahr, da du zu schwach dich fühlst, denselben hauptsächlich für die geistigen Segnungen vor Mir auszusprechen. Nun so betet miteinander und für einander also:

„Guter Vater! Der Du uns Unwürdige mit so großer Gnade heimgesucht hast, und uns Deine Worte so klar, so deutlich, so väterlich zufließen lässest, verschmähe unsern schwachen Dank nicht, den wir heute am Schlusse dieses Jahres mehr gedrungen und fühlen Dir darzubringen, als sonst, wo stets wieder Lauheit eintritt; lasse Du nicht ab Deine Kinder immer wieder aufs Neue zu stärken und zu beleben, und erweitere unsern Geschwisterkreis; wir wollen uns freuen über jeden Bruder und jede Schwester, die Deine erbarmende Liebe an Kindesstatt angenommen hat; ja gib noch vielen den hohen Genuss von dem Worte „Vater!" Sei und bleibe unser Vater, wie seither Du es warst, und gib, dass wir mit kindlicher Liebe und festem Vertrauen Dir immer mehr folgen, oh segne alles, was aus Dir hervorgeht, segne Deine Lehre an aller Menschen Herzen, und bereite sie zu, dass sie Dich würdig empfangen, und Du nicht mehr lange zu verziehen genötigt bist, Deinen Thron unter uns aufzuschlagen. Erhöre die Bitte Deiner Gläubigen, wenn sie rufen: „Komm Herr Jesu, komme bald! Amen!" -

So, liebe Kinder, soll die Stimmung eures Herzens sein, wenn ihr euch besonders angeregt fühlt mit Mir zu verkehren, was ein Jahresschluss oder sonst ein feierlicher Akt im Leben bei euch mehr hervorruft.

Kommet nie zu Mir für euch allein, sondern bringet in eurem Anliegen immer etwas mit, das ihr für eure Mitmenschen verlanget, betet recht viel für dieselben.

Es ist solches in dieser Zeit sehr Not; denn nur wenn ihr die brüderliche Liebe recht walten lasst, so ist es Meinen Dienern von Oben möglich, euch mehr zu beeinflussen (das ist, euch Meinen Segen fühlen zu lassen).

Diese Liebe ist ein Kennzeichen mit besonderer Anziehungskraft; denn Liebe zu Mir ist mehr Dankgefühl; aber Liebe zum Nächsten ist mehr Meiner göttlichen Liebe näher, welche stets uneigennützig liebt, und deren Triebfeder ist, zu beglücken.

Ihr fühlt euch dann glücklich, weil ihr Meine Nähe fühlt, darum führet eure Mitmenschen gleichfalls zu Mir, und wenn ihr Mich darum bittet, so will Ich ihnen entgegeneilen; deswegen ist Mir die liebste Danksagung von euch Fürbitte und Nächstenliebe; tretet mit diesem Vorsatz ins neue Jahr, und Ich will Meinen Segen zu euren Wünschen geben. Euer Vater. Amen!

91. Mein Name ist

1. Januar 1879

Meine lieben Kinder! Mein Name ist: Wunderbar, Rat, Kraft, Held, Ewig-Vater, Friedefürst! Seither ist er auch wunderbar geblieben; aber nur gar wenige Christen wissen ihn auszulegen, weil sie die Kraft und Bedeutung desselben an sich noch nicht erfahren haben.

Der Glaube an Mich, welcher von den Menschen durch die Lehrer verlangt wird, ist ein Zwangsglaube, sie können ihn nicht mehr mit dem Verstande noch mit dem Herzen erfassen, er beruht zu viel auf der Geschichte.

Es heißt in der Heiligen Schrift: „Rat“, „Kraft“, „Held“, haltet euch an diese Worte, holet bei Mir in eurem Unglauben oder Glaubensschwäche Rat, Kraft und ihr werdet inne werden, wie Ich Mich bei euch als Held und Sieger bezeugen werde, und so alles in Erfüllung geht, was in diesen prophetischen Worten ausgesprochen ist.

„Vater!“ ist das Wort, welches alles in sich trägt, Meine Liebe, Mein ganzes Wesen, Meine ganze Beziehung zu euch. Aber ihr sollt auch darinnen euren Standpunkt Mir gegenüber erkennen. Als „Kinder“ ist es eure Pflicht, euer ganzes Vertrauen in Mich zu setzen, einen Rat von Mir anzunehmen, wohl wissend, dass eure ganze Kraft auf Meinem Hinzutun beruht. Als „Kinder“ dürft ihr Mir auch keine Unehre machen, dadurch, dass ihr gleichgültig gegen Meine Anordnungen seid, sondern euer Tun und Lassen soll eure Abkunft und eure Verbindung mit Mir bezeugen.

Tretet daher als wahre Kinder von Mir in dieses neue Jahr, die sich auf ihren Vater, Dessen Kraft und Macht euch bekannt ist, verlassen, und Ich will Mich gleichfalls als Vater an euch bezeugen; so könnt ihr getrost der Zukunft entgegensehen. Amen!

92. Selig sind, die da hungert und dürstet nach der Gerechtigkeit, denn sie sollen satt werden!

(Mt. 5,6)   5. Januar 1879

Meine lieben Kinder! Diese Worte will Ich euch näher erklären, denn viele Menschen meinen, sie seien gerecht, so sie niemand beschuldigen kann, etwas Unrechtes (im bürgerlichen Sinne) geredet oder gehandelt zu haben, und zwar insoweit man es nach außen beurteilen kann. Aber zu der Gerechtigkeit, welche beseligt, gehört ein weit feineres Gefühl.

Es soll euch hungern danach, ihr sollt sie mit Sehnsucht in eurem Inneren verlangen, ihr sollt Mich bitten euch zu helfen, dass ihr gerecht denken und urteilen lernet; denn nur wenn ihr gerecht seid, könnt ihr wahre Liebe üben; aber nicht immer beruht die Liebe auf Wohltun, es gibt auch Fälle, wo sie sogar Strenge verlangt (Liebe mit Ernst und Weisheit).

Darum ist die Gerechtigkeit so nötig, damit einem jedem das gegeben werden kann, was zu seinem ewigen Wohle dient. Denn Ich rede mit euch von der göttlichen Liebe und Gerechtigkeit, die immer nur sucht dauernd und ewig, also wahrhaft zu beglücken.

Diese Gerechtigkeit muss oft viel leiden, und ist deshalb gleichfalls eine Eigenschaft, welche durch Kampf errungen werden muss, indem sie mit Hintansetzung des eigenen Ichs oft etwas zu beurteilen hat. Gerade dann ist sie göttlicher Natur, weil sie uneigennützig auftritt, und der Grund - andere zu beglücken, statt sie zu richten - in ihr vorwaltet.

Auch Ich, euer Vater, bin in der Gerechtigkeit am meisten verkannt, weil die Menschen nur noch äußerlich sind, und äußerlich (kurzsichtig) deshalb alles auffassen, was in Meiner Regierung vorkommt. Sie wollen nur noch einen solchen Gott der Liebe, Der (gleich einer schwachen Mutter) alle ihre Begierden und Wünsche befriedigt; aber gegen ihr Seelenheil sind sie gleichgültig. Daher muss Ich Mir den bittersten Spott und Hohn heute noch gefallen lassen, wie zur Zeit Meines Erdenwandels, um Seelen zu retten; und auch allen, welche auf Meine Seite getreten sind, kann Ich keine bessere Lage versprechen, als dass sie um der göttlichen Gerechtigkeit und Liebe willen nach Meinem Beispiele tragen, dulden, lieben, absehen vom Sichtbaren aufs Unsichtbare, und also hungern nach der Gerechtigkeit. Amen!

93. Es ist in keinem anderen das Heil den Menschen erschienen, als in dem Namen Jesus!

(Apg. 4,12)   12. Januar 1879

Liebe Kinder! Dieser Name bezeichnet Meine Menschwerdung, nur durch diese war es noch möglich, die Menschen wieder zu dem herrlichen Ziele zurückzuführen, zu dem Ich sie erschuf, nämlich - zu Meinen Kindern, welche mit Mir als ihrem Vater verkehren, und nach Meinem Willen leben sollen!

Nachdem Ich ihnen den freien Willen geben musste, um ein getreues Abbild von Mir herzustellen, missbrauchten sie denselben auf alle Weise, so dass nur noch eine kleine Spur ihrer eigentlichen Abstammung zu entdecken war, und auch dies nur bei wenigen, die anderen waren durch die Sünde entstellt und entstellten daher auch Mich als ihren Gott.

So kam es, dass nur eine äußere Anschauung bei ihnen noch geltend war, daher die Götzenbilder bei den Heiden. Ihr Inneres ahnte noch eine Gottheit, aber es konnte sie nicht mehr im Geiste erfassen. Nur als Mensch konnte Ich (durch Mein Wort und Meine Lehre) ihnen wieder richtigere Begriffe beibringen, und das Heil verkünden.

Der Name Jesus ist also der Kanal, durch welchen die ewige Liebe euch zufließt. Ohne diesen Kanal würden die Menschen wenig mehr von geistigen Gütern gewinnen. Doch kann derselbe für die Menschen keinen Wert haben, wenn sie ihn nicht als die Umhüllung der ewigen Liebe betrachten, und zwar als mit derselben unzertrennlich verbunden. Wie aber die Liebe durch diesen Kanal ausströmt, so erfordert sie auch ein Aufnahmegefäß, und dies soll euer Herz sein.

Dieses soll deshalb zuerst aufnehmen die Liebe und nach Meinem Ebenbilde soll diese wahre Liebe wieder durch euch ausströmen. Denn Ich habe euch ganz nach demselben erschaffen, und euren Geist, der von Mir ausgeht, mit der gleichen Hülle, wie Ich sie trug, umgeben (wie auch ihr sie als Erdenmenschen traget), um euch klar zu machen, welche Fähigkeiten in euch gelegt sind, so ihr euren freien Willen als Pfand eurer Liebe Mir zurückgebet und eure Ausbildung nach Meinem Willen einrichtet. Dann könnt ihr wieder auf die Stufe kommen durch Mich, Jesus, das wahre Heil zu erlangen, welches geistig beglückt.

Bedenkt, dass der Kanal eine notwendige Form ist, und dass der Inhalt in demselben, der Geist das Wesen ausmacht. Darum soll auch eure Sorge sein, den Leib dem Geiste anzupassen, anstatt den Leib nicht nach seiner wahren Bestimmung zu gebrauchen, d.h. als Werkzeug, dem Geiste zu dienen, damit derselbe immer mehr seinem göttlichen Vater ähnlich werde, um einst im Jenseits eingereiht werden zu können zu den Kindern des Lichts. Amen!

94. Wer an Mich glaubt, wird selig werden!

19. Januar 1879

Meine lieben Kinder! Dies sind Meine eigenen Worte, Worte eines wahrhaftigen Vaters, der in Seiner großen Erbarmung immer mehr gibt, als Er in Seinen Versprechungen verheißen hat. Oh, darum glaubet Demselben! Denn in diesem freudigen Hoffen liegt schon ein großer Teil Seligkeit, und dieses Hoffen treibt euch an, die Bedingungen einzugehen, welche damit verbunden sind, um selig zu werden.

Dieser beseligende Glaube besteht aus drei wichtigen Hauptpunkten, welche sind: dass ihr Mein Wesen, so wie es durch Meine Worte erklärt wurde, anerkennet. Wenn solches der Fall ist und ihr danach tut, so könnt ihr nicht mehr zweifeln an den Verheißungen, welche an euch erfüllt werden sollen, wenn ihr den Gehorsam damit verbindet, welchen ihr Mir nach der Überzeugung von Meiner Liebe, Gerechtigkeit, Wahrhaftigkeit und Allmacht schuldig seid.

Ihr müsst aber auch eurer eigenen (göttlichen) Abstammung fest versichert sein, ihr müsst glauben, dass Ich, als Vater in euch als Meine Kinder die Fähigkeit gelegt habe, Mir ähnlich werden zu können in allen Meinen göttlichen Eigenschaften, und dass dieses schon hier auf Erden seinen Anfang nehmen muss.

Euer ganzes Wesen, euer Körperbau, eure Seele, euer Geist ist dazu eingerichtet, euer Körper ist das Organ, womit ihr eurer Umgebung dienen könnt, und zugleich der Berichterstatter der Seele, welche, durch den Geist unterstützt, wählt oder will. In diesem Punkte liegt das Geheimnis des freien Willens. Der Geist als göttlicher Natur ist zum Geistigen hingeneigt, darf aber nur beeinflussen, nicht zwingen. Der eigentliche Mensch ist Seele und Leib, und des Geistes Aufgabe ist es, diese beiden für sich zu gewinnen, d.h. sie zur Vergeistigung zu bringen. Dadurch entsteht Kampf, weil die Eindrücke der Welt tastbar sind und der Mensch diese vorzieht.

Durch den Sinnengenuss oder Sündenfall wurde der Verkehr mit Mir unterbrochen. Ich ward jetzt ein gefürchteter und unnahbarer Gott, aber Meine Liebe ruhte nicht, Anstalten zu treffen, um diesen innigen Verkehr wieder herzustellen. Deshalb wurde Ich gleichfalls Mensch, und zeigte den Menschen ihren verlorenen Adel, sie (die Liebe) wurde Vertreterin für die Menschheit, und bat (Meiner Heiligkeit und Gerechtigkeit gegenüber) Meinen göttlichen Einfluss bei den Menschen zu verstärken, und Ich ließ Mich bewegen Meinen Heiligen Geist auszugießen, und ihn denen in reichem Maße zu geben, welche ihre Stellung Mir gegenüber wiedererkannten.

Es war darüber auch große Freude im Himmel, weil nun den Engeln erlaubt wurde, von ihrem Einfluss bei den Menschen mehr Gebrauch zu machen, damit so dem Geiste im Menschen es eher möglich werde, Seele und Leib zu vergeistigen, indem die Seele nach dem Einflusse des Geistes sich bildet und nicht nach den Eindrücken von außen. Letzteres heißt „natürlich"; ersterer Standpunkt heißt „wiedergeboren!"

Zuerst seid ihr ins Fleisch geboren; aber dann sollt ihr vergeistigt werden, d.h. eure Wahl oder euer Wille soll sich von den Einflüsterungen Meines Geistes bestimmen lassen. Zu diesem Zwecke hat Meine erbarmende Liebe euch alle Mittel an die Hand gegeben, als Wort, Lehre und Tat oder Beispiel; eure ganze Ausstattung ist dazu befähigt, dem nachzukommen.

Jesus hat euch dessen überwiesen, und solches durch Seine Auferstehung bestätigt; Er hat euch gezeigt, dass der Mensch bestimmt ist, Geist, Seele und Leib emporzutragen in die Wohnungen des Vaters, was ihm auch gelingt, wenn er schon im irdischen Leben entschieden auf des Vaters Seite tritt, und im Kampfe zwischen geistigem und natürlichem Wollen - Seine erbarmende Liebe um Hilfe anfleht!

Darum glaubet an Mich, als euren Gott und Vater, erschienen in Jesu, euch selig zu machen und zu beglücken, hier zeitlich und dort ewig!

Ich habe euch Mein Wesen kundgetan, erforschet nun auch euer eigenes Ich und seine Anlagen, und wenn ihr es erkennet, dann wird euch die Wahl (des Guten) nicht schwer werden, damit euer Geist die Oberhand gewinne, oder der Vater in euch! Amen!

95. Zur Selbsterkenntnis

„Ohne Mich könnt ihr nichts tun!"

(Joh. 15,5) 26. Januar 1879

Liebe Kinder! Heute will Ich euch dasjenige geben, was euch nottut, um im täglichen Leben und im Verkehre mit euren Nächsten das Richtige zu treffen.

Glaubet nicht, dass ihr es in der Liebe besser machen könnt als Ich. Wenn ihr euch vornehmet, jedermann mit gleicher Liebe zu behandeln, so werdet ihr bald finden, wie die Weisheit unentbehrlich ist, um wahre Liebe zu üben.

Die göttliche Liebe hat immer im Auge jedem ein ewiges Wohl zuzuteilen, ist aber wegen Respektierung des freien Willens des Menschen oftmals daran verhindert, dasselbe durch Mittel, welche zugleich der menschlichen Natur zusagen, auszuführen, und muss daher oft auch Leiden und Beschwerden aller Art anwenden, um den Menschen auf die geistigen Güter aufmerksam zu machen, welche die ewige Liebe für ihn bestimmt hat, so er dieselben anerkennt, und somit ein bleibendes Wohlsein ihm dadurch zuteilwird.

Um euch über die wahrhafte Liebe zu belehren, müsste vieles geschrieben werden; denn jeder Fall oder jedes Vorkommnis hat seine besonderen Eigentümlichkeiten. Darum rate Ich euch, zuerst eure Eigenliebe zu entfernen, und nur gegen euch selbst misstrauisch zu sein, statt gegen andere, und Mich anzurufen, wenn ihr euch selbst prüfen wollt.

Ist euer Anliegen einem redlichen Herzen entsprossen, so will Ich euer Eigenwesen beleuchten, und ihr werdet dann das Richtige auch für andere herausfinden. Ich will euch Weisheit in Fülle geben, damit ihr als Meine Werkzeuge dem Nächsten zu seinem ewigen Wohle beitragen könnt, was wieder zurückwirkend eure eigene Seligkeit erhöht, so ihr diese Gnade in wahrer Demut erkennet.

Äußere Formen und Gesetze braucht es dann nicht; denn „die Liebe ist die beste Lehrerin", wie es schon in einem Sprichworte heißt, was sich auch in den verschiedenen Verhältnissen des Lebens bestätigt, wie z.b. an Mutter und Kind, wo freilich es wiederum Meine Fürsorge ist, dass die Liebe in reichem Maße vertreten und das Kind von einer Sphäre der Liebe umgeben ist. Daher auch ein Mensch, welcher Liebe besitzt, sich von Kindern angezogen und gehoben fühlt, und bei heftigen Menschen kann man es öfters sehen, wie schnell sie beim Anblick eines Kindes beruhigt werden. Eben diese Liebessphäre ist es, welche ihnen wohltut, da ihre Heftigkeit oft bloß ein Übermaß von Eifer ist.

Darum haltet euch an Mich, ehe ihr richtet und handelt, und bittet, dass Ich eure Liebe mit Weisheit verbinden möge, gedenkt an Meine Worte: „Ohne Mich könnt ihr nichts tun?" (Joh. 15,5) nicht einmal wahrhaft lieben; darum will Ich Mein Gesetz in euer Herz schreiben, welches nie veralten wird: „Liebe deinen Nächsten wie dich selbst" (3. Mos. 19,18), d.h. „strebst du hier ein Kind Gottes zu werden, so hilf deinem Nächsten gleichfalls dazu, nämlich auf dem Wege, welchen Ich dir als Vater im Inneren anzeigen will." Amen!

96. Leset in der Schrift!

(Röm. 8) 2. Februar 1879

Liebe Kinder! Heute soll euch das 8. Kapitel, welches Paulus an die Römer geschrieben hat, vorgelegt werden; denn nachdem Ich euch schon so vieles in die Feder diktiert habe, so sollt ihr beim Lesen eines solchen Kapitels mit dem wahren Verständnis desselben gesegnet werden, denn der geistige Sinn ist es, welcher euer Herz erquicken soll.

Darum leset viel in Meinem Worte (der Bibel usw.), und der Heilige Geist wird euch zu Hilfe kommen, und euch in alle Wahrheit leiten, welche euch frei machen wird von dem Bangen des strafenden Richters, denn ihr werdet Meinen Heilsplan und Meine Liebe immer mehr erkennen, auch in den dort angeführten Aussprüchen, wo immer ein väterlich liebewarmes Herz mit verbunden ist.

Diese Aussprüche Meines Liebegeistes rufen dann wieder Liebe und in der Folge Grundsätze hervor, welche euch frei machen von dem Mussgesetze, da solche es in lauter Liebesanordnungen verwandeln!

Gerade Paulus musste diese Worte niederschreiben, weil er die Umwandlung des Gesetzes in die Liebelehre am meisten an sich erfahren hatte, und in einer Überfülle von Wonne und Freiheit des Geistes sich nun rühmen konnte, und die Stellung zwischen Mir und Meinen strebsamen Kindern genau wusste, wie das Fleisch dem Geiste dienstbar gemacht werden muss. Prüfet an euch, was Paulus in diesen Worten bezeichnet hat; Ich will euch Selbst dazu helfen (zum richtigen Erkennen), und versichere euch, dass Meine Liebe seither nicht abgenommen hat, sondern stets bereit ist, auch euch gleich einem Paulus auszustatten mit Erkenntnis, Mut und Kraft, so ihr euch gänzlich zu Mir wendet. Amen!

97. Wachet und betet!
oder bleibet in der Demut und übet Liebe!

9. Februar 1897[9]

Liebe Kinder! „Wachet und betet!" Diese Worte sind von großer Wichtigkeit für euch, wo ringsum der Fürst der Finsternis lauert, besonders auch euch das Gnadenlicht auszulöschen, in einer feinen Weise, die Ich euch nun bezeichnen will. Es ist die Überhebung gegen andere in verschiedener Art, z.B. wenn ihr einsehet, wie viel ihr in der Erkenntnis von Mir und Meinem Wesen voraushabt gegen andere, so könnt ihr euch freuen darüber, aber ehe ihr es ahnet, beschleicht euch da eine Eigenliebe.

Statt dass ihr in wahrer Demut es als ein Gnadengeschenk erkennet, und Mir dafür danket, wollt ihr damit prahlen, als wäre es euer Verdienst und Eigentum!

Ebenso geht es mit der Liebe; wie bald vergesset ihr, dass Ich zu euch gesagt habe: „Ohne Mich könnt ihr nichts tun" (Joh. 15,5), darum wachet, damit ihr nie vergesset, dass - wer nicht in Mir bleibt, der kann auch nicht in der Liebe bleiben. Denn die Liebe ist eine Gabe von Mir, welche Ich jedem anbiete, und denen gebe, welche zu Mir kommen und darum bitten. Darum kommet her und bittet, damit Ich euch ausrüste mit derselben gegen die listigen Anläufe des Satans, welche da sind: Zorn, Hass, Hochmut und ihr Gefolge.

Die Liebe ist die einzige Waffe gegen dieselben; darum betet um mehr Liebe zu euren Mitmenschen, damit ihr sie immer mehr mit Geduld und Nachsicht zu behandeln lernet, und bittet auch, dass Ich sie mit Liebe ausstatten möge.

Oh liebe Kinder! Wachet und betet! Die Gefahr ist groß, in welcher Meine Kinder derzeit schweben; sie merken nicht wie fein der Satan es anlegt bei ihnen. Darum sage Ich es nochmals, die Überhebung ist der Fallstrick; statt erbarmende Liebe zu üben, ziehen sie sich zurück, und wollen bei Mir Gehör finden, wenn sie über die Ungerechtigkeiten ihrer Mitmenschen klagen.

Sie vergessen dabei, dass Ich der Allwissende bin, und schon längst dieses Verderben kenne; aber eben darum auf wahre Kinder warte, welche bittend zu Mir kommen, dass Ich sie mit Liebe ausrüste, um ihre Mitmenschen, welche ja gleichfalls von Mir erschaffen sind, wieder in Meine Vaterarme zurückzuführen.

Habe Ich doch Selbst kein anderes Mittel als die Liebe angewendet, um die Menschen zu retten, ja eine Liebe, die den größten Verleugnungsweg auf sich genommen hat. Darum kann Ich Meinen Kindern auch nichts anderes anbieten als Liebe; denn nur der Liebe ist der Sieg verliehen, die Liebe besiegt einzelne Herzen; aber sie ist auch bestimmt die ganze Erde zu verwandeln.

Dies ist dem Fürsten der Finsternis wohl bekannt, darum er am meisten darauf hinwirkt, die Liebe auf allerlei Art zu schmälern, sowohl gegen Mich, als gegen eure Mitmenschen, und sucht dagegen überall Herrschsucht zu verbreiten, welche nicht in der Liebe ist, oder Eigenliebe, welche gleichfalls der göttlichen Liebe widerspricht. Dazu gehört auch überall ein liebloses Urteilen und Richten über „die böse Zeit".

Schlaget an eure eigene Brust, und prüft, wie viel auch ihr zu dieser bösen Zeit beigetragen, und wie weit die Entfernung zwischen Mir und euch sein wollenden Kindern noch ist. Leget dabei den Maßstab der Liebe an, bedenkt wie weit eure Geduld, Demut und Sanftmut gegen euren Mitmenschen reicht, und erwäget was Ich an euch tue!

Darum rufe Ich euch zu: „Wachet!" weil Ich keine Kinder brauchen kann, welche schlaftrunken an dem Damme gegen die Macht des Verderbens mitbauen wollen, und wenn ihr euch da zu schwach fühlt, oh so betet! Ja - wachet und betet! Denn ihr wisst nicht wann der Herr des Hauses kommt. Aber wer der Herr ist, das wisst ihr, und auch das, dass Er gewiss kommt! Wohl euch, wenn ihr Mir entgegenkommen könnt als Kinder, die sich nie entfremdet haben, sondern durch Wachen und Beten sich der Liebe teilhaftig machten, welche sie berechtigt Mich Vater zu nennen. Amen!

98. Die Stürme der Zeit oder Vertrauen und Hingebung

16. Februar 1879

Liebe Kinder! Immer näher rückt die Zeit, wo Ich auf eurer kleinen Erde mit Meinem starken Arm eingreifen will, Mir Bahn zu brechen, um auf derselben Meine Herrschaft aufzuschlagen, und ewig als Vater und Regent mit den Menschen zu verkehren; und zwar mit jeder Seele selbst. Bei Meiner Wiederkunft soll Geist zu Geist reden. Euer Geist ist es ja, welcher von Mir ausgeht; darum seid ihr geistige Abkömmlinge von Mir und sollt wiederum vergeistigt werden, und durch euch alle Kreatur!

Wie aber in der Natur, ehe der Frühling kommt, welcher die Sprossen zu neuer Belebung der Pflanzen hervorruft, viele Stürme vorangehen, und oft auch Erderschütterungen vorkommen, so ist es ebenfalls im geistigen Gebiete, ehe da der Frühling anbricht. Es werden noch viele Stürme und Gerichte hervorgehen, welche das Erdreich oder die menschlichen Herzen auflockern, um sie empfänglich und fruchtbar zu machen für höhere Einflüsse. Daher so viele Gerichte im Anzuge sind; denn Ich muss eilen, damit der Verderber in seiner ihm zugelassenen Ungebundenheit nicht auch noch Meine Kinder sich zur Beute macht.

Oh liebe Kinder! Darum muss Ich so ernst euch zurufen zu wachen und zu beten! Ganz besonders legt er es mit List an, euch zu bestricken auf alle Weise, so dass Ich genötigt bin, auch im Äußeren eure Verhältnisse so einzurichten, dass ihr notgedrungen seid an Mich euch zu halten. Ich muss darum oft im Äußeren euch etwas entziehen, was hindernd zwischen Mir und euch in dieser Zeit wäre, wo ihr immer fester und näher bei Mir sein müsst, wenn euch der Strom des Verderbens und der Verführung nicht mit fortreißen soll.

Wie ängstlich seid ihr oft beim Ausblicke für euer äußeres Fortkommen, welches in dieser Zeit so unsicher ist, wo Armut, Betrug und Empörung im höchsten Grade auszubrechen drohen. Mit Recht darf es euch da bange sein; aber Ich frage: Wie steht es bei euch mit der Sorge um euer geistiges Fortkommen? Erkennet ihr auch diese Gefahr, welche in verschiedener Art euch droht, und euch oft mehr von Mir entfernt, als zu Mir hintreibt? Ihr wollt euch da oft selbst Hilfe schaffen durch euren Verstand, und seht nicht ein, wie ihr gerade dadurch euch verwickelt in unnötige Sorgen, in Habsucht und Unzufriedenheit gegen Mich, und so nach und nach vom geistigen Gut verlieret, so dass wenn ihr nicht streng wachet und im Gebet euch Waffen anschaffet, ihr, ehe ihr es glaubet, an dem allgemeinen Weltgetriebe euch beteiligt und eure geistige Würde hinaussetzet.

Darum geht fleißig ins Kämmerlein eures Herzens, und schließet die Türe (gegen die Außenwelt) zu, dass nicht etwas eindringe, das Meine Stimme in euch erstickt. Merket auf Mein Wort in dieser Zeit, Ich will als Vater euch trösten und behüten, ihr sollt euch vor Mir nicht fürchten als vor einem Richter, sondern die Notwendigkeit solcher Ereignisse begreifen, da ihr in Mein Wesen und Meine heilige Ordnung eingeweiht seid. Nur im Glauben und in der Liebe zu Mir ist es noch möglich eine Zufluchtsstätte zu finden, wo das innere Leben nicht untergeht.

Durch die Gerichte werde Ich immer noch mehr als ein unbarmherziger Gott verschrien werden und selbst Meine Kinder werden in Fälle kommen, wo sie Meine Liebe bezweifeln. Ich sage euch solches zum Voraus. Deshalb untersucht eure Rüstung, ob sie genügend ist in den Kampf zu treten gegen das Toben des Feindes, welches immer größer wird. Der Kampf kann auch euch nicht erspart werden; aber so ihr Mir treu bleibet, will

Ich Meine Stärke an euch beweisen, und euch den Sieg verleihen!

Es ist Zeit, das Maß des Verderbens ist voll und Ich muss einschreiten, wenn Mir noch Kinder sollen erhalten bleiben. Meine Liebe lässt sich nicht mehr abhalten mit Macht um dieselben zu werben. Daher könnt ihr euch freuen, dass Ich bei euch bin in der Liebe, aber auch mit Macht, welche Ich nun denen beweisen will, die nicht nach Mir fragen. Sie sollen erfahren, dass sie Meinen Reichsplan nicht ändern können. Darum wachet und betet - für euch und andere! Euer treuer Vater. Amen!

99. Höret auf die innere Stimme, beim Andrang finsterer Mächte

23. Februar 1879

Liebe Kinder! Merket auf Mein Wort, das euch als sanfte Warnstimme zutönt, um euch aufmerksam zu machen auf den Andrang finsterer Mächte, denen eine große Macht geboten ist, weil die meisten Menschen ihren freien Willen nicht als eine große Liebesgabe von Mir zu schätzen wissen, sondern vielmehr Mir den Vorwurf machen, dass Ich sie nicht gleich von Anfang an gut geschaffen hätte. Sie kämpfen nicht gegen ihre Leidenschaften, sondern wie das Unkraut lassen sie dieselben ihren Herzensacker überwuchern, wodurch das Samenkorn des göttlichen Funkens erstickt wird. Da dieser göttliche Funken in ihnen weder für sie selbst, noch für ihre Mitmenschen erkennbar ist, so fühlen sie sich nicht zur Liebe gegen Mich verpflichtet. Wo aber die Liebe ausgetilgt ist, da bin Ich ausgezogen, und die Finsternis hat ihren Sitz aufgeschlagen.

Durch solche Organe ist es dem Satan nun möglich Meinen Kindern stark zuzusetzen. Er reizt sie auf alle mögliche Art, um Zorn und Hass hervorzurufen und somit sein Gepräge ihnen aufzudrücken.

Darum, Meine lieben Kinder, wachet! In solchen Fällen ist die beste Waffe die Liebe. Zeigt ihm diese Urkunde, er wird sie als von Mir ausgestellt erkennen und weichen.

Obschon in jetziger Zeit seine Bosheit groß ist und viel Schaden anrichtet, so fehlt aber auch die Liebe nicht, um denselben wieder gutzumachen. Denn überall, wo ein Unglück oder ein

Gericht vorkommt, sende Ich Meine Kinder, dass sie es durch Liebe wiedergutmachen. Nur eines ist, warum Ich noch verziehe mit ernsteren Gerichten: Die Liebe hat bei Meinen Kindern noch nicht den Grad erreicht, dass sie in Gemeinschaft miteinander gegen den Feind kämpfen; darum benützt derselbe immer noch die Zersplitterung Meiner Kinder.

Oh liebe Kinder, euch möchte Ich besonders verpflichten eure Liebe auf alle Glaubensparteien auszudehnen, und durch Liebe sie zu belehren, dass ihr in eurem Herzen einen Vater verehret, Der nur Liebe gebietet, und durch dieselbe alle Macht in euch legt, welche nötig ist, Herzen zu besiegen und sie für Ihn zu gewinnen.

Die jetzige Zeit ist ganz günstig für diejenigen, welche wahre Kinder von Mir werden wollen, sie können alles lernen, Liebe, Langmut, Geduld, Erbarmen, Verzeihen, Wohltun, und sollen demütig werden beim Gefühle, wie es ihnen noch so sehr an diesen göttlichen Eigenschaften fehlt, während sie doch die Fähigkeit haben, dieselben in sich zu entwickeln.

Darum wiederhole Ich den Ruf: Liebe Kinder, wachet! Betrachtet mit offenen Augen das große Arbeitsfeld und übersehet nicht im täglichen Leben eure große Aufgabe, Mich als euren Vater zu repräsentieren. Der sich bewogen gefühlt hat euch durch Sein eigenes Beispiel auf Erden zu zeigen, wozu der Mensch berufen ist.

Gleich wie Ich allen Menschen mit Liebe nachging, um sie ins Vaterhaus zurückzuführen, und so sie ewig zu beglücken, so sollt auch ihr euch als Kinder betrachten, welche jede Arbeit und die damit verbundenen Beschwerden willig auf sich nehmen, um eine Seele mit dem Vater zu vereinen.

Ich lasse alle Meine Kinder teilnehmen am großen Versöhnungswerke, nur müssen sie die gleiche Ordnung einhalten, welche auf Liebe und Demut sich gründet. Die Zeit, wo „ein Hirt und eine Herde" werden soll, hat angefangen. Laufet ihr dem Hirten nach, so werden noch viele in dieser dürren Zeit sich euch anschließen, wenn sie merken, dass Er euch auf grüne Auen und zu frischen Wassern führt, welche Kraft und Stärke geben, jeden Sturm der Zeit zu ertragen. Amen!

100. Die Furcht der Gottlosen; zeiget ihnen den Vater

Am großen Bußtage, 2. März 1879

Liebe Kinder! Obschon die Mehrheit der Christen nichts mehr von Mir wissen will, so ist doch im Ganzen eine Furcht vor Mir da, welche sie antreibt - zu suchen durch irgendeinen Akt Mich gegen sie gut gesinnt zu erhalten, darum auch von den Priestern diese Anschauung benützt und dem Volke die Buße gepredigt wird, und also Bußtage gefeiert werden.

Ich Selbst benütze diese Gelegenheit, weil viele redliche Seelen oft dabei sind, welche in solchen Zeiten zu Mir kommen und ihre Schwachheit bekennen, und Ich segne mit göttlicher Kraft solche Menschen. Der Einfluss von oben ist ein stärkerer, darum auch ihr an solchen Tagen mit Ernst und Eifer zu Mir kommen sollt, sowohl für euch als für andere.

Setzet euch nicht gleichgültig über solch formelle Weise hinweg, welche nötig ist, die Menschen wieder mehr aufzurütteln. Haltet nur recht an im Inneren um Segen in solchen Tagen, und gebet kein Ärgernis dadurch, dass ihr solche Anordnungen als „äußerlich" bekritteln wollt.

Gerade an solchen Tagen sind die Herzen mehr empfänglich und zugänglich auch für euer Bemühen, wenn ihr euch gedrungen fühlt etwas für Mich zu tun; nur sollt ihr Mich als Vater dabei erkennen, und den Geängstigten das eiserne Joch, welches sie drückt, bei dem Gedanken an Zorn und Strafe, mit Liebe abzunehmen suchen. Wirket dahin, dass die Besserungsmittel, die Ich aus Liebe anwenden muss, als solche begriffen, und nicht als Strafgerichte gehalten werden, durch welche die Menschen sich noch mehr von Mir entfernen.

Es ist die Zeit gekommen, wo ihr euren Mitmenschen zeigen könnt, dass euch nicht bange ist beim Anzuge trauriger Zukunft, sondern dass ihr Meine Wege dabei verstehet und sie zu wandeln bemüht seid, um an das Ziel zu gelangen, zu welchem sie führen sollen.

Zeiget ihnen den ewigen Bestand geistiger Güter, welche beglücken und unentreißbar sind, machet sie aufmerksam, dass Ich Selbst bald kommen werde, und schon vor der Türe ihres Herzens warte, um Wohnung bei ihnen zu nehmen. Bedenkt aber auch ihr dabei, dass ein Glücklicher im Äußeren einen Unglücklichen im Äußeren nicht gut durch Worte allein trösten kann. Darum greifet so viel es euch möglich ist zur Tat, zur Abhilfe, und wenn euch dieses durch eure eigene Ohnmacht nicht möglich ist, so wisst, dass eure Ergebung es ist, welche einem gleichfalls Bedrängten zum guten Beispiele dienen muss.

Lasset euch nicht beirren, als ob ihr in dieser Zeit keine Aufgabe hättet, denn Ich gebe sie jedem nach seinem Standpunkte, weil Ich euch am besten kenne. Ihr meint freilich in eurem blinden Eifer mehr tun zu können; doch gedenkt dabei an Meinen Jünger Petrus, wie auch er nur durch Meinen Gnadenblick ein tüchtiges Werkzeug für Mein Reich wurde, nachdem er es vorher erfahren musste, dass ein geringes Ereignis ihm eine Niederlage bereiten konnte.

Darum liebe Kinder, haltet stille zu Mir, merkt aufmerksam auf alles was um euch her vorgeht. Ich will mit euch Rat halten, und eure Fürsprache annehmen, welche die brüderliche Liebe in euch bewirkt. Wartet auf keinen größeren Posten, als den ihr dadurch schon erlangt habt und teilt so das Los mit eurem getreuen Vater in Jesu. Amen!

101. Seid nüchtern zum Gebet!

9. März 1879

Meine lieben Kinder! Diese Warnung bezieht sich weniger auf euer äußeres Benehmen, da es jedem Menschen klar sein muss, dass wenn er mit einem Gebete zu Mir kommt, er nicht zuvor durch vieles Essen und Trinken sich dazu unfähig machen darf; euch aber sind größere Winke darin gegeben. „Ihr sollt nüchtern sein, wenn ihr bittet" heißt: Ihr sollt das Bedürfnis in euch fühlen von Mir gesättigt zu werden, und eure Wünsche sollen dahin gehen, dass dieselben nach Meinem Willen geordnet werden.

Lernet einsehen wie viel törichtes Zeug ihr oft von Mir verlanget, was euer Verstand ausfindig gemacht hat. Darum seid nüchtern und überlasset es Mir, auf welche Art und Weise Ich euch sättigen oder befriedigen will, ehe ihr euch bemühet Worte für Mich zu finden, um dieselben Mir vorzutragen, damit Ich ein Wohlgefallen daran habe, und Mich zur Erfüllung einer Bitte dadurch eher bewegen lassen solle, wobei ihr immer wieder vergesset, dass Ich der allwissende Vater bin, und schon längst beschlossen habe auch das zu geben, was Ich für gut finde.

Euer Gebet soll eine freudige Überzeugung eures Herzens sein, dass ihr einem Vater angehöret, Der stets mit Liebe eurer gedenkt und für euch sorgt. Zu dieser inneren Überzeugung soll euch jedes Vorkommnis in eurem Leben veranlassen, gleichsam im Stillen zu sagen: „Vater, es ist von Dir". Jede Freude, jede neue Entdeckung, jede Betrachtung der Natur, jede Wohltat, die der Leib genießt, sowohl durch seine Einrichtung, als durch die Mittel, die ihm zur Erhaltung geboten sind, sollen diese innere Freudigkeit erhöhen, und dann ist der Ausdruck solcher Gefühle im Worte eine Wohltat für euch, wodurch ihr eurem Herzen, wie ihr selbst sagt, Luft macht, und das überfüllte Maß desselben zuerst vor Mir ausschüttet, und in gewissen Fällen auch anderen mitteilet.

Ebenso auch in den entgegengesetzten Vorkommnissen als: in Leiden, Krankheiten, Verlusten, schmerzlichen Enttäuschungen, sollt ihr wiederum erkennen, dass euer Vater nur Liebespläne darunter verborgen hat, und das Wort „Vater" in seiner ganzen Bedeutung, als göttlicher himmlischer Vater, Dessen Wesen ihr kennengelernt habt, soweit es euch Menschenkindern zu erfassen möglich ist, soll euch ermuntern, auch da mit gleicher Liebe, und gleichem Vertrauen zu Mir aufzublicken, als wie zur Zeit, wo ihr mehr Dankgefühl in euch habt. Lasset also nicht ab auch in der Zeit solch schwerer Aufgabenzeit fest auf euren Vater zu bauen. Denn ihr wisst, Er hat Liebe, Weisheit und Macht genug euch beizustehen, dass ihr dieselben mit großem Gewinn für euch durchmachen könnt.

Darum seid nüchtern! Seufzet Mir nicht allerlei Wünsche und Pläne vor, sondern räumet dieselben weg, und wartet in Geduld und freudigem Vertrauen ab, welche Speise Ich wähle, um euer hungerndes Verlangen nach Mir zu stillen; dieses Verlangen ist die wahre Nüchternheit, welche zum Gebet gehört, welches Ich nicht unerhört lasse, sondern wozu Ich Kraft und Macht verleihe, dass ihr eure Wünsche und euer inneres Anliegen Meinem Willen unterordnen könnt. Amen!

102. Zur Fastenzeit

16. März 1879

Liebe Kinder! Die Fastenzeit, welche bei den Christen jedes Jahr gefeiert wird, soll das Bedürfnis noch besonders hervorrufen mit Mir zu verkehren. Das Andenken an Meine letzte Lebenszeit soll euch jetzt mehr beschäftigen. Bei den ersten Christen war dies der Fall. Jeder Tag brachte eine besondere Erinnerung für diejenigen, welche noch persönlich mit Mir im Verkehre waren. Ich segnete ihnen diese Erinnerungen, welche aus großer Liebe zu Mir hervorgingen ganz besonders. Es wurde ihnen der geistige Sinn Meiner Worte und Taten immer mehr aufgedeckt, und ihre Verbindung mit Mir wurde eine innigere. So wussten sie alles hintenanzusetzen, weil sie Meine große Erniedrigung als Vorbild nahmen, und so konnten sie die schweren Verfolgungen, welche über sie hereinbrachen, mit ausgerüsteter Geisteskraft ertragen.

Auch euch ihr Lieben ist kundgetan, worin Meine Segnungen bestehen; dieselben können nicht immer angenehme Verhältnisse schaffen, sondern sind oft mehr geeignet, die Mittel die Ich anwende, euch zu Mir zu ziehen, wirksam zu machen, so dass ihr erkennet, dass sie von Mir ausgehen, und deshalb ihr dieselben als Gnadenmittel dankbar annehmet.

Wenn die Nächstenliebe und die Liebe zu Mir das rechte Maß bei einem Menschen erlangt hätten, so könnte er ohne solche Mittel zum wahren Ziele gelangen. Aber so ist die Versunkenheit zu groß und die Entfernung von Mir im Ganzen zu weit, als dass der Mensch noch seine wahre Bestimmung erkennt. Ich muss deshalb einem jeden einzeln nachgehen und starke Mahnrufe an ihn ergehen lassen, durch Leiden aller Art. Denn wenn er Mich auch sucht, so ist weltliches Glück zumeist ihm eher hinderlich zu Mir zu halten, während eine hilfsbedürftige Lage, wo er von seiner Schwäche sich selbst zu helfen, mehr überzeugt ist, eher förderlich wirkt. Nirgends habe Ich Kinder, welche aus ganz uneigennütziger Liebe zu Mir halten. Mein Ich ist für sie keine Triebfeder mehr, sondern nur mehr als ein helfender Gott werde Ich noch geduldet, nicht aber als liebender Vater anerkannt!

Daher auch die Fastnachtzeit in eine Gräuelzeit verwandelt worden ist, wo alles tolle Treiben seinen höchsten Grad erreicht hat, und Ich fasten muss, weil die Menschen keine Liebe mehr Mir darbringen. Ach, wie wenige sind es, die im stillen Kämmerlein zu Mir kommen und ihre Teilnahme bezeugen, wenn Mir das Vaterherz blutet!

Ich habe Menschen geschaffen zu Meiner Freude nach Meinem Bilde, und sie wählen selbst Narren zu sein mit Ochsen- und Eselsköpfen. Sie gehen in ihrer Tollheit an ihren Mitmenschen vorüber, die mit hungerndem Magen nach ihnen sehen, und nachher mit Murren und bitteren Vorwürfen zu Mir kommen, weshalb Ich so ungleich austeile, gleichsam als ob Ich jenen närrischen Verirrten aus Meiner Liebe die Mittel zu ihrem tollen Treiben geschenkt hätte!

Was tun Meine Kinder in solcher Zeit? Die meisten fasten dadurch, dass sie denken: „Es ist einmal so, wir können es nicht ändern", anstatt mit Bitte und Fürbitte anzuhalten, damit Ich begehrt werde, und der Fürst der Finsternis seinen tollen Einflüssen Einhalt tun muss.

Höret Kinder eure Aufgabe: „Ein wahres Kind von Mir, mit Meiner Kraft ausgerüstet, kann einen Damm gegen Tausende setzen.

Versenket euch nur in dieser Fastenzeit so recht tief in Mein Leiden, was Ich damals als Ich auf Erden war, um euretwillen erduldete, und ihr werdet finden, wie dasselbe eine Entsprechung mit Meiner jetzigen Leidenszeit in sich birgt, wo ich dem sicheren Tode entgegengehen muss; denn alles ist dazu angebahnt Mich vollends auszurotten!!

Teilt das Los mit Mir, damit ihr auch die Auferstehung mit Mir feiern könnt, und das finstere Grab erleuchtet wird, wenn mit Seiner Kraft hervorbricht - Der da ist, Der da war und Der bald wieder kommt - als Euer Jesus-Vater! Amen!

103. Wie sollen wir fasten in der Zeit; und vom Judasgeist

23. März 1879

Liebe Kinder! Weil ihr nun wisst, dass diese Fastenzeit mehr geeignet ist mit Mir zu verkehren, und Ich euch angeraten habe zu Mir zu halten, so will Ich euch jetzt auf den Verrat aufmerksam machen, welcher an Mir durch einen Jünger verübt wurde, und zwar nicht aus Feindschaft, sondern aus Habsucht oder Geiz. Gerade demselben Jünger wandte Ich Meine Liebe stets zu; denn Ich musste ihn gegen seine Mitjünger in Schutz nehmen, welche zu klar an ihm einsahen, was die Triebfeder war, weshalb er Mich nicht mehr verlassen wollte. Er beurteilte mit seinem Verstande, dass er auf Meiner Seite doch ein angenehmeres Leben führen könne, als wenn er der Welt lebte. Manchmal bei stärkeren Einflüssen von Oben wurde er wieder in der Liebe zu Mir mehr bestärkt; aber da sein eigenes Wollen und Hinzutun fehlte, so blieb es beim alten Standpunkte, wo der Geiz sein ganzes Wesen regierte, und also dem Satan der Weg offen war, um ihn in den Abgrund zu ziehen.

So sind auch heute die Judas-Ischariothe in denjenigen am meisten vertreten, welche um äußeren Besitzes willen sich an Mich wenden, und immer darauf bedacht sind, nur äußeren Segen zu gewinnen, dabei aber im Herzen von Meinen Liebesgeboten nichts wissen wollen.

Diese Scheinchristen gehen nur so lange mit, bis eine günstige Gelegenheit ihnen mehr äußeren Gewinn bietet. Wenn sie dann ihre Maske ablegen und gegen Mich stehen, dann sind sie reif zum Verrat, und rufen ein „kreuzige" über Mich. Sie wissen ganz geschickt ein Ärgernis hervorzubringen, weshalb sie sich von denen absondern, die mit Ernst und Wahrheit zu Mir halten, und Meine Kinder werden wollen.

Immer mehr tritt jetzt in dieser Zeit ein Judasgeist ans Licht; es wird um Geldeswillen alles getan, alle Eigenschaften und Tugenden werden nachgeäfft, so lange bis ein Gewinn gemacht wird, oder Menschengunst erreicht ist. Wenn es Geld einträgt, so ist keine Tugend zu schwer, so lange bis die Menschen ihren Zweck erreicht haben; aber nur um Meinetwillen kann nicht viel geschehen, da sind die Bedingungen zu schwer, während Ich doch alles biete, und kein Mensch ohne Meine Liebe bestehen könnte; Ich muss stets zuerst geben, und gebe aus Liebe.

Diese Meine Liebe will auch noch weiter geben; aber die Menschen halten zu Meinem Gegner und verraten Mich ohne Ursache, d.h. weil Ich nicht ganz ihre unersättliche Gier befriedige, so gibt es viele, die zu der Welt zurückkehren, und Mich und Meine wahren Kinder bei derselben lächerlich machen. Ich muss es Mir gefallen lassen, und gebe auch Meinen Kindern das Gebot sich nicht zur Gegenwehr zu setzen, sondern ruhig sich auf Meine Macht und Weisheit dabei zu verlassen, die doch am Ende den Sieg davontragen wird, ohne dabei zu vernichten.

Also, liebe Kinder, hütet euch vor dem Zeitgeiste der Habsucht, damit ihr nicht zu spät dessen Unwert einsehen lernet, und ihn erst dann wegwerfen wollt, wenn es zu spät ist. Das beste Bewahrungsmittel in dieser Zeit ist Selbstverleugnung in jeder Beziehung, sowohl in Ehre und Ansehen, als in anderen Bedürfnissen. Also fastet in dieser großen Fastenzeit! und wartet ruhig ab, was Ich als euer Herr und Meister nach der Grablegung ausführen werde. Einstweilen aber lebet einmütig im Geist untereinander, ihr alle, welche der Zug zu Mir, als zu dem Vater, verbunden hat. Amen!

104. Gethsemane

30. März 1879

Liebe Kinder! Gethsemane ist die Stätte, auf welcher Ich den Kampf zwischen Vater und Sohn gekämpft habe, und wo Meine Seele, welche sich durch das Organ (den Leib) zur Vereinigung mit dem Göttlichen (Geist) vollends ausgebildet hatte, ihren freien Willen dem Geiste unterordnete, bis in den Tod. Somit war die Aufgabe gelöst, das Menschliche war vergöttlicht, die Anklage des Satans musste verstummen, dem Zutritt zum Vater wurde der Weg gebahnt, und die Worte wurden bestätigt „Ich (Jesus) und der Vater (oder der Geist in Mir als der Vater) sind eins". Die Seele mit ihrem Leibe bezeichnet den Menschen, dieselbe hat alles willenlos auf sich genommen, was mit dem Vater vereinigt, und so habe Ich aus erbarmender Liebe zu den Menschen den Tod des Fleisches durchgemacht.

Durch diese große Liebe wurde auch Mein Menschliches vergöttlicht, und das Fortbestehen desselben möglich, und konnte in den Himmel aufgenommen werden, wo nur Göttliches existieren kann.

Darin besteht auch die Aufgabe der Vollendung des Menschen, da Ich ihn nicht eher auferwecken kann, bevor er sich nicht in den Fleischestod begeben und freiwillig allem entsagt hat, was die Übereinstimmung mit dem Geiste stört. - Zu diesem Zwecke ist euch das Gewissen gegeben, welches da ist als ein sich Bemerkbarmachen bei den Gedanken oder Handlungen des

Menschen, da es die Seele entweder freudig und getrost beeinflusst, oder aber sie beunruhigt, Je mehr ihr geneigt seid euch zu vergöttlichen, desto deutlicher spricht es in euch, und die geistige Sonne bestrahlt eure Herzenskammer, damit jeder unreine Fleck daselbst entdeckt werde. Damit aber diese Gnadenstrahlen eindringen können, so müsst ihr Mich bitten, dass Ich nach Meiner Erbarmung an euch handle, und nicht nach Meiner Heiligkeit und Gerechtigkeit, gleichwie auch Ich im Garten durch anhaltendes Gebet zur völligen Übergabe ans Göttliche gestärkt wurde durch die Engel: Liebe, Erbarmung und Geduld, als die eine Hälfte Meines Wesens, die sich zur zweiten Hälfte, als der Weisheit, Gerechtigkeit und Heiligkeit dadurch unterordnete, dass sie die Auflösung des Menschen durch den Tod einging, damit ihr, als Menschen ganz von der Sünde durchdrungen, doch auch der Gnade teilhaftig werden könnt, ebenfalls auferweckt zu werden, wenn ihr Mir in der Liebe mit voller Hingabe nachfolget.

Gleichwie Ich euren Leib nach Meinem Bilde geschaffen habe, so nahm auch Ich das gleiche Organ an (d.h. Ich wurde Mensch), und so wurde die Kluft zwischen Gott und Mensch ausgefüllt, und der Verkehr mit Mir vermittelt.

In Meiner Lehre und in Meinem Beispiele liegt die Kraft eure Aufgabe zu lösen, nur müsst ihr den Vater um Beistand bitten, damit der Geist nicht ablässt euch stündlich zu mahnen, auf dass auch eure Grablegung nach dem Willen des Vaters die Brücke zum ewigen seligen Leben wird. Amen!

105. Im Kampfe soll durch die Liebe das Geistige zur Herrschaft kommen

6. April 1879

Liebe Kinder! Nachdem Ich in Gethsemane Mein Fleisch vollends der Göttlichkeit unterworfen hatte, sah Ich willig und ruhig den vielen Leiden, welche noch über Mich kamen, entgegen. Denn jede Naturliebe oder vielmehr jede Neigung, welche der Satan im Fleische zu bewirken sucht, musste da getötet werden. Bei Mir blieben dieselben bei der bloßen Versuchung und kamen nicht ins Leben oder zur Ausführung. Denn der Geist in Mir bekämpfte sie, weil die göttliche Liebe als Urheberin alles Guten die Kraft des Lebens nur zu Nutzwirkungen verleiht, und nicht zum Verderben. Diese (rein göttliche) Liebe mit der Weisheit verbunden war die Mir innewohnende Kraft, welche den Sieg davontrug.

In Anbetracht des großen Gutes, welches der Menschheit durch Mein Leiden und Sterben zuteilwerden sollte, siegte der Geist und die Seele unterordnete sich, ihr Organ demselben zur Läuterung und Verklärung zu überlassen. Alle Fähigkeiten des Menschen wurden bei Mir von der göttlichen Liebe durchdrungen. So wurde die Gerechtigkeit in Erbarmen verwandelt und alle Meine anderen Eigenschaften mussten die Liebe obenan stehen lassen. Mein menschliches Wollen war nun ganz auf dieses neu zu regelnde Verhältnis zwischen „göttlich" und „menschlich" gerichtet. Es galt das Göttliche zur Herrschaft auch bei der Seele zu bringen und somit sie tüchtig zu machen, ihren Leib zur Auferstehung für das ewige Leben zu veredeln.

Welch großer Widerspruch von Seiten des Satans Mir entgegentrat, kann kein Mensch begreifen, und wenn die äußeren Qualen, welche Ich ausstehen musste, bei Meinen Kindern oft Mitleiden hervorrufen, so sind dieselben nur eine schwache Andeutung des Kampfes, welchen die ewige Liebe dort auf sich nehmen musste!

Auch Meinen Kindern kann dieser Kampf nicht ganz erspart werden, um das Kindesrecht zu erlangen. Wenn sie sich aber beim Erkennen ihrer Schwäche an Mich wenden, um den Sieg zu erlangen, so will Ich sie durch Meinen Heiligen Geist unterstützen!

Liebe Kinder, in der Jetztzeit ist es noch schlimmer als zurzeit Meines Erdenwandels, wo doch wenigstens noch das Verlangen nach einem erlösenden Messias vorhanden war. Nun aber ist diese Sehnsucht vorüber. Man hält Mein Kommen für eine alte abgemachte Sache, und wenn es hoch kommt, so beruft man sich beim Sterben auf Meine Erlösung, während sich die Menschen von ihren Sünden nicht losmachen wollen, sondern durch ihre Verstocktheit die Erde schon zur Hölle machen, den Himmel aber nicht erfassen können, welcher ihnen doch so nahe wie die Hölle ist, nämlich im Herzen sind zu beiden die Türen gebaut, und ist dem Menschen die Wahl freigestellt, ob er sie dem Einfluss des Himmels oder der Hölle öffnen will.

Daher geht auch ihr mit Mir bis zur Kreuzigung, damit euch wenigstens eine Ahnung werde von dem, was Ich dem Inneren nach für euch gelitten habe. Ein kleines Beispiel will Ich euch noch dazu geben, dasselbe ist: Wenn ihr von euren Lieben das eine oder andere einer Gefahr oder sogar dem Tod entgegenlaufen seht, und ihr aus treuer Liebsorge ihm warnend nachgehet, um ihm auf anderer Seite das größte Glück bereiten zu können, dasselbe euch aber den Rücken zuwendete und nichts davon wissen wollte. Oh, welch tiefer Schmerz wird euch ob dieser Verkehrtheit erfassen, wenn solch uneigennützige Liebe abgewiesen wird, welche doch göttlicher Natur ist. Nun, liebe Kinder, denkt darüber nach, wie es Mir ergeht, beim Anblicke so vieler Menschen, die nichts von Mir wissen wollen. Verwandelt daher auch ihr euer Gerechtigkeitsgefühl in tiefes Mitleid für solch arme verirrte Mitmenschen, und Meine Gnade wird euch besonders segnen, dass ihr durch solche Liebe Geist, Seele und Leib würdig machet in den Himmel einzugehen. Amen!

106. Die Liebe nur ermöglicht die volle Hingabe
Zum Karfreitag, 11. April 1879

Liebe Kinder! Sehet wie Ich dort in Gethsemane zuerst die willige Hingabe des Fleisches vollends auskämpfen musste, dann kamen erst die weiteren Aufgaben zu lösen, welche notwendig waren, um ganz mit dem Vater eins zu sein.

Alle Leidenschaften mussten getötet und eine Liebe errungen werden, welche willig den Tod auf sich nahm. Alle Leiden der Seele, alle Schmerzen des Leibes, und allen Spott und Hohn konnte Ich nur ruhig tragen, weil die Liebe Mich dazu stark gemacht hatte. Sie war der stärkende Engel aus dem Himmel, welcher Mir zur Seite ging, und war auch das Band, das Mich so innig mit dem Vater verknüpfte, so dass es dem Toben der Hölle nicht gelingen konnte, dasselbe wieder aufzulösen, sondern das Wort sich bestätigte: „Was ihr auf Erden binden werdet, das soll auch im Himmel gebunden sein" (Mt. 18,18). Es musste so dem Satan gezeigt werden, dass nichts scheiden kann von der Liebe Gottes, die in Christo Jesu Sich geoffenbart hat.

Die tiefste Erniedrigung, das schwere Kreuztragen bei schwacher Kraft, das Entgegensehen eines martervollen Todes änderte Meine Liebe zu Gott und den Menschen nicht mehr. Denn Ich hatte Meinen freien Willen, als Geschenk vom Vater, in Seinen Willen versenkt, und so blieben wir eins.

Liebe Kinder, Mein ganzes Leben ist als ein Beispiel für euch dargestellt, von der Geburt in der Höhle bis zum Tode am Kreuze. Jeder Akt in demselben ist eine Entsprechung auch für euren inneren Lebensgang, und besonders wichtig ist da Meine Lebenszeit. Auch ihr wisst, dass wer Mir nachfolgen will, das Kreuz auf sich zu nehmen hat. Aber ehe dieses euch aufgeladen wird, geht nach Gethsemane. Erflehet auch ihr euch dort, wenn auch unter schweren Kämpfen, die Kraft dazu, welche in wahrer Liebe zu Gott und den Menschen besteht.

Wenn ihr diese Liebe zum Begleiter habt, so könnt auch ihr Spott, Hohn und Verachtung ertragen. Sie wird, statt Rache und Empörung, Mitleid und Erbarmen in euch hervorbringen, und dadurch auch euer Fleisch immer mehr tüchtig machen sich nach dem Geiste zu bilden. Eure Sehnsucht nach Gutem und Göttlichem wird gestillt werden. Auch in den schwersten Stunden, wo das Kreuz euch den Nacken beugt, sollt ihr erkennen, dass der Vater der Liebe durch Mich euch ein Vorbild gegeben hat und wenn auch ihr euch so Mir übergeben habt und um der Einigung willen mit Mir den Kampf übernehmen wollt, dann ist euch der Sieg über Hölle und Tod zugesichert.

Darum, wenn ihr euch allein fühlt, und es dunkel um euch her ist, so dass euch die Angst überfällt, und ihr euch zu schwach vorkommet, den Kampf zu übernehmen, und ihr also im Geiste in einem Gethsemane seid, wo eure Mitbrüder auch schlafen, ohne alle Teilnahme an eurem Seelenleiden, dann rufet auch ihr: „Vater ist's möglich, so nehme diesen Kelch von mir!" und denkt an Mich, damit auch ihr am Ende noch sagen könnt: „Nicht mein, sondern Dein Wille geschehe! Amen!" (Mt. 26,39) - und auch Ich werde Mein großes „Amen" hinzutun zu der Verheißung: „Was ihr auf Erden binden werdet, soll auch im Himmel gebunden sein" (Mt. 18,18). Es soll bleiben das Band der Liebe zwischen euch Menschenkindern und dem Vater in Ewigkeit. Amen!

107. Die Auferstehung des Geistes in uns

Ostern, 13. April 1879

Liebe Kinder! Das Auferstehen aus dem Grabe hat für euer Geistesleben eine wichtige Entsprechung; denn so wie Ich dem Fleische nach getötet wurde, und das Organ der Seele dadurch untauglich weil leblos war, der Geist aber dabei nicht beeinträchtigt wurde, da er in sich göttlich und daher auch aus sich selbst vollkommen fortlebt, so habt auch ihr, als Kinder von Mir, alle Fähigkeiten in euch, um so wie natürliche Kinder, welche wachsen müssen, zum Göttlichen euch emporzuheben. Darin aber zeigt sich die größte Liebe des Vaters, dass Er Sich Seiner Macht und Heiligkeit entäußerte und bei Seinen Kindern den freien Willen ehrt.

Deswegen kann nur so das wahre Glück eintreten, in dem Bewusstsein - selbst zu eurem und anderer Wohl beigetragen zu haben. Darum die größte Seligkeit in der tätigen Liebe besteht, und deswegen auch Ich durch die Tat die Liebe zu ihrem wahren Werte brachte.

So soll auch euer Geist ebenfalls „das Grab", in welches er gebannt ist, oder die Leidenschaften der Seele und die Tendenzen des Leibes durch Meine Kraft besiegen lernen, um auferstehen zu können zu göttlichem Leben. Diese Auferstehung soll aber schon (größtenteils) auf Erden geschehen, indem ihr eure Schwächen durch eine Übergabe an Mich zu besiegen suchet; und wenn Ich zu diesem Zwecke allerlei Mittel euch zuschicke, so sollen Seele und Leib dem Geiste sich dienstbar machen, damit er so seine in ihn gelegten Fähigkeiten entwickeln und sie in der tätigen Liebe sichtbar an den Tag legen kann.

Dieses ist dann auch euer Auferstehungstag oder die Wiedergeburt, welche ist ein neues Leben, wo dem Geiste alles Recht über den natürlichen Menschen eingeräumt ist.

Gleichwie Maria und Martha, Mich suchend, zum Grabe gingen, und also zuerst erfahren durften, dass Ich auferstanden bin, so wird die tätige Liebe, welche um Meinetwillen geübt wird, auch zuerst Mich finden; Ich werde Mich bei solchen einstellen, ehe sie es glauben, und werde ihr Begleiter sein, wo dann, auch wenn es dunkel werden will in ihrer Seele, Mein Licht ihr wahrer Führer und Tröster sein wird! Darum rufe Ich euch abermals zu: „Wache auf, der du schläfst! stehe auf vom Tode, so wird dich Christus erleuchten." (Eph. 5,14)

Mein Geist wird mit dem euren vereint sein, als Lehrer, Tröster und Vollender! Durch Meine Lehre, Mein Leiden und Sterben habe Ich Liebe bei den Menschen erworben, und diese Liebe hat Mir das Grab geöffnet, oder Seele und Leib wurden Mir dadurch zugänglich gemacht, dass durch Meinen Einfluss der Geist in Meinen Nachfolgern zu Tat und Leben gemacht werden kann, also dass es dann auch bei euch heißen solle: Hinfort lebe nicht ich, sondern Christus lebet in mir, das ist der Gott, der Sich in der Menschwerdung für euch fassbar geoffenbart hat. Amen!

108. Von der jetzigen geistigen Finsternis

20. April 1879

Liebe Kinder! Wenn die Zeit, in der ihr jetzt lebt, eine finstere und traurige ist, so ist es ein Zeichen, dass Mich die Menschheit ins Grab gelegt hat, wo nur wenige übrig sind, die eine baldige Auferstehung wünschen; denn sie wollen nicht, dass Mein Wort Geist und Leben werden solle. Es ist der Mehrzahl recht behaglich ohne Gott und ohne Pflicht gegen Ihn zu leben und im Materiellen so gut sie es vermögen zu schwelgen.

Sie können es darum nicht ertragen, dass es noch solche gibt, die an Gott und Religion festhalten, deshalb sie sich auch als Werkzeuge (der Hölle) gebrauchen lassen gegen Meine Kinder, was Ich bis auf einen gewissen Grad dulde, weil Ich ihnen erstens auch den freien Willen lasse, und zweitens, weil dadurch in Meinen Kindern immer mehr die Sehnsucht nach Mir und Meinem Beistande begehrt wird.

Diese lernen so den Wert Meiner göttlichen Anordnungen immer mehr erkennen und suchen denselben nachzukommen zumal bei der Erfahrung, wie der Gottlose trotz allem Jagen zu keiner Befriedigung gelangt.

Das Materielle, wenn der Gottlose noch so großen Besitz davon hat, wird nie ganz beglücken, weil es von ihm nicht nach Meinem Willen gebraucht wird. Auch habe Ich so sehr das Bedürfnis in den Menschen gelegt, mit Mir verbunden zu sein, dass immer wieder ein geheimer Zug, oft stärker oft weniger, auch bei denen stattfindet, die nicht nach Mir fragen, und es müssen oft auch äußere Vorkommnisse denselben hervorrufen!

Ebenso ist es in dieser Zeit nur Meiner göttlichen Macht noch möglich, die zerrütteten Zustände wieder in eine geordnete Bahn zu bringen. Je mehr die Abhilfe im Menschenverstand und -rat und in äußerem Besitze gesucht wird, desto mehr werden die von Gott losgewordenen Menschen erfahren müssen, dass alle ihre Pläne vergebens sind.

Ich will jetzt Mein Wort geltend machen, dass sie so lange suchen müssen, bis sie endlich erkennen, von wem ihr Wohl abhängt! Darum ihr Lieben, die ihr schon die Erfahrung habt, dass nur Ich allein befriedigen kann, wachet, wenn sie euch berauben wollen. Zeiget, dass ihr ein unantastbares Gut besitzet, welches von einem Gott beschützt wird, Dem sie zwar trotzen, aber Denselben nicht besiegen können. Beweiset ihnen, welche Liebe euch durch Mein Wort gelehrt wird, damit Ich ihnen durch euch ebenfalls Beweise Meiner göttlichen erbarmenden Liebe geben kann. Bittet, damit Ich euch Weisheit gebe, auf dass ihr sie nicht allein durchs Äußere auf Meine Seite gewinnet, sondern durch den Geist, der in euch wohnet und ebenfalls nur Geistiges erziehen will.

Ihr seht also, wie nötig es ist, dass Ich in euch auferstehe. Wie euch das finstere Grab, in welches Mich die Menschheit begraben hat, betrübt, so ist auch Mein Auferstehen in euch höchst nötig; denn erst durch diesen Akt werdet ihr mehr Mut und Freudigkeit erhalten, vor aller Welt Meinen Namen zu bekennen, und daraus entstehenden Verfolgungen im festen Vertrauen auf Den, Den ihr dann in euch fühlen könnt, willig zu erdulden. Amen!

109. Setzet euer Vertrauen auf Den, Der Himmel und Erde erschaffen hat

30. April 1879

Meine lieben Kinder! Denkt, wenn ihr oft in Verhältnissen und Lagen seid, welche abzuändern euch unmöglich scheinen, solches kommt daher, weil ihr dabei euren Verstand zu Rate zieht, und wenn ihr auch Mich dabei anrufet, so meint ihr doch oft, Ich könne oder werde wohl nicht helfen. Vergesset darum nie, dass Himmel und Erde durch Meinen Willen bestehen, und dass Ich allmächtig und allweise bin. Würdet ihr Mich in Meinem ganzen Wesen erfassen, so wäre euer Vertrauen oft nicht so mangelhaft und euer Glaube nicht so schwach.

Ja, Ich bin Der, Der die Himmel erschafft, nicht nur erst bei Anbeginn der Erde, sondern der ewige Gott, Dessen schöpferische Kraft nie aufhört und nie geringer wird! Darum blicket auf die Geschichte der Vergangenheit zurück und ihr werdet Meine Weisheit und Macht erkennen lernen, wie sie alles so wunderbar und herrlich ausgeführt hat. So wie die Kunde von Mir eine unaustilgbare ist und wie bisher Seelen gerettet und fürs Kindesrecht zubereitet wurden, so gehen auch immer wieder gebesserte Geister aus dem dunklen Gewirre hervor, geleitet von Meiner beschützenden unsichtbaren Macht, und so wie im einzelnen Menschen die Kunde von Mir immer wieder sich geltend macht, so ist es auch im großen Ganzen.

Es kommen Ereignisse und Zeiten, welche Mich wieder mehr verkünden und eben eine solche Zeit ist auch die jetzige. Meine Stimme tönt in die Welt hinein: „Wer ist Der, Dem Himmel und Erde untertan sein müssen?" Und wenn auch ihr diese Stimme vernehmet, so bedenkt, dass es der Vater ist, Der auch im stillen Kämmerlein eures Herzens einen so herrlich geschmückten Himmel bauen will, wie die äußere Schöpfung ihn dem Auge bietet, ja noch größer, herrlicher und beglückender, welcher keinem Vergehen untergeordnet werden kann, wenn ihr ihn festzuhalten euch bemühet.

Gleichwie keine irdische Macht den Himmel, das Firmament und die Erde aufzulösen vermag, so soll auch keine irdische Macht imstande sein den Himmel in euch, welchen die ewige Liebe durch den Vater, und wiederum die Liebe zum Vater in euch geschaffen hat, zu rauben.

Darum wenn euch will bange werden, im Anzuge drohender Gefahr, so werfet euer Vertrauen auf Mich als den Urheber aller Himmel, dann werde Ich auch dem eurigen das Bestehen zusichern. Amen!

110. Der Herr besucht die Seinen nach der Auferstehung, sie zu trösten und zu stärken

4. Mai 1879

Liebe Kinder! Nach der Anordnung in eurer Kirche ist jetzt die Zeit, wo Ich nach Meiner Auferstehung bei Meinen Jüngern ab und zu ging, um sie zu stärken, zu trösten, und sie vollends zu Meinen Aposteln auszurüsten, was sehr nötig war. Denn erst nach Meinem Tode, durch die Auferstehung, wurden sie von Meiner Göttlichkeit überzeugt, und Meine ganze Lehre, Mein Wirken ihnen fassbar.

Vorher war bloß durch mein Wollen bei ihnen ein unbewusstes Festhalten, das ohne Meine persönliche Gegenwart unter ihnen sich nach Meinem Tode aufgelöst hätte; so aber wurde ihnen durch die Auferstehung die freudige Überzeugung von der Göttlichkeit Meines Wesens, und konnten sie deshalb durch diese große Geistesausrüstung allen Leiden und Gefahren, welche auf sie warteten, mit Trost entgegensehen. Ihr ganzes Begehren und Streben war mit Mir vereint zu sein, nicht allein im Geiste, sondern auch im Leben, dem äußeren Menschen nach, Meinem Vorbild getreu ihr Tun und Lassen einzurichten. Denn Ich war jetzt bei ihnen und in ihnen auferstanden, Mein Wesen erhielt in ihnen Leben; es äußerte sich in seinen Wirkungen, und Mein Geist konnte das Amt der Heiligung an ihnen beginnen.

Die Zeit der Jünger, welche geschichtlich in Meinem Wort beschrieben ist, entspricht auch dem Gange jeder einzelnen Menschenseele. Nach der Grablegung des Fleisches mit seinen Begierden folgt die Auferstehung eines neuen Lebens. Bei solchen Jüngern werde Ich mit Trost und Kraft einkehren. Mein Geist wird in reichem Maße sie erfüllen mit Gnadengaben der Liebe, Weisheit, Gerechtigkeit und Heiligkeit.

Mein Wort ist die Schule, in welcher gelehrt wird, welche Eigenschaften nötig sind, um zu dieser Auferstehung zu gelangen. Doch zur Erlangung solcher Tugenden sind oft Leiden aller Art nötig, und die ganze Führung der Christenheit, wie der einzelnen Seelen gleicht Meinem eigenen Lebensgange, Ich fordere von Meinen Kindern nicht mehr, als was Ich Selbst getan habe.

Wenn ihr nun aber einsehen lernet, wie unumgänglich solche Führungen sind, so nehmt keinen Anstoß, wenn es auch oft ganz gegen eure Vernunft geht, und trauet auf Den, Der aus einer

Liebe, die nicht nötig hat wieder zu empfangen, das gleiche Erdenlos auf sich nahm. Er weiß am besten eure ganze Lage zu beurteilen, und ihr werdet reichlich dafür gesegnet werden, so ihr Mir treu bleibet in der Liebe, im Vertrauen und im Gehorsam. Amen!

111. Die Liebe ist der Kern, welcher vorbereitet zur einen Herde

11. Mai 1879

Liebe Kinder! Wie Ich bald nach Meiner Auferstehung der Schar Meiner Jünger, wenn sie beisammen waren, um sich gegenseitig aufzumuntern, erschien, und ihnen den Gruß des Friedens brachte, bald aber auch zu einzelnen Personen kam, um ihre sehnsüchtige Liebe nach Mir zu stillen, und ihren Glauben, dass Ich wirklich Gott bin, zu stärken, so halte Ich es noch immerdar. Wo sich eine Schar in Meinem Namen versammelt, da trete Ich unter sie und segne sie, Mein Einfluss ist ihnen zugesichert.

Die Liebe und Verehrung für Mich ist bei Meinen Nachfolgern in Ansichten und Formen sehr verschieden. Wo aber der Hauptgrund vertreten ist, ein herzliches Verlangen nach Mir, welches aus Vertrauen hervorgeht, so ist die Seele zugänglich, und Ich kehre bei ihr ein und belehre sie Selbst!

Darum denn auch aus den verschiedenen (christlichen) Glaubensparteien, aus jeder Mir wahre Kinder entsprießen. Aber nicht die äußere Beeinflussung, welche bloß ein anregendes Mittel ist, bewirkt dieses, sondern die innere Sehnsucht nach Mir.

Gleichwie die Menschen dem Körper nach verschieden sind, und demgemäß verschiedene Behandlung nötig haben, so geht es auch bei den Seelen. Dem einen ist diese Ansicht zuerst fassbarer, dem anderen eine andere. Ich lasse das alles zu, damit der Mensch selbst prüfe und wähle, und so dem wahren Ziele zustrebe, welches ist: die uneigennützige Liebe zu Mir und zu den Mitmenschen.

Wenn eine Seele hierin Fortschritte macht, so lässt sie Vorurteile gegen andere Glaubensparteien fallen, weil sie weiß, dass Ich jedem nachgehe, der Mich redlich sucht. Solch suchende Seelen werden angetrieben unter das Panier der Liebe zu treten, wo nur Ich der Führer bin, als der eine Hirte, Der jedem Seiner Schafe das Brot des Lebens aus eigener Hand gibt! Bei dieser Herde wird die Liebe das Kennzeichen sein, sie wird das Erdreich besitzen und regieren.

Überall wird dieser Liebe in jetziger Zeit Gelegenheit zum Wachstum geboten; denn Not, Elend, Armut, Unglücksfälle aller Art, Versunkenheit und Sittenlosigkeit nehmen die Liebe in Anspruch, und es wird ihr überall das Recht eingeräumt zu walten. Also soll durch die Liebe Meinem Reiche die Bahn bereitet werden; darum Ich immer wieder euch zurufen muss: „Wer in der Liebe bleibet, der bleibet in Mir und Ich in ihm, und Ich wirke durch ihn, wie ein Vater durch sein Kind seinen Willen kundtun und ausführen lässt!" Amen!

112. Bleibe bei uns, denn es will Abend werden

(Lk. 24,29)   11. Mai 1879

Meine lieben Kinder! Heute habe Ich euch im Vorigen die Worte gegeben, dass Ich die besuchen werde, welche die Sehnsucht nach Mir zusammenführte, und nun will Ich euch jetzt auch Meinen Segen geben, mit den Meinen (von Drüben), die bittend zu Mir gekommen sind, euch ans Herz zu legen, dass ihr nicht auseinandergehen sollt, ohne vorherigen Wunsch: „Herr, bleibe bei uns, denn es will Abend werden!" (Lk. 24,29)

Diese Gefühle sollt ihr in jetziger Zeit hegen, denn das große Gnadenlicht ist am Erlöschen, d.h. Mein Wort hat an den Herzen seine wirkende Kraft verloren und niemand vermisst es mehr so, wie damals Meine Jünger.

Denn wenn auch nun wieder Seelen redlich suchen, so geschieht es doch nicht so sehnsüchtig wie damals. Diese Sehnsucht soll nun wieder hervorgerufen werden durch Meinen direkten Verkehr mit den Menschen.

Also soll es auch bei euch der Fall sein, die ihr Meine Nähe zu fühlen habt; eure Bitte soll deshalb dahin gehen, „dass Ich nie mehr von euch weiche", da ihr den Abend oder vielmehr die (geistige) Nacht erkennet, welche die Menschheit zu erdrücken droht. Denn wenn Ich Mein Erscheinen noch mehr aufschiebe, so werden Meine Menschen an manchen Orten so entstellt, dass sie kaum noch mit Tieren zu vergleichen wären und da gilt dann das Wort, welches heißt: „Der Herr lässt Seiner nicht spotten!" (Gal. 6,7) Ich muss Mich also aufmachen, ehe solche Gräueltaten zu sehr sich häufen und der Fürst der Nacht den Triumph feiern kann.

Es ist darum so nötig, dass ihr fest anhaltet mit der Bitte: „Bleibe bei uns"; auch alle Meine Diener wollen bei euch verbleiben, doch nur wo Ich bin können sie mitwirken.

Auch bei ihnen gilt das Wort: „Ohne Mich könnt ihr nichts tun" (Joh. 15,5); darum alle Einflüsse von Oben von Mir ausgehen, und Meine Diener nur durch Meinen Willen mit euch verkehren können; und so sollt ihr gleichfalls durch die Glut der Liebe mit ihnen verschmolzen werden zu einer Gemeinschaft in Gott, dem Vater in Jesu Christo. Amen!

113. Gehorsam in kindlicher Liebe

18. Mai 1879

Liebe Kinder! „Mein Joch ist sanft und Meine Last ist leicht" (Mt. 11,30), so ihr dieselbe als von Mir auferlegt betrachtet; dass dies bei euch nicht immer der Fall ist, kommt daher, weil ihr oft nicht in der Stellung zu Mir seid, wie das Kind dem Vater gegenüber sein soll; zuerst ist euer Gehorsam ein mangelhafter, und dieses zu entschuldigen setzt euer Verstand Mir allerlei Gründe entgegen.

Ich will euch darauf hinweisen, was hier unter „Gehorsam" zu verstehen ist. Dieser bezieht sich hauptsächlich auf die Liebe zu Mir und zum Nächsten, alle anderen Anordnungen sind nur dazu bestimmt, euch begreiflich zu machen, wie und wo diese beobachtet werden muss. Ist euer Streben so eingerichtet, dass ihr das Wohl eurer Mitmenschen jederzeit im Auge habt, so werdet ihr in allen Fällen mit Mir als einverstanden darüber verkehren können, und ihr werdet die damit verbundenen Schwierigkeiten besser tragen, weil auch Ich dieselben mit großer Geduld Mir gefallen lasse, während Meine Liebe doch vollkommen ist, ihr aber noch viel in derselben wachsen müsst.

Die Liebe zu Mir muss zuerst fest in euch gegründet sein, wo ihr fest glaubet, dass was Ich euch gebiete nur Anordnung göttlicher Liebe und Weisheit ist, welche euer und anderer Wohl befördern will, und eine Einigkeit zu erzielen sucht, die stark macht. Einigkeit ist Segen der Liebe. In jeden Menschen ist der Drang nach Liebe und Einigkeit gelegt, was ihr sogar bei den rohesten Menschen wahrnehmen könnt, denn immer ist noch ein Etwas für sie da, welches sie lieben. Bei euch aber, die ihr Meine Kinder seid, soll dieser Drang dazu angewendet werden, dass er euch zu Mir zieht, und um Meinetwillen auch ein allgemeines Wohlwollen gegen eure Mitmenschen hervorruft.

Gerade in diesem Drange der Liebe ist die Fähigkeit verborgen, Mein Ebenbild in euch herzustellen; darum auch der Satan am eifrigsten sucht Lieblosigkeit zu erzielen, sowohl in der Gemeinschaft, wie bei Einzelnen.

Wenn ihr nun aber wisst wie viel Macht in der Liebe liegt, und dass nur durch dieselbe der Sieg errungen werden kann, so haltet fest an derselben. Ich will euch dazu stärken, so es euer Wille ist, keine andere Waffe zu führen, als die euch euer Vater Selbst durch Wort und Tat gelehrt, und noch im Tode ein Beispiel davon gegeben hat.

Bedenkt, dass das Wesen des Vaters in Liebe sich kundgibt, damit auch ihr euer Wesen euren Mitmenschen als Liebe zu erkennen gebt. Amen!

114. Fürbitten

(Vom großen Wiedersehen)

Zum Himmelfahrtsfest, 25. Mai 1879

Meine lieben Kinder! Heute als am Gedächtnistage Meiner Himmelfahrt, wo Ich einst verheißen habe bei denen zu sein, die Mich im Geist und in der Liebe und in der Wahrheit durch ihr Andenken an Mich verehren, will Ich euch noch besonders zurufen:

„Es ist nun die Zeit Meines Wiederkommens", also lasst das Öl in der Lampe nicht ausgehen, denn es ist Mitternacht, wo das Licht so nötig ist, damit ihr euren Weg sehe könnt und die Gräuel der Verwüstung!

Dieses Licht bedarf aber des Öles zu seinem Bestande, welches da ist die wahre Liebe gegen eure Mitmenschen. Mitleid, herzliches Erbarmen sollen euch bewegen, Mich als Helfer anzurufen, und wie könnte Ich da dann noch verziehen, indem Meine Liebe ja so gerne helfen möchte! Doch Meine ewige Ordnung verlangt, dass die Menschen in ihrem freien Willen nach Meiner Hilfe verlangen.

Sehet, darum ist das Fürbittgebet in jetziger Zeit so höchst nötig; es muss Meinem Kommen Bahn brechen.

Ebenso können auch diejenigen, welche bei Mir sind als selige Geister, bloß da, wo Licht ist, erscheinen, d.h. also da, wo die Liebe die wahre Sphäre rein hergestellt hat!

Bedenkt, dass es von großem Gewinn für euch ist, in deren Gemeinschaft versetzt zu sein.

Gleichwie ihr im Äußeren eure Gesellschaft zuvor wählet, ob sie euch passt, so ist es auch mit dem Annähern der Seligen. Immer muss durch Meine Gnade denselben der Zugang zuvor ermöglicht werden, ehe sie mit euch verkehren können; deshalb ihr ebenfalls auch ihnen Liebe entgegenbringen sollt durch herzliche Fürbitte, und so wird dann bei euch die Feier der Himmelfahrt zugleich wieder die Freude des Wiedersehens sein.

Bald, bald soll dieses ein Allgemeineres werden! Wohl denen, die sich jetzt schon zum Empfang bereithalten durch die sehnsüchtige Bitte auch bei ihnen einzukehren! Amen!

115. Die verschiedenen Ansichten vom Wiederkommen des Herrn
Über die Verbindung von Dies- und Jenseits

25. Mai 1879

Meine lieben Kinder! Es herrscht in dieser Zeit eine Verschiedenheit der Ansichten über Mein Wiederkommen. Viele meinen, wie damals die Juden, Ich werde mit Glanz und Ansehen äußerlich erscheinen, was daher kommt, weil die Menschen zu materiell geworden sind, und nur aus der Materie heraus noch etwas fassen können. Es ist für sie auch kein anderer Besitz fassbar, als den die Materie bietet.

Auch solche, welche Mich als ihren Gott und Heiland bekennen, sind noch in dem wahren Begriffe von Mir und Meinem

Wesen zurück, was daher kommt, weil ihnen, obschon sie die Heilige Schrift besitzen, der wahre Sinn derselben durch die Lehrer entrückt ist, welche bei der Auslegung ihr eigenes Gebräu dazutun, und somit statt die Schale durch den Hammer der Liebe zu zerklopfen, damit der Kern ihren Schülern den wahren Genuss bereiten könnte, sie zwar wohl die Schale zerklopfen, aber zugleich den Kern durch allerlei Unrat, der aus ihrer Gehirnentleerung entstanden ist, verunreinigen, und dadurch wird der Geschmack an diesem Kern den zugreifenden Seelen eklig gemacht. Sie lassen die ganze Frucht liegen, was noch schlimmer ist, als wenn der Kern noch in der Schale verwahrt und so doch wenigstens rein erhalten bliebe!

Um diesen Kern nun wieder mit seiner ganzen Labsal wirksam zu machen, sind große Reinigungen nötig, und diese Arbeit muss Ich Selbst vollziehen, wobei Ich die Meinigen mithelfen lasse, wenn sie Mich darum bitten. Dass diese Arbeit ohne Aufsehen vor sich geht, könnt ihr, wenn ihr eine Betrachtung über Mich und Mein Reich anstellt, wohl selbst erkennen.

Still bei einzelnen will Ich anfangen den Unrat des Aberglaubens und Unglaubens, der sich durch verkehrte Erziehungs- und Gewohnheitslehren eingeschlichen hat, auszufegen, um ihnen die Wahrheiten beizubringen, welche von Mir Selbst zwar schon lange ausgegangen sind, aber den Menschen bis jetzt nicht in ihrer Lauterkeit überliefert wurden.

Zu dieser Erneuerung habe Ich nochmals den Stand der Erniedrigung erwählt, indem Ich Mich abermals des menschlichen Leibes bediene, und direkte Worte spende; jedoch auf eine andere Weise als einstmals. Ich bin nicht in einer Person, sondern wirke durch viele Personen, die Ich dazu berufen habe und künftighin noch berufen werde, und zwar dadurch, dass Ich durch Meinen Geist sie beeinflusse Worte niederzuschreiben, welche zum Verkehr mit Mir einladen und denselben herstellen.

Gleichwie Ich in allen Stücken als Vater handle, also ist es auch Meinen Kindern im Jenseits gestattet, und ihnen die Fähigkeit durch Meine Gnade gegeben, durch leibliche Organe zu diesem Zwecke der Reinigung auf dem Erdboden mit beizutragen.

Darum tritt jetzt überall, bald da bald dort, direkter Verkehr (des Diesseits mit dem Jenseits) ein, welcher (als Vereinigung von Himmel und Erde) wieder ganz hergestellt werden muss, wie vor dem Sündenfalle. Aber darum ist dieser Weg auch von desto größerer Gefahr für solche, welchen er eröffnet ist, weil Missbrauch desselben von dem Satan (und seinen Scharen) angestrebt wird. Gegen solche (begnadigte) Medien stürmt er mit aller Gewalt an, und sucht sie auf seine Seite zu bringen und zu ziehen. Er sendet Legionen gegen dieselben, um sie in Besitz zu bekommen, und als Fürst der Lügen verheißt er ihnen durch anziehende Lockungen, als da sind Prophezeiungen, Wundergaben, Besitz, Ansehen und Vielwisserei großen Lohn.

Wer nun von solchen Lockungen sich gefangen nehmen lässt, der ist eine Beute des Satans, und sein Geist erkrankt ob dem großen Andrang, welchen die bösen Geister schonungslos bei ihm ausüben.

Darum liebe Kinder, bedenkt wohl, was es ist - den Griffel (der Dies- und Jenseits verbindet) zu führen, und prüft euch, ob ihr entschieden zu Mir halten wollt. Habt ihr den ernsten Entschluss gefasst, so wird euch Meine Kraft und Macht beschützen, und ihr seid dem Satan entrissen, wenn er auch Anläufe (gegen euch) zu machen sucht!

Diese Macht und Kraft ist es, welche ihr zu erfahren habt, wenn Ich komme mit meinen Engeln; gegen dieses Erscheinen bei meinen Kindern ist alle Macht zu kurz, es zu verhindern; denn ehe die Weltkinder es merken, werde Ich Meinen Sitz in vielen Herzen aufschlagen. „Ich komme wie ein Dieb in der Nacht" (Offb. 16,15), nicht allein durch direkte äußere Worte, welche bloß gegeben sind die Herzen vorzubereiten, sondern Mein Geist wird in jedem vernehmlich sein, der Mich in dieser Zeit begehrt, und sich zu Meiner Reichsfahne bekennt. Also auch ihr, die ihr durch diesen Weg eines Gnadenrufes gewürdigt seid, seht euch wohl vor, es gilt Entschiedenheit entweder für - oder gegen Mich!

Wer sich auf dem Kampfplatze zwischen zwei Gegner stellt, dessen Untergang ist unvermeidlich; also Leben oder Tod, wählt selbst, wem ihr den Sieg zutrauet, Mir oder dem Satan? Amen!

116. Nur solche kann Ich trösten, welche Leid tragen

Pfingsten, 1. Juni 1879

Liebe Kinder! Nur solche kann Ich trösten, welche Leid tragen. Doch kommt es darauf an warum sie trauern, ob es die wahre Traurigkeit ist, welche darin bestehen soll, dass die Seelen, welche Mich schon erkannt haben und dadurch mit Mir in Verkehr gekommen sind, eine weitere Sehnsucht haben Mich ganz zu besitzen. Dies ist nur möglich, wenn ihr Wesen immer mehr mit dem Meinigen harmoniert. Dieses aber zu erreichen, dazu gehört Mein göttlicher Beistand, welcher durch den Tröster oder Heiliger Geist bewirkt wird.

Wenn ihr herzlich trauert beim Gefühle eures eigenen Unvermögens, so wird euch dieser Geist zugesichert, welcher das Erlösungswerk der Wiedergeburt zu unterstützen hat. Es ist Mein Liebesgeist, und gibt sich warnend, ratend, helfend und tröstend an euch kund, bald durch freudige Anregungen, welche Liebe und Dank in euch hervorrufen, bald durch warnende Vorstellungen, welche euch aufrütteln, wenn ihr schlaftrunken dahinlebet, ohne das Bedürfnis zu fühlen immer näher mit Mir verbunden zu werden.

Immer ist es wieder ein Ruf der Liebe, die in allen Formen sich offenbart. Denn Mein Wesen, welches unter Liebe nur allein umfassend bezeichnet werden kann, offenbart sich in Vater, Sohn und Geist nur durch Liebe.

Gott schuf euch aus Liebe, erlöst euch aus Liebe, und tröstet euch aus Liebe.

Mein Wesen gibt sich euch zwar in verschiedenen Namen kund, doch jede dieser Kundgaben bezeichnet Liebe. Darum auch Meine Kinder ihre Abstammung von Mir nur durch Liebe beweisen können und die Gaben des Heiligen Geistes hauptsächlich darin bestehen, dass eure Liebe zu Mir und euren Mitmenschen immer mehr zunimmt. Denn mit dieser Zunahme stellet ihr Mein Bild in euch her. Dazu muss zunächst das (sehnende) Verlangen nach Mir bei euch statthaben, dann kann Meine Liebe in euch einströmen.

Gleichwie Meine Jünger sehr betrübt waren, weil Ich nicht mehr sichtbar bei ihnen blieb, sondern gen Himmel fuhr, weshalb Ich ihnen versprach, den Tröster zu senden, durch Den sie unsichtbar mit Mir verbunden bleiben sollten, so ist es auch noch heutzutage bei denjenigen Seelen, die Mich erkennen, lieben, und wünschen nicht mehr von Mir getrennt zu werden. Mein Liebegeist weilt bei solchen als Lehrer, Tröster und Ermahner.

Sehet, liebe Kinder, dieses Verlangen nach Mir sollte in jetziger Zeit größer und allgemeiner sein. Aber leider ist es bei der Mehrzahl ganz verschwunden und vielen bin Ich durch die unrichtigen Begriffe von Meinem Wesen gar nicht fassbar. Sie halten den Heiligen Geist für einen hohen Diener, von Mir ausgehend, und sparen ihre völlige Hingabe für Mich Selbst auf, kommen aber dann nicht dazu.

Oh, wie ganz anders würde es sein, wenn sie Mich Selbst aufnähmen, und Vater und Kind sich in stetem Verkehre fühlen würden. Aber so bin Ich zumeist nur für den heiligen Richter gehalten, von Dem die Gnade zuerst erbettelt werden muss. Während doch Meine väterliche Liebe und Gnade es war, welche euch als Kinder erschuf und euch als Meine Kinder Selbst auf Erden besuchte und im Sohne Meine Liebe euch fasslich darstellte und bewies durch die Erlösung, und das Erlösungswerk noch stets fortsetze durch den Heiligen Geist!

Das Pfingstfest oder das Ausgießen Meines Geistes ist ja die fortgesetzte Erlösung von Sünden, wie ihr in Meinem Worte leset: „Wenn aber der Tröster kommen wird, der von Mir ausgeht, der wird euch in alle Wahrheit leiten" (Joh. 16,12); denn wo die Wahrheit ist, da ist Licht oder richtiges Schauen und Erkennen; und wo dieses aufgenommen wird, da kann der Satan keine Trugbilder mehr aufstellen, weil sie erkannt und zurückgewiesen werden; und der Zug zu Mir wird durch solche Erkenntnis Meiner Liebe ein verstärkter und dadurch wird das Erlösen von Sünden eintreten; (denn aus Liebe haltet ihr dann die Gebote der Liebe).

Darum bittet, bittet um den Heiligen Geist, für euch und andere! Denn in dieser Bitte liegt das Verlangen nach Mir Selbst, und Ich werde alsdann weilen unter euch, im Geist und in der Wahrheit. Amen!

117. Siehe, Ich bin bei euch alle Tage, bis an der Welt Ende!

(Mt. 28,20)   8. Juni 1879

Liebe Kinder! Ich habe, als Ich auf Erden wandelte, Meinen Nachfolgern diese verheißenden Worte gegeben.

Aus diesen Worten könnt ihr herausfinden, dass Mein Ich ein unsichtbares Wesen oder Etwas ist, das nicht mit leiblichen Augen erschaut wird, sondern dass es Sache des Geistes ist, Mich zu erkennen, d.h. dass er (euer Geist) fühlt, dass zwischen Mir und ihm keine Entfernung stattfindet.

Diese Verheißung ist aber bloß denen gegeben, welche Mir nachfolgen, d.h. Gehorsam in allem leisten, was von Mir als Wille und Gebot ausgeht. Bei denen wird sich Mein Geist fühlbar machen, in Gedanken, Worten und Taten, und Ich werde vereint mit ihnen bleiben bis ihr Erdenleben für sie aufhört; wo sie dann erst recht zum Schauen gelangen werden, weil hier das Materielle immer wieder sich geltend macht, und auch zwischen die reinen Gefühle, welche diejenigen genießen, die mit Mir verbunden sind, unlautere Gedanken aufwirft. Diese sind unvermeidlich, weil sie zum Reinigungsprozesse der Seele gehören, welche immer wieder darauf bedacht ist, dem Leib als ihrem Diener so viel als möglich Angenehmes zu verschaffen. Darum steht die Seele in stetem Kampfe zwischen Geist und Leib. Denn der Geist spricht Göttliches und Gehorsam gegen Gott an, und dazu gehören Liebe und Demut; der Leib dagegen will Genuss und Herrschsucht und sich nicht unter die göttlichen Gesetze ordnen.

Zu diesem Kampfe gehört das göttliche Licht oder die Gnadensonne, welche der Seele ihre große Bestimmung klar macht. Dieses Licht bin Ich Selbst, geoffenbart durch den Heiligen Geist, Der bei allen (redlich danach Verlangenden) zu jeder Zeit ist, bis das Probeleben auf Erden aufhört.

Jede Seele ist der Gnade gewürdigt. Ich klopfe bei jeder an, kein Mensch kann sich entschuldigen er habe keinen Ruf und keine Ermahnung erhalten.

Bald muss Ich mit Leiden anklopfen, durch Krankheiten, Verluste, Armut usw., um dadurch die Seele auf Mich aufmerksam zu machen, und sie für Meine Seite zu gewinnen, bald sind es auch innere Ermahnungen, welche den Menschen aufrütteln und zum Suchen des beglückenden Friedens veranlassen.

149

Mein Nachgehen und das Locken zu Mir ist überall ausgeprägt; leider aber sind die Menschen zu weit zurück im Verlangen nach Mir, wenigstens die Mehrzahl derselben, darum immer wieder Zeiten eintreten müssen, wo Ich Mich einer Gesamtzahl als göttlicher Vater kundgebe, wie es nun auch in jetziger Zeit der Fall ist, dass Ich ganze Familien, Städte, Länder heimsuchen muss, um ihr Augenmerk dadurch wieder mehr auf Mich zu lenken.

Es ist auch dies ein Bahnbrechen für Mich, damit Ich Einzug in den Herzen halten kann, ein Posaunenstoß, welcher Meine Ankunft verkündet!

Wohl denen, die bereit sind Mich aufzunehmen, sie wissen, dass Ich nicht in äußerer Pracht erscheine, sondern sie kennen Mich als Denjenigen, Dem ein gereinigtes Herz die liebste Wohnstätte ist, sie werden daher den Reichtum, welchen sie innerlich erschauen, nicht mehr mit den inneren Schätzen vertauschen wollen. Amen!

118. Von der Verbindung des heiligen Vaters mit Seinen Kindern

8. Juni 1879

Meine lieben Kinder! Ich habe euch heute schon Worte gegeben über die Wirkungen des Heiligen Geistes, und wie ihr ohne Mich nichts tun könnt Prüfet diese Worte ernstlich, ob ihr schon die Erfahrung gemacht habt, wie es ist, ohne Mich zu leben, und ob ihr zufrieden dabei waret?

Es ist möglich, aber desto trauriger ein solcher Zustand, weil er Zeugnis gibt, dass ihr gottlos seid, und das Verlangen nach Mir in euch ganz verschwunden ist.

Sehet, darum gehe Ich auch immer wieder euch nach, um euch zurückzurufen, und habe euch die Gnade erzeigt, euch mit Mir in direkten Verkehr zu setzen, zur Stärkung eures Glaubens und Vertrauens.

Ich habe eure seligen Brüder vom Jenseits zu euch geschickt, dass sie euch die Wichtigkeit zeigen von der Verbindung des göttlichen Vaters mit Seinen Kindern.

Ihr könnt nun wissen was eure Bestimmung ist. Haltet daher fest an dem Vorsatze, nur bei Mir zu bleiben, damit auch ihr einst eingereiht werden könnt zu der Zahl der Seligen. Amen!

119. Ein Gang durch die Natur

15. Juni 1879

Meine lieben Kinder! Heute will Ich euch in Meine Natur führen, wo jetzt die Zeit ist, dass aus der Blüte die Früchte sich ansetzen, und alles sich nun vorbereitet reif zu werden.

Es soll euch diese Betrachtung ein Spiegel sein, wie auch auf geistigem Boden, worauf ihr steht, gleichfalls die Blüte, (worunter eure erste Begeisterung für Meine direkten Worte bei euch verstanden ist), jetzt sich zur Frucht ansetzen solle. Habt daher wohl acht auf die zerstörenden Feinde, als da sind Nebel, d.h. noch unklare Begriffe, welche euch geistig lähmen und mit Zweifeln beschweren; diese sollen auch in eurem geistigen Gebiete durch die Gnadensonne, welche klar über euch scheint, verscheucht werden. Das Ungeziefer, welches vieles abzufressen droht, ist ja ein Bild der Fragen des ungläubigen Verstandes, welcher manche tiefe Wahrheit nicht anerkennen will.

Ich sende zum Gedeihen der Früchte in Meiner Schöpfung abwechselnd oft Sonnenschein, oft Regen, erhöhe die Sonnenhitze und lasse sie wieder sinken, wie ihr aus Erfahrung wisst. Diese Abwechslung ruft in den Menschen bald freudige Hoffnung auf reiche Ernte, bald Verzagtheit wegen Misswuchs hervor.

Alle diese Erscheinungen sind Entsprechungen vom geistigen Leben, und ebenso die Früchte, welche, auch wenn sie anfangen zu wachsen, immer noch dem Untergange ausgesetzt sind; z.B. durch starken Sturm, zu große Hitze, Ungeziefer, wo eine stete Besorgnis für sie da ist.

Wenn der Mensch anfängt aus seiner Begeisterung heraus in Tat und Leben überzugehen, so ist dies die Zeit, wo aus der Blüte die Frucht sich ansetzt.

Um aber diesem Grundsatze treu und fest zu verbleiben und fort zu wachsen im inneren Leben, muss bei den vielen Hindernissen Meine Liebe nachhelfen, durch verschiedene Mittel, oft durch verstärkte Strahlen der Gnadensonne, welche Mein Geist

151

euch durch innere Erleuchtung zustrahlt, oft durch Stürme und Regen, (welche Leiden und Anfechtungen bezeichnen), damit ihr nicht in Eigendünkel und Hochmut verfallet, in eurem Bewusstsein - dass euch viel gegeben und anvertraut ist.

Diese zwei Leidenschaften sind die gefährlichen Würmer, welche oft die Frucht noch zerstören, wenn sie schon einen gewissen Grad von Reife erlangt hat, und da ist es wie in der Natur, d.h. es gibt kein menschliches Mittel dieselben zu verhüten oder auszutilgen als Meine Macht. Daher sollt ihr Mich täglich darum bitten, damit Ich euch helfend und schützend beistehe, und die Mittel dazu anwende, welche zur Reife dienen.

Überlasset es Mir, dieselben für euch Selbst zu wählen, und eine reiche Ernte soll euch zuteilwerden, wenn euer Wachstum also durch Meine Liebe gesegnet wird. Amen!

120. Zum Abendmahl

„Nehmet hin und esset, das ist Mein Leib
für euch in den Tod gegeben!"

(Mt. 26,26)   22. Juni 1879

Liebe Kinder! Diese Worte sagte Ich zu Meinen Jüngern einige Zeit vor Meinem Tode, beim Einsetzen des Abendmahls, als ihnen so bange war, was ihnen die Zukunft in nächster Zeit bringen werde, weil überall Zeichen waren, wie sehr Ich verfolgt wurde.

Sie waren deshalb betrübt, und Ich musste sie ganz besonders stärken, was nun durch das Liebesmahl geschah, welches sie mit Bereitwilligkeit und Dank annahmen. Meine Liebe sollte dadurch auch ihren Leib durchströmen, gleichwie Mein Leib von der Liebe durchdrungen war und daher verklärt wurde.

Darum ist die Liebe, welche Mich nicht verlieren will, sondern bei dem Gedanken des Verlustes sich tief betrübt, würdig Mich zu empfangen; Ich werde das Mahl mit solchen halten, und ihre Seele wird durch Mich gestärkt und mehr zu Mir gezogen werden.

Solch herzliches Verlangen und Sehnen nach Mir findet nicht immer gleich statt; daher Ich das Abendmahl als Erinnerungszeichen in der Christenheit einsetzte, um von außen her und durch die Gemeinschaft dasselbe Verlangen je und je wieder hervorzurufen, damit Ich immer wieder aufs Neue in die Herzen einziehen kann.

Darum auch bis auf die Jetztzeit durch Meine Fürsorge das Abendmahl als ein Akt heiliger Handlung betrachtet wird, und dasselbe als ein offenes Bekenntnis für Mich gilt, und daher einem jeden der es genießt auch Segen bringt.

Es ist recht nötig den Menschen durch äußere Handlung immer wieder aufzufordern zu einer Übergabe an Mich. Er muss von seinen Mitmenschen öfters dazu angeregt werden, weil er so gerne sich damit entschuldigt, dass auch andere gleichzeitig dahinleben. Darum Ich gerade in dem Abendmahl Meinen Einfluss verstärke, und oft manchen gleichgültigen Menschen dabei erfasse mit Meiner Liebe, dass er zu Mir gezogen wird, und Ich ihm Mein Leiden und Sterben ins Gedächtnis rufe.

So hat Meine große Erbarmung schon damals bei der Einsetzung des heiligen Mahles dafür gesorgt - nicht ganz von euch vergessen zu werden, sondern bittend euch die Labung gereicht - Meiner zu gedenken, und Mein ganzes Wesen in euch aufzunehmen.

Es wird das Abendmahl nach Meinem Willen, (als ein Andenken an die Zeit, wo Ich auf Erden wandelte, und den Meinigen in dieser Handlung Meine große Liebe bewiesen habe), in der Kirche nicht ausgerottet werden können, sondern immer als ein Akt zu Meiner Verehrung und Meinem Gedächtnisse fortbestehen; alle sonstigen Anordnungen können umgestoßen werden, nicht aber das Abendmahl. Dieses muss, obgleich auf verschiedene Art, doch stets Mich Selbst repräsentieren.

Darum ist es nötig, (obgleich ihr glaubt Mich als Vater ganz zu besitzen), auch in eurer Gemeinschaft das Liebesmahl zu genießen, da Ich mitten unter euch weilen will. Amen!

121. Der Herr bei den Jüngern zu Emmaus

29. Juni 1879

Liebe Kinder! Als Ich einigen von Meinen Jüngern nach der Auferstehung erschien, mit ihnen redete, und dann von ihnen scheiden wollte, da baten sie Mich: „Bleibe bei uns, denn es will Abend werden und der Tag hat sich geneigt!" (Lk. 24,29)

Diese Bitte geschah bei ihnen aus Nächstenliebe, sie wollten Mich als einen Fremdling, der ihnen lieb geworden, beherbergen, weil Ich über Punkte mit ihnen sprach, die in ihrer Bekümmernis ihre Herzensfragen beantworteten.

Es war nicht allein dunkel vom natürlichen Abend um sie her, sondern auch das Licht, welches sie durch Meine Lehre und Meinen Umgang in geistigen Erkenntnissen empfangen hatten, war getrübt durch Meinen Tod, welchen Ich erlitt.

Wie konnte es auch anders sein, sie hatten ja die höchsten Begriffe von Meiner Allmacht und Liebe, und konnten deshalb nicht fassen, warum Ich Mich so martern ließ, und dann vollends das leere Grab, also eine gänzliche Hinwegrückung (nach ihrem Sinne) machte sie vollends konfus; nur in ihrem Herzen konnte die Liebe zu Mir nicht ausgerottet werden.

Sie waren traurig, nicht wegen verfehlten Hoffnungen, welche ihnen Ansehen und Macht bringen sollten, sondern Mich Selbst und Meinen Verkehr vermissten sie; darum sie auch ihren Begleiter mit großer Liebe bei sich behalten wollten. Er sprach ja zu Meiner Rechtfertigung mit ihnen und tröstete sie.

Ich ging denn auch hinein mit ihnen, und setzte Mich zu ihrem Tische, und brach das Brot, damit sie Mich erkannten.

So, liebe Kinder, soll auch euer Herzenszustand sein, wenn euch um Meinetwillen wie Mir Spott und Hohn angetan wird, und ihr betrübt und einsam euren Weg geht, und dann still das Heimweh nach Mir in euch traget. Da schätzet alles hoch, was ihr von Mir zu hören und zu lesen erhaltet, seid brüderlich mit denen, die gleichfalls Mich als den Herrn suchen, es wird auch da der eine eher Mich erschauen als der andere, und euch verkünden: „Ich habe den Herrn gesehen, Er ist auch in Mir auferstanden".

Obgleich Ich nicht von euch weiche, sondern alle Tage euch zur Seite bin, so ist doch das Erkennen, dass Ich es bin, eine erhöhte Seligkeit, wenn Ich Einzug halte und Wohnung nehme, und das Brot mit euch teile, d.h. Meine göttliche Liebe euch so zufließen lasse, dass ihr gestärkt werdet und Mich erkennet. Nach solcher Stärkung, welche dem Glauben das Siegel aufdrückt, wird der Heilige Geist Sein Amt fortsetzen; denn in der Überzeugung, dass der Herr bei euch ist, und die Gnadenströme nur von Ihm ausfließen, könnt ihr getrost dem Heiligen Geiste das Ohr öffnen, damit er euch in alle Wahrheit leite.

Auch vor euren geistigen Augen, die ihr durch den direkten Verkehr in vertrauterem Umgang mit Mir steht, bin Ich wiederum in ein Grab gelegt, durch den Spott und Hohn, welchen die Gelehrten über Mich schreiben, um das Licht des Geistes in den Herzen zu vertilgen, und ihre eigenen Verstandesausgeburten groß zu ziehen.

Wenn ihr nun einsam wandelt auf eurem Lebenswege, heimwehkrank, weil ihr Mich nicht finden könnt, so liebt solche, welche euch am Weg begegnen, nehmt sie auf in Liebe in Meinem Namen; auch sie können euch oft Aufschlüsse geben über Mich, und Ich will dazu kommen und euch das Brot reichen, das nötig ist Mich ganz zu erkennen, als Den, Dem alle Gewalt im Himmel und auf Erden gegeben ist, auch über eure Herzen, wenn ihr die Türe selbst dazu aufschließet.

So nehmt auch heute Meinen Segen. Meine Gnadensonne erhelle euch den Weg, welchen ihr gehen müsst, Mich suchend, damit ihr Mich findet, ehe die Nacht völlig hereinbricht. Amen!

122. Sorget nicht!

4. Juli 1879

Liebe Kinder! Diese Worte will Ich heute als Vater euch zurufen, indem ihr als schwache Kinder glaubet - ihr wollt sorgen, dass die Worte, welche euch Meine Gnade direkt gespendet hat, zu ihrer Geltung kommen sollen. Ja, liebe Kinder, diesen Wunsch will Ich euch (zwar) segnen, aber lasst die Worte dadurch mehr zur Geltung kommen, dass ihr sie in eurem Herzen gut aufbewahret, und durch die tätige Liebe sie zu verwerten suchet. Traget also ihre wirkende Kraft zur Schau, und Ich will das Meinige hinzutun und euch auch den Raum zeigen, wo dieselben aufgenommen werden.

Denn obwohl nach Meinem Heimgange zum Vater Meine gänzliche Austilgung nach Außen angenommen wurde, so ist dieses doch bis auf die Jetztzeit nicht der Fall. Ewig und allmächtig bin Ich euer Gott; keine Macht, kein Hindernis kann Mir im Wege stehen, das auszuführen, was Meine Liebe und Weisheit für gut befindet!

Mein Name ist unauslöschlich, wenn er einmal in einem Orte geschrieben steht, d.h. *keine menschliche Vernunft und kein* menschliches Auge kann ihn auswischen; das Herz ist die Gedenktafel, welche Ich Mir vorbehalten habe! Sobald Ich von den Menschen eingeladen werde, die Flammenschrift auch ihnen einzuprägen, bleibt dieselbe unauslöschlich, wenn auch noch so viele Stürme über sie kommen, und selbst wenn der Mensch auch wieder ganz abgeneigt gegen Mich wird, so klopft Meine Gnade doch immer wieder bei ihm an. Denn alles, was von Mir ausgeht, besteht ewig, darum auch eine Übergabe an Mich, wozu Ich dann Meinen Segen gebe, unwiderruflich ist. Immer wieder knüpfe Ich an dieselbe an, wenn solche einmal ernstlich stattfand, und sollten auch Zeiträume dazwischen kommen, welche von einem gänzlichen Abfalle zeugen, was sehr traurig ist, so bleibt dennoch Mein Gnadenzug, und wird bei der geringsten Buße verstärkt.

Es ist deshalb eine ewige Wahrheit, dass nichts verloren geht, das den Stempel der Göttlichkeit trägt. Warum sollen deshalb Meine Offenbarungen, welche mit großer wirkender Kraft begleitet sind, verloren gehen? Nie wird solches geschehen! Glaubet fest, und lasst euch durch euren Verstand, der so viel Ungeduld in euch hervorruft, nicht irremachen, wenn sie (die Gelehrten) Mich da sie in solchen (gegen den Verstand gerichteten) Worten ihren Untergang sehen, vollends wegzuräumen suchen. Doch wissen die Toren nicht, dass zwischen der Grablegung und der Auferstehung eine kleine Zeit ist, und gerade durch diese der Weg zum Triumphe gebahnt wird!

Ich habe in jedes Vorkommnis in Meinem Leben eine Entsprechung gelegt für Meine Lehre, wie es derselben ergehen wird, also auch in den Tod das Auferstehen. Darum liebe Kinder, die ihr Mich schon begraben wähnet, auf dem einsamen Weg nach Emmaus sollt ihr Mich finden, dort will Ich euch erquicken durch Meine Worte, und gleich wie die Schar der Jünger dort eine geringe war, und Meine Lehre nun doch über alle Lande ausgebreitet ist, also sollen die ewigen Wahrheiten, wenn dieselben zuerst ihre Kraft auch nur an einzelnen beweisen, ein Allgemeingut werden. Tuet was die Bedingungen dabei sind und hoffet, dass auch Ich Mein Wort halten werde. Amen!

Euer Vater in Jesu Christo!

123. Der Kampf in dieser Welt soll den Geist ausreifen

13. Juli 1879

Liebe Kinder! In dem materiellen Leben ist die größte Gelegenheit geboten den Geist zu seiner hohen Bestimmung zu veredeln, dadurch dass er die Seele beeinflusst, sich mit ihm zu vereinigen und die Freiheit die ihr gegeben ist, nicht zu missbrauchen, um sinnliche Genüsse anzustreben, wodurch sie untüchtig gemacht wird für die Erreichung ihres seligen Zieles.

Gerade die Erhaltung des Körpers ist es, welche nötig macht, dass Sorge und Arbeit mit dem Leben verbunden sind, freilich in verschiedenen Stufen, oft durch dringende Nahrungssorgen, und wo diese wegfallen, sind es oft Sorgen für die Gesundheit; immer hat der Mensch etwas, wo er an sich selbst denken muss, und gerade dieses Etwas soll ihn antreiben, mit einem höheren Wesen oder mit Mir sich zu beraten; denn in diesen Fällen wird ihm klar, dass er nicht ganz unabhängig ist, wenn er das Richtige finden und seine Aufgabe als Mensch lösen will.

Hierzu machen ihn die Gesetze und Lehren von außen und die Stimme im Inneren aufmerksam, die immer wieder tönt und bei keinem Menschen ganz entfernt, obwohl bis auf einen tiefen Grad abgestumpft werden kann, um endlich einmal desto stärker sich vernehmen zu lassen, was sehr oft erst dann geschieht, wenn die Teilung zwischen Seele und Leib stattfindet, (beim Sterben), und es ist also auch dies noch ein Gnadenakt, welcher segensreich fürs Jenseits ist! Diejenigen aber, welche auch diesem Anklopfen das Ohr verschließen, werden einst Drüben schwer und lange zu tun haben, das hohe Ziel, welches Meine Liebe ihnen bestimmt hat, (und dann vielleicht nur teilweise?) zu erlangen.

Darum sind die Vorkommnisse in diesem Leben so eingerichtet, dass sie schneller befördern; wer dieselben im Rat mit Mir ausnützt, kann schon hier gepriesen werden als ein Kind von Mir!

Denn gleichwie Ich als Vater durch unsichtbare Kräfte unter euch walte, und doch alles bestens hinausführe, so sollen Meine Kinder eine geistige Kraft erhalten, alle ihre Vorkommnisse zum geistigen Gewinn auszubeuten, zuerst für sich selbst. Sind sie durch ihre völlige Übergabe an Mich in eine innigere Verbindung mit Mir getreten, so dass die Liebe gegen Mich und die Mitgeschöpfe dadurch in stetem Wachstum ist, dann ist ein

Ausfluss der Liebe möglich, welcher auch ihrer Umgebung zum Segen wird. Diese wird durch den Genuss derselben gleichfalls sich angetrieben fühlen die Hauptquelle zu suchen, von welcher die beglückende Liebe ausgeht; und ihr sollt durch Meine Hilfe befähigt werden solchen Suchenden den Weg zu Mir, als der Hauptquelle alles Lebens, aller Liebe, aller Kraft, zu zeigen, damit auch sie das materielle Leben als den kürzeren Weg, der zum Seligsein führt, schätzen lernen, und sich keine Kluft denken, über welche sie einst nach ihrem Ableben diesseits durch außerordentliche Mittel könnten in den Stand der Seligen gehoben werden, sondern dass sie schon hier den Anfang machen müssen, durch ihr Wollen und Tun, welches sie einrichten sollen nach Meinem Wort, welches in der Heiligen Schrift niedergeschrieben ist, und dessen Echtheit durch Mein Leben und Sterben verbürgt ist, wie auch durch die Einwirkung des Geistes, welches ihr Gewissen nennet.

Dass das Gewissen der Geist in euch ist, sollt ihr daran erkennen, dass wenn der Mensch sein Wollen nach Mir einzurichten bemüht ist, das Gewissen immer zarter und feiner auftritt, und auch die kleinsten Fehler rügt, was bei solchen Menschen, die in das Materielle verstrickt sind, weniger der Fall ist, weil ihr freier Wille nicht dazu geneigt ist auf die Einflüsterungen, welche zum Guten antreiben, tatsächlich acht zu haben, weil dieselben verbieten Habsucht, Geiz, Stolz und alle bösen Leidenschaften zu hegen, die bei dem Trachten nach Irdischem, Besitz vom Menschen nehmen.

Ihr, die ihr den Mahnruf vernommen habt, nicht allein durch euer Gewissen, sondern auch durch die Erleuchtung Meiner Heiligen Schrift, welche durch die (neu) gegebenen direkten Worte euch zuteilwird; leset oft die Worte in der Schrift und grabet sie tief in euer Wollen und Tun ein:

„Trachtet am ersten nach dem Reiche Gottes, und nach Seiner Gerechtigkeit, so wird euch das Übrige alles zufallen!" (Mt. 6,33) Amen!

124. Freuet euch, denn des Vaters Hand führt alles herrlich hinaus!

20. Juli 1879

Liebe Kinder! Eine besondere Freude ist es, die heute eure Herzen empfinden, bei der Erfahrung die ihr gemacht habt, dass Ich alles herrlich hinausführen will. Nachdem ihr lange sorget in den Besitz Meiner anderen direkten Worte zu gelangen, seid ihr nun erfreut, dass ihr sie jetzt ganz unerwartet erhalten habt, wenigstens solche, die euch schon bekannt sind.[1]

Gleichwie der Baumeister die Steine vorher zurichten lässt, und für das weitere Material sorgt, ehe der Bau aufgeführt wird, also ist auch Mein Walten, um den neuen Tempel herzustellen, dessen Spitzen in den Himmel ragen sollen, damit Himmel und Erde miteinander verbunden sind.

Alle Vorbereitungen dazu geschehen so viel als möglich im Verborgenen, und nur solche merken dieses, welche mit großem Interesse teilnehmen, dass Ich mehr geliebt und geehrt werden solle, und die darum in der Jetztzeit beim Überblicke der großen Gottentfremdung mit sehnsüchtigem Herzen bitten: „Dein Reich komme! Dein Wille geschehe!" (Mt. 6,10)

Dass Mein Wille geschehen muss in der Weltregierung, das könnt ihr aus allem erkennen, denn was nun Meinem Reiche hindernd im Wege steht, wird zermalmt, oft über alles Begreifen der Menschen, welche bei manchen Fällen gar nicht mehr glauben, dass geholfen werden könne!

Solche Überweisungen sind nötig für die Menschen, damit sie Meine Macht nicht vollends ganz verwerfen; darum Ich auch oft bei Meinen Kindern ein dunkles Verhältnis zulassen muss, das sie trotz innerer Erleuchtung doch nicht durchschauen können. Sie sollen dadurch mehr auf Meine Liebe und Macht hingeleitet werden, dass sie sich getrauen in Meinem Namen etwas auszuführen und sich dabei keine Stütze durch den Verstand suchen wollen.

Dies ist auch für euch höchst nötig, wenn ihr Mir wahre Kinder werden wollt, dass ihr mit Freudigkeit eures Vaters gedenkt, wohl wissend, dass Er an euch das Vaterrecht nicht vergibt, sondern sobald von irgendwoher angestrebt wird es euch streitig

---

[1] Die Geisterszenen im Original

zu machen, Ich bereit bin, mit Meiner Macht zu zeigen, dass Ich helfen will und kann.

Wenn ihr so gestützt auf Mich in eurer Not rufet: „Dein Wille geschehe!" so hindert euer Wille Mich nicht mehr zu eurem Besten zu handeln, sei es durch Freude oder Leid, es muss für euch zum Segen werden, und wenn es auch gegen eure eigene Berechnung geht.

Wenn euer Anliegen ist: „Dein Reich komme!", „Dein Wille geschehe auf Erden, wie im Himmel!" (Mt. 6,10) so soll der Segen von Mir darüber heißen: „Amen! Amen!"

Vorerst findet dieses bei einzelnen statt; durch diese Hingabe wird es Meinen Engeln möglich gemacht, ihren Einfluss auf den einzelnen Menschen zu verstärken; und wenn es Zeit ist, dass diese wahren Kinder zur Mehrzahl heranwachsen, wozu nun alle Vorkommnisse hinwirken sollen, sowohl durch Unglücksfälle, Naturereignisse, als auch durch das viele sittliche Verderben, welches zugelassen wird, damit die Menschen einsehen lernen - wer besser daran ist, die, welche zu Mir halten und ihren freien Willen Mir unterordnen, oder die, welche mit demselben allen bösen Leidenschaften frönen und dadurch der Hölle ihr Reich aufbauen?

Wenn Mein großes „Amen" ausgesprochen wird am Ende, so werden sie erst recht fühlen den Unterschied zwischen dem Reiche der Liebe und des Friedens, und dem Reiche des Hasses und der Finsternis.

Einstweilen aber genießet ihr, die ihr auf Meine Seite getreten seid, den Frieden, der euch zuteilwird, sobald ihr euch traulich an Mich wendet, und euer Herz vor Mir ausschüttet, mit der Zuversicht: „Mein Vater ist Gott und Gott ist mein Vater! Er will helfen, und kann helfen! Halleluja!" Amen.

125. Will Mir jemand nachfolgen, der nehme Sein Kreuz auf sich und folge Mir nach!

(Mt. 16,24)   27. Juli 1879

Liebe Kinder! Diese Worte enthalten eine Hauptbedingung, welche zu Meiner Nachfolge gehört; denn wie Ich Selbst keinen anderen Weg gemacht habe, als den Kreuzesweg, und noch in den letzten Stunden Meines irdischen Lebens Mein hölzernes

Kreuz willig mit dem Bewusstsein trug, dass es für Mich zur Todesqual bestimmt war; und wie Ich deshalb als Mensch wie ihr darunter zusammengesunken bin, so kann auch Meinen Schülern das Kreuz nicht ganz beseitigt werden, sondern es wird als Beförderungsmittel zu ihrer Vollendung immer wieder sich einstellen.

Das Kreuz entspringt aus dem Materiellem; zum Teil sind es Verluste, Entbehrungen, Missverhältnisse, Krankheiten, Armut, Enttäuschungen, welche dasselbe für euch zurechtzimmern, und durch das Auflegen desselben von anderen wird seine Last noch schwerer, weil ihr dabei gegen Anklage, Lieblosigkeit, sogar gegen Hass kämpfen müsst; aber solche Kämpfe sollen euch gerade Sieg und Segen bringen.

Gleichwie Ich beim Niedersinken einen Kreuzträger erhielt, der bis zu dem Bestimmungsorte dasselbe Mir nachtragen, oder teilweise abnehmen musste, so dürfet auch ihr glauben, dass wenn die Last euch zu erdrücken droht, Meine erbarmende Liebe eine Abhilfe schickt, sei es durch einen teilnehmenden Freund, der euch die Last des Kreuzes erleichtert, dass ihr den Weg gehen könnt, der zum Tode führt, d.h. der das gänzliche Absterben des Natürlichen in euch bewirkt.

Gleichwie aber Ich Mein Kreuz auf verwundetem Rücken bei Spott und Hohn der Welt fortschleppen musste, aber dabei innerlich recht beim Vater anhielt - Mir doch Meine Kraft zu vermehren, so sollt auch ihr, durch die Kreuztragung von der Welt euch abwendend, ganz eure Kraft beim Vater suchen, weil ihr wisst: „Es ist der Weg, der zu Ihm führt, Er lässt mich nicht unterwegs liegen, sondern schickt mir einen Führer, der mich zu Ihm bringt."

Auch in dem Führer, der Mir Mein Kreuz trug und vom Felde kam, liegt für euch eine Entsprechung; es ist der Führer der Sämann, der den Samen aufs Feld trug und dasselbe bebaute, so ist auch der Heilige Geist ein Führer und ein Sämann, der nach dem Säen und Bauen, wenn er seine Arbeit getan hat, durch geistigen Trost euch das Kreuz erleichtert, mitträgt und euch begleitet bis zur Stätte, da dem Fleische der Todesstoß vollends gegeben werden soll.

Darum, wer Mir nachfolgen will, der muss das Kreuztragen lernen, welches die Welt ihm auferlegt, mit der Zuversicht, dass,

„so wie der Vater Christo Sein Kreuz nachtragen ließ, als Er niedersinken wollte, so wird Er auch mir, wenn ich mich nicht von Ihm abwende, den Geist und die Kraft zur rechten Zeit verleihen, welche nötig sind, das Ziel zu erreichen, wo der Tod zum wahren Leben, oder durch Nacht zum Lichte führt."

Liebe Kinder! Der Kreuzesweg ist geheiligt durch Meine Fußstapfen, wollt ihr also mit den Meinigen in Verbindung kommen, so suchet sie auf dem Kreuzeswege, dort ist der Sammelplatz, wo auch meine Diener vom Jenseits sich zuerst gelagert haben, und bereit sind jedem Wanderer so viel als möglich Hilfe zu leisten, wenn er müde des Kreuzes beim Vater um Abnahme fleht; und so rufe Ich euch zu: Nehmet das Kreuz auf euch, mit der festen Zuversicht, dass dem Kreuztragenden nach Meinem Willen die Siegeskrone bestimmt ist. Amen.

126. Seid fröhlich in Hoffnung, geduldig in Trübsal, haltet an am Gebet!

(Röm. 12,12)   3. August 1879

Liebe Kinder! Diese drei Regeln sollen Meine Kinder sich ganz aneignen, ihr Hoffen soll sich gründen auf Meine Vaterliebe, die ihnen nur wahrhaft Gutes zugedacht hat, sie sollen darum nicht zagen, wenn es gegen ihre eigenen Ansichten geht in Fällen, welche zu ordnen doch Mir von ihnen übertragen sind; darum auch die zweite Regel, geduldig in Trübsal zu sein, dabei beobachtet werden muss, wie auch das Anhalten im Gebet.

Denn im Hoffen soll das Vertrauen liegen, dass Ich es recht mache; darum auch die Trübsal, welche oft von Mir über euch verhängt wird, zum wahren Besten dienen muss.

Aus diesem Vertrauen in Meine väterliche Liebe und Fürsorge entspringt die Geduld, welche sich Mir ganz in die Arme wirft, mit anhaltendem Gebet. Fühlet ihr, dass ihr die Trübsal nicht mit solcher Ruhe und Geduld ertragen könnt, wie es einem Kinde von Mir geziemt, nachdem es schon viele Erfahrungen gemacht hat, wie Ich alles herrlich hinausführe, so seid anhaltend mit Mir beschäftigt im Gebet, im stillen Umgange, sorget, dass derselbe ein gehobener, ein beglückender ist, dann wird das Bittere der Trübsal weichen.

Grübelt nicht nach, wie eurer Lage im Äußeren am besten abgeholfen werden könnte, sondern legt eure Sorgen auf Mich; wenn Ich bei euch bin, dürfet ihr sie ja nicht weit schleppen, sondern nur Mir sie hinlegen.

Ein solches Vertrauen Meiner Kinder weise Ich nicht zurück, sondern Ich schaue dieses väterlich an und ordne alles Nötige im Stillen; denn auch das Warten in Geduld gehört dazu, Ich will Mich auch als den Wahrhaftigen anerkennen lassen, Der Ich bin, auch wenn Ich lange verziehe mit Meiner Hilfe, aber dennoch das Zeugnis von Meinen Kindern erhalten will: „Herr Du tust über Bitten und Verstehen!"

So, liebe Kinder, sollen auch bei euch diese Worte als ein Dankpsalm euren Herzen entfließen, nicht bloß im Rückblick auf schon empfangene Durchhilfe, sondern auch zur Zeit der Anfechtung seien diese Worte euer Lobgesang, damit ihr freudig hoffet, geduldig leidet und im Gebet nicht müde werdet, und Ich unter euch wirken kann, als unter Meinen wahren Kindern, die ihre Führung als vom Vater Selbst kommend zu würdigen wissen, und durch ihre Ruhe und Zufriedenheit Mir auch vor der Welt das Zeugnis ausstellen, dass keiner zuschanden wird, der Meiner harret.

Also mit unantastbaren Gütern ausgerüstet laufet in dem Kampf, welcher euch verordnet ist, und richtet euren Blick dabei auf Den, Der den Glauben in euch angefangen hat und denselben auch vollenden will, damit ihr als Sieger zu Dessen Herrlichkeit eingehen könnt, Der euch tüchtig macht zum Erbteil der Heiligen im Lichte. Euer Vorgänger Jesus Christus. Amen!

127. Vertrauet - auch in der Anfechtung - auf Meine Liebe!

10. August 1879

Liebe Kinder! Meine Liebe hat sich an euch bezeuget von Kindesbeinen an, in eurer ganzen Ausstattung habe Ich durch den Odem Meiner Liebe den Zug in euch gelegt nach Mir zu streben. Unbewusst dieses Zuges suchet ihr überall euer Verlangen zu stillen, und seid so lange herumgeirrt, bis ihr ermattet waret, wo Meine Weisheit es dann für gut fand, euch eine Speise zukommen zu lassen zu eurer Stärkung, die in der Jetztzeit noch gar wenige zu kosten erhalten.

Bei Meinen früheren Kindern vor Meinem Erdenwandel war dies mehr der Fall, weil eine Verbindung zwischen Mir und ihnen nie aufhören sollte; doch da Ich nun durch Meine Person und Meine Lehre wieder mehr in einen Verkehr mit den Menschen, zunächst mit Meinen Jüngern und durch sie mit den übrigen Menschen kam, so legte Ich in Meine Lehre die große Kraft, dass sie nie mehr vertilgt oder ausgerottet werden kann!

Denn gerade Meine Worte sind es, welche dem Reiche des Satans den Untergang bereiten; darum er auch mit aller Anstrengung dieselben antastet, teils in einzelnen Herzen, teils durch öffentlichen Unglauben, wenn er Einzelne soweit gebracht hat, dass sie denselben zur Schau tragen, um auch andere dadurch zu ihren Ansichten zu bringen; doch Mein Entgegenwirken klopft immer wieder bei ihrem Gewissen an, sie kommen zu keinem wahren Frieden und keiner Ruhe, und es ist dadurch schon mancher Gottesleugner dann noch Mein eifriger Nachfolger geworden.

Jetzt aber, wo der Unglaube mehr siegt, will auch Ich Mich mit unsichtbarer Macht aufmachen, und die Kraft Meiner Worte dadurch erneuern, dass Ich wieder mehr direkt Mich kundgebe.

Doch, liebe Kinder, glaubet nicht, dass euer Vater so schwach ist, dass Er nicht hätte den großen Abfall verhindern können; aber wahrhaft, gerecht, unveränderlich ist Er, Seine Ordnung bleibt ewig. Die Liebe hat den Menschen, als ihren Kindern, den freien Willen gegeben und Ich will ihn nicht zurücknehmen, obschon Ich es könnte, aber dadurch Meinen Kindern das höchste Ziel entziehen müsste. Wenn aber dieselben solch hohe Gnade erkennen und danach zu leben sich bestreben, so haben sie es mit dem Fürsten der Finsternis gewaltig zu tun, und es kann ihnen zwar dieser Kampf nicht erspart werden; aber sie können eine Zulage von göttlicher Kraft jederzeit bei Mir abholen.

Darum bleibet mutig in den Stunden der Anfechtung, wisst, es ist nur ein Anlauf dessen, der keine Macht hat Meine Kinder, welche sich ganz und gar auf Mich verlassen, zu verderben, und wenn es auch den Anschein dazu hätte, ein einziger herzlicher

Seufzer nach Mir - und er muss weichen, nachdem er dazu beigetragen hat, dass Meine Kinder desto näher zu Mir eilten. Amen.

128. Beharrung führt zum Ziele

17. August 1879

Liebe Kinder! Schon recht viele Worte habe Ich euch gegeben, welche euch zur Richtschnur dienen sollen, mit Mir immer inniger und vertrauter zu verkehren.

Ich habe euch Mein ganzes Wesen auseinandergesetzt, damit ihr von allen Seiten zu demselben Zugang habt, als Vater, als Sohn und als Heiliger Geist dürfet ihr Mich erfassen, wie es euer eigener Standpunkt zurzeit, da ihr Mich besonders suchet, eben gerade benötigt; denn eure Lagen sind sehr verschieden, oft seid ihr gehoben und betrachtet euer Wissen als einen erworbenen Reichtum, wo als Gegenmittel eine starke Anfechtung nötig wird, welche Ich zulassen muss, damit ihr wieder mehr Meines Ausspruches gedenkt: „Ohne Mich könnt ihr nichts tun" (Joh. 15,5) und euch nicht zu weit von der Vaterhilfe entfernet.

Oft sind es bei euch auch andere Übungen, verursacht von eurer Umgebung, welche euch zeigen sollen wie weit eure Liebe und Geduld gegen dieselben ausreicht, auch Armut und Entbehrung sind gute Lehrer, welche auf Mich hinweisen zum Vertrauen, und bei deren Abhilfe zum Dank!

So sind Meine Worte bei denen, welche sie noch wert halten und dieselben zu befolgen streben, immer mit einem Verhältnis im Zusammenhange, welches dazu beiträgt, dieselben leichter in Leben und Tat zu bringen.

Meine Erziehungsmittel können nicht allein in Worten bestehen, sondern Ich sorge für Meine Kinder, dass auch die nötige Gelegenheit für sie da ist, sich in dem, was sie als gut und wahr anerkennen, zu üben.

Freilich kommt dann für solche Kinder auch manches, was ganz gegen ihren eigenen Willen geht, besonders in der Jetztzeit, wo die Entfremdung von Mir eine so große und allgemeine ist, da hat ein Kind von Mir vieles durchzukämpfen, es steht gleich einem zarten Pflänzlein unter einem Acker voll Unkraut, das von demselben überwuchert wird; aller Zufluss von der

Erde, welcher das Wachstum unterstützen soll, wird ihm entzogen und es wäre dem Verderben ausgesetzt, wenn nicht die Sonne es emporziehen würde, welche es gleichmäßig mit dem übrigen Gewächs bescheint, nur dass sie auf dasselbe viel empfänglicher einwirkt, weil es sonst keine Nahrungsquelle hat.

Ebenso ist es mit einem Kinde von Mir, dasselbe ist nun bloß noch geduldet unter den Pflanzen der Wissenschaft, des Reichtums und der Ehre; beeinträchtigt steht es daneben; wenn seine Wurzeln einmal locker gemacht worden sind in der Erde, oder wenn sein Streben sich von dem Materiellen ab- und dem Himmel zuwendet, so ist es der Gnadensonne recht bedürftig, und sein weiteres Fortkommen hängt von dieser Liebeswärme ab.

Wie in der Natur die schönsten Pflanzen und die schönsten und genussreichsten Früchte diejenigen sind, welche der Sonne am meisten ausgesetzt waren, dagegen die Schattenpflanzen weniger Blüte und fast ungenießbare Früchte treiben, aber zu ihrem Bestehen der Sonne doch nicht ganz entbehren können, also ist es auch bei den Menschen. Diejenigen, welche die Gnadensonne auf sich einwirken lassen, sind schon für ihre Umgebung mehr zum Segen, befördern in dem Umgange mit anderen deren Wohl und bereiten denselben einen Genuss, wenn dieselben empfänglich dafür sind; während die, welche bloß das Bewundern, aber dabei ganz verderben würden, wenn Meine große Erbarmung nicht auch ihnen den Gnadenstrahl zufließen ließe, welcher immer wieder das Erstarrte zu erwärmen und zu beleben sucht.

Oh liebe Kinder, Meine Erde gleicht nun einem verwüsteten Garten, worin das Unkraut die schöne Saat ganz überwuchert, und wenige Arbeiter zu finden sind, die wirklich Hand anlegen dasselbe auszurotten, ihre Kraft reicht bloß noch aus - sich selbst zu erhalten; darum Ich auch bei ihnen nach außen alle möglichen Schutzmittel anwenden muss, sie zu bewahren. Die Zeit der Ernte ist vor der Tür, wo Ich das Unkraut sammeln und binden lassen muss, damit nicht alles Gute unter demselben ersticke.

Ich muss zuerst an Meinen Kindern dasselbe ausmerzen im Herzen, was oft durch ätzende Mittel und Schmerzen an dem Fleische geschehen muss; hernach werde Ich die Gesamtzahl durch große Weltereignisse dahin rufen lassen, wo Meine erbarmende Liebe immer noch harrt, sie zurückzubringen in die Wohnungen der ewigen Seligkeit. Amen!

129. Wer da hat, der wird noch mehr bekommen; wem viel gegeben ist, von dem wird viel gefordert!

(Mt. 25,29)   24. August 1879

Liebe Kinder! Diese Worte spricht euer Vater heute Selbst zu euch, prüft daher, ob sie euch freudig erheben, wenn ihr daran denkt - wie vieles ihr schon empfangen habt durch euren Verkehr mit Mir; es sind ja nicht allein Worte, sondern es ist die Liebe, welche euch dadurch zufließt und in euch die beglückende Gegenliebe bewirken soll!

Oder könnt ihr dabei unempfindlich bleiben, wenn Ich euch stufenweise weiter leite, gleichwie ein Vater ein Kind bei der Hand nimmt und es durch eine schöne Gegend führt, wo selbst er gedenkt, später seinen Aufenthalt zu nehmen, so wird Er dasselbe unterwegs auf allerlei aufmerksam machen, was am Wege steht. Teils sind es nützliche Pflanzen, schöne Früchte, Ebenen, Berge, Wasser, Feld und Wald, teils allerlei Tiere, Insekten und Würmer, auch verschiedene Arten von Vögeln, welche oft erfreuen durch ihren schönen Gesang; oft sind sie auch stumm, aber zu desto größerem Nutzen da. Alle diese Gegenstände möchte der Vater dazu ausbeuten, dem Kinde Mut, Geschicklichkeit und Belehrung beizubringen, und freut sich im Stillen, wenn dasselbe recht aufmerksam Schritt für Schritt mit Ihm wandelt, ohne zu fragen - wann kommt das Ziel; es ist ja beim Vater und genießt dabei gar vieles, der Vater hat ja auch keinen weiteren Genuss, sondern ist glücklich in der Gegenwart, wo ihn so vieles Nützliche, Schöne, Erfreuliche und Kunstvolle umgibt.

Überall, wohin das Auge blickt, sieht es Leben, gemischt von Freude und Trauer, es kommt dabei viel auf den Sinn an, mit welchem es aufgefasst wird. Das Kind wandelt ruhig an der Hand des Vaters weiter, es ist ja seine Hauptaufgabe mit dem Vater zu gehen, wohin derselbe geht, es lässt sich nicht zu viel stören von den allerlei Begebnissen, sondern benützt dieselben nach der Anleitung des Vaters; der lange Weg ermüdet es nicht, es geht ja nicht allein, und hat Gelegenheit sich auszubilden bei solch großer Mannigfaltigkeit; sein Glück, seine Zufriedenheit beruht auf dem Beisammensein und Einverständnis mit dem Vater, deshalb grübelt es nicht, was noch kommen wird, oder wo etwa Halt gemacht werden soll.

Seht, liebe Kinder, dieses Bild soll euch zeigen, wie auch ihr auf den Wegen eures Lebens euch verhalten sollt, gleich wie jedes Kind! Alles, was am Wege euch vorkommt, ist zur Aufmunterung und zur Warnung für euch so hingestellt, wie ihr es brauchet, Freude, Leid und Erquickung sind bezeichnet durch Berge, Täler, Wasser. Tiere und Gewürm sind eure Eigenschaften und Leidenschaften, die Vögel eure erhabenen Gedanken, welche singen; teilweise sind es Gedanken der Anfechtungen, welche stumm sind, aber oft vielen Segen bringen.

So ist alles in der Natur eine Entsprechung für den inneren Gang des Menschen, der in die Wiedergeburt eingetreten ist, so dass sein Auge nun geistig die Schöpfung betrachtet und nicht mehr mit materiellen gierigen Blicken. Darum: „Wer da hat, der wird noch mehr bekommen." (Mt. 25,29) Wer die Liebe zum Vater in sich aufgenommen hat, dem wird durch solch innere Anschauungen dieselbe jeden Tag mehr erhöht werden, er wird sich immer glücklicher fühlen, wenn sich wieder eine Lösung bei ihm klar macht über diese oder jene Entsprechung.

Aber es wird auch viel von ihm gefordert werden, denn da erwächst für solche Seelen eine große Verantwortung. Ihr dürft in manchen Fällen nicht mehr nach weltlichem Gutachten handeln, sondern genau forschen was Mein Wille dabei ist, und wollt ihr demselben nachkommen, wird oft viel Verleugnung und Kampf dazu erforderlich sein.

Darum: „Wem viel anvertraut ist, von dem wird viel gefordert werden" (Lk. 12,48). Wundert euch darum nicht, wenn auch ihr auf eurem Lebenswege viele Klippen und Widersprüche antreffet, betrachtet alles an der Hand des Vaters und Ich will euch dieselbe nicht entziehen, sondern belehrend euch zur Seite stehen. Sehnet euch also nicht so sehr nach einem Ziele als Ruhestatt, es sei euch genug Mich bei euch zu haben, und so wird der Weg schon belohnend genug, um euren inneren Frieden herzustellen. Amen!

130. Himmel und Erde vereint - zum Zeugnis vom Herrn

31. August 1879

Liebe Kinder! Ihr seid heute versammelt, um euch mehr in das Geisterreich im Verkehr mit den Brüdern vom Jenseits zu versetzen, und dies aus dem Grunde, weil sie von Mir zeugen (bei einem Besuche aus Triest).

Nun will Ich auch heute zuerst Selbst mit euch verkehren, besonders da Meine liebe Tochter die Mühe auf sich genommen hat, Mich da zu suchen, wo sie eine Quelle Meiner direkten Worte zu finden glaubt; doch ist sie noch nicht völlig davon überzeugt; Ich sage ihr deshalb hier noch: „Den du suchest, Den kannst du hier finden, es ist dein Vater, Der auch in deiner Heimat auf diese Weise euch schon so oft besucht hat".

Trage diese Botschaft deinen anderen geistigen Geschwistern mit nach Hause und sage ihnen: „Da wo die Liebe rein göttlich herrscht, da weilt der liebe Gott als Vater und bezeugt Sich in Seinem Worte," welches aber nur als ein sanftes leises Öl, ohne alles Geräusch und ohne viel (auffallenden) Geschmack dahinfließt, aber doch da, wo das Herz offen ist, eine herrliche Wirkung hervorbringt.

So, liebe Tochter, will Ich es halten; jetzt ist die Zeit, wo Meine Kinder nichts mehr mit den Weltereignissen zu tun haben sollen, welche Ich ihnen zuvor verkünden ließ, damit sie die Gefahr erkennen, welche dann auf sie wartet. Die Zeit ist jetzt da, es ist die Zeit des Abfalls, wo aller Luxus und alle Genusssucht das höchste Ziel erreichen und Meine Kinder jetzt die Aufgabe haben, sich selbst davor zu hüten und zu bewahren vor der Ansteckung, welche darum so gefährlich ist, weil diese Gefahr nicht mehr erkannt wird, sondern man glaubt, es müsse alles so sein, wie es wirklich besteht, darum die große Gottentfremdung.

Nun aber ihr, die ihr schon jahrelang die Begnadigten und Bevorzugten seid durch Meinen direkten Verkehr mit euch, wo machet ihr da Halt? Diese Frage bringe allen mit, welche Meine Nähe in eurem Zirkel fühlen durften, und Ich bitte – vergesset euren Vater nicht, Der euch immer noch nachläuft und sogar nachschickt, damit ihr nicht unterwegs stehen bleiben sollt, sondern an Sein Herz kommet! Euer Vater von Ewigkeit. Amen!

131. Wohl dem, der unter dem Schirme des Höchsten sitzet!

(Ps. 91,1)   7. September 1879

Liebe Kinder! So sprach einst David, der den großen Wert der Wohltat erkannte, in inniger Verbindung mit Mir zu stehen, er war „ein Mann nach dem Herzen Gottes", wie ihr von ihm sagt, und Ich selbst gebe ihm dieses Zeugnis, weil er so fest zu Mir hielt, alle seine Hilfe bei Mir suchte, auch bei seinen großen Schwächen und Anfechtungen sich stets vertrauensvoll an Mich wandte, und um Stärke und Kraft bat, Meiner würdig zu werden.

So, liebe Kinder, sollt auch ihr es halten, in dem ihr durch Mein persönliches Erscheinen auf Erden noch viel mehr Meine große Liebe zu euch kennenlernet. „Kinder" will Ich in allen Fällen, auch wenn sie wider Meinen Willen zu weit sich entfernt haben, immer wieder dürfen sie vertrauensvoll zurückkehren, um an Meine Liebe zu appellieren, Ich weise keines zurück und reiche jedem die Hand der Versöhnung.

Oft muss Ich es zulassen, dass sie (Meine Kinder) den Unterschied kennenlernen „ohne Mich" oder „mit Mir" zu wandeln; denn ohne Erfahrung können sie nicht urteilen und wählen, was doch nach göttlicher Ordnung so eingerichtet ist, damit ihr freier Wille zur Geltung kommen kann.

In ihr Wesen, und zwar individuell verschieden, ist es gelegt, dass Gegensätze vorhanden sind, und zwar je nach dem Maße der Kraft des einzelnen, z.B. in jeden Menschen ist der Trieb nach Liebe gelegt, sie können aber einen Gegenstand mehr oder weniger lieben.

Sind die Seelen auf Meine Seite getreten, so werden sie fragen, wie viel Liebe sie einem Gegenstande, oder einem Menschen, um Meine Ordnung dabei einzuhalten, zuwenden sollen? sie werden, sowohl wenn es ein Besitztum betrifft, das Bestreben danach Meinen Geboten gemäß einrichten, als auch wenn es die Menschen betrifft, dieselben in der Liebe bloß soweit für sich zu gewinnen suchen, als sie es mit der Liebe zu Mir vereinigen können; deshalb sie da Mich mit in Rat und zum Beistand nehmen, damit Ich ihnen sagen kann, was in diesem oder jenem Falle besser ist, Geduld und Langmut, oder unermüdlicher Eifer.

Meine Weisheit wird mitwirken, wenn ihr euch auf Meinen Rat verlasst, und so wird euch das wahre Wohl oder der innere Friede in jeder Lage zugesichert sein, gleichwie einst David, der ein „Wohl" dem zuruft, der unter Meinem Schirme sitzet. Befindet ihr euch aber unter demselben, so haltet ruhig stille, suchet nicht zu viel euch selbst zu schaffen zu machen, welches durch eure Ungeduld hervorgerufen wird, sondern wartet auf Meine Winke, um zu erkennen, was Ich will.

Dies ist die eigentliche Willensübergabe: zufrieden leben und hinnehmen, was jeder Tag mit sich bringt, und dabei aufmerken auch in den kleinsten Vorkommnissen, wie des Vaters Wille dabei geehrt werden kann, und mit Dank immer darin Meine Hand erblicken, wenn auch euer Verstand nicht immer auf das Warum die Antwort zu geben vermag. Amen!

132. Die Gemeinschaft der Gotteskinder gleicht einem See

14. September 1879

Meine lieben Kinder! Obschon ihr dem Äußeren nach allein dastehet, und scheinbar ohnmächtig etwas zu tun für Mein Reich, wie ihr es verstehet, dass es nach eurem Sinn sein sollte, mit den äußeren Augen sehen und zählen zu können, wie viele (d.h. wie wenig) Geschwister ihr in eurer Verbindung seid - so ist Meine Kraft doch mächtig in den Schwachen aber Redlichen, und euer Eifer für Meine Sache und Mein Reich, mit welchem ihr im Gebet zu Mir kommet, für euch und andere, von großem Segen!

Eure stille und verborgene Gemeinschaft soll einem stillen See gleichen, da die Oberfläche ruhig ist; der aber, wenn jemand sich ihm nähert, einen Spiegel vorstellt, worin sich derselbe beschauen kann, wenn er sich etwas Mühe gibt.

So sollt auch ihr eurer Umgebung ohne Wort ihr Bild zeigen durch euer Stillhalten und eure Ergebung in eure Verhältnisse, und dadurch andere aufmuntern das Wasser der Wahrheit zu untersuchen und sich darin ihr eigenes Bild oder Wesen klar zu machen.

Wie ein See verborgene Abflüsse hat, ohne dass jedermann solches weiß, dieselben aber dennoch viele Gegenden bewässern und fruchtbar machen, auch viele Tiere und Pflanzen erfrischen, ohne dass der See etwas verliert; denn gerade durch dieses Abfließen wird sein Wasser rein und frisch erhalten, weil er immer wieder einen reinen Zufluss erhält; seht, so gleichen eure verborgenen Gebete für Mein Reich dem Abflusse eines Sees, wodurch manch durstige Seele eine Labsal erhält, und euer Lebenswasser frisch bleibt, weil Meine Gnade es von neuem für eure fürbittende Liebe segnet.

Gleichwie aber in einem See der Sturm oft starke Wellen hervorruft und dadurch die Zufluss- und Abflusskanäle mit Gewalt mehr durchbrochen und gereinigt werden, damit der Abfluss reiner und stärker werde, also will Ich es auch halten mit der Gemeinschaft Meiner Kinder. Zeiten der Ruhe, dem stillen Wasser gleichend, sind ihnen gegeben, damit jedermann sich ihnen nähern und sich bei ihnen abspiegeln kann, wo der See mit Wohlbehagen das Bild zurückgibt; d.h. wenn in der Gemeinde Liebe und Friede waltet, werden die Besucher derselben erquickt werden und ohne besondere Anstrengung ihr Bild erschauen.

Damit aber die Gemeinschaft sich nicht zu sehr erhebe, sind Stürme nötig, welche das Lebenswasser von angesammelten giftigen Stoffen wieder befreien, welches in Gift und Sicherheit, Eigendünkel und Überhebung besteht, das die Kanäle verstopft, welche wohltätig wirken sollen.

Kreuz und Leiden befreien von solchen Hindernissen, die Seelen werden dadurch aufgerüttelt zum Gebet - für sich und andere, und der Einfluss von oben wird wieder mehr ersehnt und mit Dank angenommen, welcher alsdann den Gemütssee beruhigt.

So, liebe Kinder, sorget, dass eure Gemeinschaft still und klar sich bewusst, was sie anstrebt, den anderen zur Freude und zum Spiegel werde, und wenn Ich Stürme schicke, oft dem einzelnen oder euch allen, so hebet dankbar die Hände zu Mir empor, betrachtet dieselben als eine große Abhilfe gegen die Vergiftung eures inneren Lebensstoffes, damit euer Abfluss im Gebet und Wandel nicht verheerend, sondern segnend wirkt!

Wie weit derselbe reicht, ist in Meinem Ermessen; glaubet dabei, dass eure Liebe nicht größer ist als die Meine, und dass wenn Ich mitwirke, die Grenze eures Wohlwollens um vieles überschritten wird!

So haltet stille, so lange Ich es will, und beruhiget euch damit, dass wenn auch eure Augen kein Wachstum gewahren, eure stillen Gebete doch, oft weit von euch entfernt, segensreich laben und erquicken, oft an einer Stelle, wo der Ursprung gar nicht erkannt wird. Ich gebe euch allen Meinen väterlichen Segen mit Meinem Gruße des Friedens. Amen!

133. Dein Reich komme! Dein Wille geschehe!

(Mt. 6,19)   16. September 1879

Liebe Kinder! Das Wort, welches ihr wünschet, soll euch gegeben werden in der Bitte: „Dein Reich komme, Dein Wille geschehe!"

Nachdem ihr Mich anredet: „Unser Vater!" so setzet ihr voraus, dass Ich nicht nur dem einzelnen unter euch Vater bin, sondern dass Ich viele Kinder habe und will, und weil ihr wisst, dass dies Mein Wille ist, so ist die Bitte: „Dein Reich komme" diejenige, in welcher am meisten die Liebe zu Mir und zu den Mitmenschen zusammenhängend ausgesprochen ist. Denn Mein Reich ist ein Reich der Liebe und beglückt deshalb den, welcher dasselbe in sich aufgenommen hat, und in dieser Freude erhebt er sich zu Mir, um für dieses Glück Mir zu danken und zu bitten auch andere glücklich zu machen. Es ist dies ein Ausfluss von göttlicher Liebe, die nie allein für sich begehrt, sondern mitteilen will.

Darum, ihr Lieben, liegen in dem Gebete, welches Ich Selbst in der Bibel euch gelehrt, alle Meine Gebote; das gilt aber mehr Meinen wahrhaft strebsamen Kindern, denn nur diese verbinden mit dem Aussprechen der Lippen auch die Sehnsucht im Herzen nach Meinem Reiche.

Lasset euch daher diese Bitte recht angelegen sein, um für Mich Kinder, und für euch Geschwister zu gewinnen, und wie ihr oft im Sprichworte sagt: „Vereinte Kraft macht stark", so gilt dies auch bei euch in Betreff eurer vereinten Gebete. Ich segne sie und will euch schon mit solchen bekannt machen, die zu Mir als zum Vater reden, nur müsst ihr alles Äußere und Voreilige dabei verhüten. Wisset, dass Mir die Stimme des Herzens genügt, und das andere will Ich jedem Selbst klarmachen, wie viel es Handreichung tun kann, Mein Reich zu befördern. Es segnet euch euer Vater in Jesu Christo. Amen!

134. Selig sind, die reinen Herzens sind

(Mt. 5,8)   21. September 1879

Liebe Kinder! Ein reines Herz ist nötig, um Mich in Meinem ganzen Wesen zu begreifen. Unter dem Herzen ist hier eine reine Liebe verstanden, welche nicht wegen Verheißungen oder Gewinnes halber ausströmt, sondern ohne zu empfangen nie aufhört sich zu freuen, wenn sie beglücken kann. Diese Liebe ist würdig Mich zu schauen und kann bestehen vor Mir, auch bei dem Bewusstsein Meiner großen Heiligkeit und Gerechtigkeit! Denn nie wird der Mensch sich selbst so erheben können, dass er sagen könnte „ich bin gerecht", sein Inneres oder das göttliche Ich in ihm wird ihm immer wieder etwas aufdecken, das hinderlich ist, sich Mir ganz zu nähern.

Allein die reine uneigennützige Liebe, welche Göttliches in sich schließt, vermittelt die Annäherung, dass ihr kindlich und vertrauensvoll Den erschauen dürfet als euren Vater, Der im Geben Seine Freude hat, und Der eure Übergabe an Ihn nur dazu verlangt, um euch wieder aufs Neue geben und auch stets mehr bereichern zu können, damit alle Fülle des Göttlichen, mit welcher Ich euch ausgestattet habe, zur Anwendung komme, und ihr dadurch Mich erschauen lernet in Meiner Liebe, Weisheit, Gerechtigkeit, Heiligkeit, Barmherzigkeit, Langmut und Geduld!

Ist euer Herz also beschaffen, dass es frei ist von Geiz, Eigennutz und Hass, und bildet die Liebe den größeren Teil, so wird es euch gelingen, in eine innige Verbindung mit Mir zu kommen, und also wird ein Seligsein euch zuteil.

In jetziger Zeit forschen die Menschen nicht mehr nach dem Sinne Meines Wortes, legen solches ganz bei Seite, als eine überforderte Sache, während doch Meine Gnade bereit wäre, ihnen die kleinen Bedingungen durch Meinen Geist erklären zu lassen.

Darum, wer sich zu Mir hält, den werde Ich Selbst in alle Wahrheit leiten und er wird sich freuen über seinen Gott, Der nur Liebe ist, und nur Liebe als Gegengabe verlangt, alles andere aber durch Seine Kraft in euch bewirken will. Amen!

135. Zur Fürbitte! Haltet fest das Band der Liebe!

28. September 1879

Liebe Kinder! Haltet fest das Band der Liebe, das euch in Meinem Namen umschlingt. Euch alle, welche sich durch Meine direkten Worte untereinander verbunden fühlen, habe Ich Selbst erwählt zum unsichtbaren Bau Meines neuen Jerusalems, dessen Steine auf dem (liebend fürbittenden) Gebetsglauben beruhen!

Euer Glaube soll so stark und groß sein, dass was ihr von Mir bittet, für euch und andere zum Segen wird, wenngleich nicht immer nach eurer menschlichen Ansicht, wo ihr die Früchte mit euren leiblichen Augen erschauen möchtet. Denn wenn ihr Mir einen Menschen übergebt, so meint ihr, er solle sogleich erfasst mit einem Sündenbekenntnis zu euch kommen, damit ihr die Freude darüber, welches dann der Lohn eurer Bemühung wäre, genießen könnt!

Manchmal ist dies zwar der Fall, jedoch selten. Oft gehen Jahre in eurer Rechnung vorbei, und ihr seid schon längst wieder nachlässig geworden, ehe ein Keim des gesäten Samens zu erblicken ist; denn bei jeder redlichen Fürbitte für einen Nebenmenschen erhält derselbe eine Zulage göttlicher Beeinflussung, welche manchmal reichlich, manchmal schleichend zugeteilt wird, das Meine Weisheit nach ihrem Ermessen ausführt, weil solches sowohl dem Bittenden als dem Empfänger zum Besten dienen muss.

Fürbitte ist das beste Mittel das Wachstum in der Liebe zu befördern; dass aber ihr, Meine lieben Kinder, dieses desto fleißiger beobachten sollt in eurem Kreise, welcher durch Mich Selbst gegründet wurde, und ihr euch um Meinetwillen demselben angeschlossen habt, solches werdet ihr wohl begreifen; doch wie weit sich derselbe mit den Brüdern vom Jenseits erstreckt, das begreifet ihr noch lange nicht!

Es ist für sie ein hoher Genuss, oft ohne dass ihr es ahnet, diesem oder jenem der Geschwister eine Ahnung davon beizubringen, um euch dadurch zu veranlassen für eines oder das andere ganz besonders zu beten. Darum geht auf solche Gefühle (wie ihr es nennet) besonders ein, bewachet euch deshalb, hütet euch vor Aufregung und Zerstreutheit, (damit euer innerer Sinn offen bleibe); denn es könnte ein solcher Bote des Himmels bei euch anklopfen und euch einen für alle Ewigkeit nutzbringenden Auftrag geben wollen, und ihr könntet ihn überhören, wodurch der Feind einen Triumpf feiern würde und euch bedrängen könnte.

Seht, liebe Kinder, es ist an der Zeit, euch immer mehr Meine Einrichtungen zwischen Geist und Welt klarzumachen, damit ihr erkennet - wie wichtig es ist und was dazu gehört, ein Kind von Mir zu werden, welches Ich mit einer Übermacht ausrüsten kann gegen den Feind, der Mir so viele Seelen zu entziehen sucht. Allein dazu brauche Ich ganzen Gehorsam, stete Wachsamkeit, fortwährendes Festhalten, wenn euch eure äußeren Verhältnisse oder der Beruf in Lagen führen, wo euer Ernst oder eure Absonderung Ärger und Anstoß geben würde. Seid deshalb nicht ängstlich, geht ruhig hin, aber vorher haltet bei Mir um einen Wächter an; haltet dann das eine Ohr für den göttlichen Einfluss offen, so lange ihr das andere der Verpflichtung leihen müsst, so werdet ihr unbeschadet hindurchkommen, und Meine Nachsicht wird euch in euren Schwächen zuteilwerden.

Erkennet ihr bei einem Unternehmen oder sonstigen versuchungsvollen Zeiten und Umständen eure Schwäche, so teilt es euren Geschwistern mit, dass dieselben während solcher Zeiten desto mehr für euch einstehen. Auch sie können im Geiste liebesorglich umgeben, gleichwie die Geschwister von Drüben, weil auch sie durch Meine Kraft ausgerüstet sind, dem Feinde den Abzug zu gebieten! So segne Ich auch heute eure geistige Verbindung als Vater in eurer Mitte! Amen!

136. Von der Liebe und Weisheit Gottes

(Nach Lesung der Predigt 43)   5. Oktober 1879

Liebe Kinder! Soeben habt ihr gelesen von dem größten Gebote, nämlich von der Liebe, wie sie überall in Meiner Schöpfung ausgeprägt ist, und wie jedes Pflänzchen, jedes Insekt und Tierchen das Ausfließen derselben von Mir durch die natürliche Sonne genießen kann. Aber in hohem Grade soll der Mensch nicht allein die natürlichen Sonnenstrahlen, sondern auch Meine Gnadensonne über sich scheinen lassen. Er soll sich derselben aussetzen, damit sie auf ihn einwirken kann. Dazu ist sein eigenes Hinzutun nötig, er (der Mensch selbst) muss suchen, prüfen, und dann muss sein freier Wille wählen, d.h. sein Wille muss sich geneigt machen gute Handlungen auszuführen und gute Tugenden sich anzueignen.

Dass aber das Wachstum nur durch die Einwirkung Meiner Gnadensonne stattfinden kann, wird er bald erkennen, und in diesem Erkennen soll er sich an Mich wenden, dadurch setzt er sich den Strahlen der Gnadensonne aus.

Aber geradeso, wie ihr bei der natürlichen Sonne ab und zu gehen könnt, und oft lieber den Schatten wählet, wenn euch deren Strahlen heiß drückend vorkommen, so ist es auch mit Meiner Einwirkung der Gnadensonne. Indem dieselbe euch bald zu heiß und unerträglich vorkommt, weil sie Reinigungsmittel durch Leiden und Vorkommnisse aller Art anwendet, da weichet ihr dann derselben aus, suchet lieber den Schatten, der euch behaglicher scheint und verhindert dadurch das Gedeihen des geistigen Lebens.

Ihr stellet ein gewisses Bild euch vor, nach dem Meine Liebe bei euch wirken, oder nach euch sich richten soll, und vergesset dabei Meine leitende Weisheit, welche ganz anders euch oft behandeln und sogar Meine Liebe vor euch oft verdunkeln muss.

Darum ist es so nötig, dass ihr eure Liebe nach Meinen Geboten einrichtet. So wird euch auch die Erfahrung an anderen lehren, was die Liebe alles zu beobachten hat, und durch diese Selbsterfahrung werdet ihr immer mehr mit Mir einstimmen lernen, dass die tiefe göttliche Liebe nicht immer so leicht begriffen werden kann.

Darum liebt euren Nächsten zuerst und die Liebe zu Mir wird sich dadurch von selbst vermehren, so werdet ihr inne werden, wie dieses Gebot das größte ist, welches zum wahren Ziele führt und das Kind dem Vater am ähnlichsten macht. Alle anderen Eigenschaften sind Zweige an dem Liebe- (Lebens-) Baume und bringen nur Früchte, wenn der Stamm gesund ist, und seine Wurzeln gegründet sind im Vaterherzen, welches heißt: „Liebe". Amen!

137. Auch die Zeit der Heimsuchung ist eine Gnadenzeit

12. Oktober 1879

Liebe Kinder! Die Zeit der Heimsuchung ist eine Zeit der Gnade; es ist dies von Meiner Seite ein besonderes Nachgehen Meinen Kindern, wo Ich an ihnen erreichen möchte, was notwendig bei ihnen vorhanden sein muss, um als wahre Kinder von Mir erkannt zu werden; denn es müssen nach Meiner ewigen Ordnung gewisse Kennzeichen vorhanden sein, welche auch Ich einhalten muss.

Meine Kinder im Jenseits sind in dieser Beziehung ganz unterrichtet und zum Schauen gelangt, und kennen deshalb jeden unreinen Fleck bei sich und anderen; darum auch bei den guten strebsamen Geistern ein Verlangen ist euch zu Hilfe zu kommen, euch beeinflussen zu dürfen, und die Freude ist groß bei ihnen, wenn ihr Mich um Abhilfe bittet, weil sie dann auf guten Erfolg ihrer Bemühungen rechnen können.

Daher ist ein ängstlich drückender Zustand bei euch nicht immer Folge von finsteren Geistern, sondern oft auch die Folge einer Umgebung von guten Geistern, welche solche Gefühle bewirken und euch dadurch zum Vater hinleiten wollen, woraus, wenn ihr euch wirklich dazu antreiben lasst, der größte Segen entsprießt.

Weil aber die bösen Geister dies ebenfalls wissen, so sind auch sie desto tätiger, und so entsteht für die Seele ein großer Kampf bei solchem Andrang zweier Mächte, so dass oft auch der Körper dadurch leidet. Ich mache auf solchen Zustand aufmerksam, welcher zum Weiterkommen im geistigen Leben nötig ist, und sich immer wiederholen wird.

Seid darum nicht verzagt, als ob der Feind schon mehr Recht und Besitz von euch genommen hätte, sondern wendet euch nur an Mich im Gefühle eurer Ohnmacht, und denkt dabei, dass ihr es mit einem allliebenden Vater zu tun habt, Der euch abermals ein Gnadengeschenk als Preis nach dem Kampfe zugedacht hat, wenn ihr denselben zu Seiner Ehre durchgekämpft und dem Feinde gezeigt habt, dass euer Wille feststeht zu Mir zu halten, auch in der Zeit der Anfechtung, weil ihr wisst, um was es sich handelt.

Es wird dann durch solche Zeiten die Vereinigung mit Mir fester und ihr habt euren lieben Schutzgeistern dadurch ihre

Seligkeit erhöht; auch sie kommen dann dankend dafür zu Mir, und preisen Meine göttliche Ordnung aufs Neue.

Darum liebe Kinder, so lange Ich unter euch weile und sogar Selbst euch direkte Worte und Belehrungen zukommen lasse, zaget nicht! Was auch über euch kommen mag, nützet alles aus, wozu es gegeben ist - zu eurer Vervollkommnung, damit ihr das Kennzeichen eines wahren Kindes von Mir schon ins Jenseits mitbringet. Es ist dies wohl möglich, Meine Liebe, Meine Weisheit hat dafür gesorgt bei Meinem Erdenwandel, Mein Heiliger Geist hört nicht auf gleich tätig zu sein, wie damals, Seine Kraft ist nicht veraltet oder geringer geworden; es liegt also an euch, mit festem Glauben und Vertrauen euch darauf zu stützen, dass, wer unter Meinem Schutze steht, nicht zuschanden wird!

In diesem Glauben haltet fest, er wird euch Kraft verleihen alles zu überwinden, was hindernd im Wege steht, teils euer eigenes Gefühl der Schwachheit, teils die Einwirkungen von außen, welche in Spott, Verachtung, Verfolgungen und in Entbehrungen bestehen; alles dieses ist eine kleine Darangabe gegen den großen Wert, wahre Kinder eines Vaters zu sein, Dessen Thron im Himmel aufgeschlagen, ewig, unveränderlich, allmächtig, allweise, und Dessen Ausfluss nur Liebe ist. Amen!

138. Willst Du - so kannst Du mich wohl heilen

(Mk. 1,40)   19. Oktober 1879

Liebe Kinder! Ihr leset in der Bibel von einem Aussätzigen, der vor Mir niederkniete mit der Bitte voll Vertrauen: „Willst Du, so kannst Du mich wohl reinigen" (Mk. 1,40).

Er sagte diese Worte mit vollem Vertrauen, dass es Mir möglich ist, so dass Ich solches Vertrauen nicht zurückweisen konnte, Mich jammerte dieser elende Zustand, welchen er so schmerzlich empfand, er wusste, dass er dadurch seinen Mitmenschen unzugänglich war und nur durch Meine Hilfe gerettet werden konnte.

So, liebe Kinder, sollt auch ihr euren Aussatz und eure Unreinigkeit in eurem geistigen Leben empfinden und klagend (und bittend) zu Mir kommen, wenn ihr erkennet, dass euch sonst keine Abhilfe werden kann, um eure Unreinigkeit zu beseitigen, welche euch noch anklebt, von der ihr doch frei sein möchtet.

„Willst Du, so kannst du mich wohl reinigen!" An diesen Worten haltet fest, wenn gleich auf der anderen Seite immer wieder der Verstand euren freien Willen in die Waagschale legt, so ist es Mir doch möglich, wenn ihr mit tiefem Seufzen zu Mir kommet, euch rein zu machen, euch zu heilen; denn Meiner Liebe muss alles weichen und untertan sein, wenn diese angerufen wird, so tritt die Erbarmung ein, und außerordentliche Einflüsse finden statt; daher manche Menschen zu erzählen wissen, wie sie zu einer gewissen Stunde sich bekehrt haben, weil sie von einer solchen Hingabe und Gebetserhörung an, oft gänzlich sich umänderten und die Kraft dazu in sich verspürten.

So haltet es auch ihr, „Willst du, so kannst Du mich wohl reinigen", diese Worte aus wahrem Verlangen gesprochen, erschüttern Mein Vaterherz, wobei ihr oft in kurzer Zeit auf einen viel bessern Standpunkt in eurem geistigen Fortschritte kommet. Es kann euch dadurch plötzlich eine Leidenschaft abgenommen werden, die ihr vorher durch euer eigenes Wollen und Ringen mühsam mit fortschlepptet, so ihr nur als wahre Kinder dem Vater mit voller Zuversicht klaget und vertrauet, dass Er euch helfen kann, helfen will, und sich euer auch auf außerordentliche Weise annehme werde!

Leset daher in der Schrift solche Worte mit besonderer Aufmerksamkeit, machet sie euch sogleich zu Nutzen in vollem Glauben, für äußere und innere Gebrechen, so wird auch euch geholfen werden! Doch wie Ich den Aussätzigen bedrohte zu schweigen, so sollt ihr es auch halten, nicht damit dann prahlen, wenn euch geholfen ward, sondern mit stillem Dank es annehmen, und auch eure Mitmenschen Meiner Liebe in solch dringenden Fällen übergeben.

So sollen auch die heutigen Worte euren Glauben vermehren, gegründet auf Tatsachen, welche von Mir geschahen. Bedenkt dabei, dass Meine Liebe bis jetzt noch nicht abgenommen hat, sondern gleichfort bereit ist euch die Hand zu bieten in der Not. Euer Vater in Jesu ruft euch das zu. Amen!

139. Ich gehe hin - euch die Stätte zu bereiten

(Joh. 14,2)   26. Oktober 1879

Liebe Kinder! Heute will Ich auf die Verheißung hinweisen in Johannes Kap. 14, Vers 2-3: „Ich gehe hin, euch die Stätte zu bereiten, und ob Ich hingehe, will Ich doch wiederkommen und euch zu Mir nehmen, auf dass ihr seid wo Ich bin!"

Diese Worte gab Ich Meinen Jüngern, von denen Ich wusste, wie bange es ihnen bei dem Gedanken wurde - Ich könnte von ihnen getrennt werden, da Ich Selbst ihnen Winke davon gab, und weil auch die Verfolgungen Meiner Person immer stärker wurden. Ich sagte ihnen, dass mein Entfernen oder Hingehen nur um ihretwillen stattfinde und Ich wieder zu ihnen kommen und sie zu Mir nehmen werde.

Damals hatten die Jünger Mein persönliches Scheiden allein darunter verstanden, was auch vorbildlich so geschah, und sie wollten Wege und Ort wissen, um Mir nachzufolgen; nun aber sagte Ich ihnen: „Ich bin (Selbst) der Weg, die Wahrheit und das Leben, niemand kommt zum Vater, denn durch Mich!" (Joh. 14,6)

Alles was nötig ist Gott als Vater erfassen zu können, ist in der Person Jesu dargeboten; in Ihm ist der ganze Ausdruck der ewigen Liebe und Macht; auch alle anderen Eigenschaften der Gottheit haben ihren Ausdruck oder ihre Wesenheit durch Jesum geoffenbart, es ist die einzige und größte Darstellung des Vaters, weil in derselben die Liebe überall am stärksten hervorleuchtet.

Nur durch diese Einhüllung Gottes im Fleisch wurde der Weg gebahnt, die Wahrheit klar gemacht, das Leben aus Gott in den Menschen wieder erweckt, oder das göttliche Ich (der Geist) im Menschen wurde seiner Verwandtschaft mit Mir wieder bewusst und erhielt die Kraft, sich Mir wieder zu nähern als Abkömmling von Mir.

Meine Umgebung, Meine Jünger, welche als Ich auf Erden wandelte bei Mir waren, durften Meine ganze Göttlichkeit und Liebe fühlen, und selbe wiederum durch die Kraft Meines Geistes der nachkommenden Menschheit in Lehre und Geschichte hinterlassen. Sie erkannten den Vater in Mir, oder das Urwesen alles Seins, von Dem alles ausgegangen (das ganze Universum), Welcher als Gott und Schöpfer zwar zuvor auch schon verehrt wurde, Dem aber nicht die Liebe als erste Grundeigenschaft beigelegt und Er darum noch mehr unnahbar geblieben war.

Nun aber im Sohne Jesus spiegelt sich die Liebe in ihrer vollen Größe ab, und die Menschen erkannten nun, dass der Vater auch in sie einen Teil Seines Grundwesens gelegt und ihnen dazu Gebote gegeben hat, oder Anleitung, damit dieser Teil (Liebe) durchs Wachsen immer mehr vergrößert werden soll, um somit dem Urwesen oder dem Vater ähnlicher zu werden.

Gott oder „der Vater" hat die Liebe aus Sich Selbst und ist darum das vollkommenste Wesen und das Seligste. Aber gerade darum wollte Er den Menschen ebenso beglücken und gab ihm den freien Willen, damit derselbe auch aus sich selbst sich vervollkommnen solle. Denn hätte Ich die Menschen gleich vollkommen hingestellt, so wären sie ja nur instinktmäßig den Tieren gleich das, was Ich wollte.

Nun aber ist die göttliche Liebe durch Jesum ins Fleisch getreten und hat durch diese Umhüllung Seine Enthüllung dargebracht!

Seht liebe Kinder, so ist der Vater und Jesus eins, und Ich habe euch Selbst den Weg, die Wahrheit und das Leben gegeben, darum auch in Meinem Namen Jesus die größte Kraft ruht, weil in demselben Glauben Mein ganzes Wesen ausgedrückt ist. Der Name Jesus ist (wie ihr sagen könnt) Mein höchster Titel, weil Vater, Sohn und Geist damit bezeichnet ist; darum auch alle Knie sich beugen sollen im Namen Jesu!

Wer in Jesu seinen Gott erkennt, der hat den Vater, denn Jesu Handeln und Wandeln ist väterlich, göttlich groß, der Inbegriff aller Liebe, oder die Abspiegelung des Grundwesens Gottes.

So, liebe Kinder, sind auch euch diese Worte zum Segen gesetzt, damit ihr erkennet, dass in den Worten, welche Ich durch Meinen Geist euch zukommen lasse, Ich zu euch komme, und euch die Stätte bereiten will, damit auch ihr den Frieden erlanget, welcher euch trösten soll mit den Worten: „Ich und der Vater sind eins". Dieser Glaube an Mich durch Jesum überwindet weit in allem, was die Welt bietet. Amen!

140. Zur Wiederkunft des Herrn

2. November 1879

Liebe Kinder! Mein zweites Kommen ist nach der Weise, wie es wirklich stattfindet, vielen Menschen ebenso unfasslich wie das erste Mal, weil die Herzen vollgestopft sind von Wünschen materieller Art, wo sie hoffen, dass bei Meinem Erscheinen dieselben erfüllt werden. Viele Sekten glauben, sie seien mit ihrer Frömmigkeit besser daran (bei Mir) als andere und hoffen auf besondere Ehrenstellen. Sie sehen nicht ein, dass gerade in diesem (egoistischen) Hoffen die Nächstenliebe und die wahre Demut am wenigsten vertreten sind, welche zwei Stücke unentbehrlich sind, wenn Ich Mich ihnen mehr nähern soll! Andere hoffen eine bessere Lage im Äußeren (bessere Zeiten) zu erhalten und erkennen nicht Meine weise Anordnung in der Weltregierung wie in den Schicksalen, welche Ich verhängen muss über die Menschen, um dadurch sie womöglich noch für eine selige Ewigkeit zu erhalten.

Es kommt solches zumeist daher, weil durch falsche Auslegung Meiner Lehre und Nichtbeachtung derselben in der Tat ihr Licht nicht mehr in den Herzen durchdringt, sondern mehr nur ein Tappen im Finstern stattfindet, wobei am meisten zu beklagen ist, dass diese geistige Hungersnot gar nicht erkannt und gefühlt wird. Im Gegenteile treten viele Gelehrte mit ihren Ansichten so auf, dass es den Anschein hat, als ob jetzt in dieser Zeit der Aufklärung das Himmelreich ganz nahe sei!

Ich aber sage euch: Prüfet ob die (göttlichen) Worte, welche gelesen werden, ohne dass der Geist in euch bewirkt dieselben auch im Leben anzuwenden, euch befriedigen? Sie werden an euch als Schall vorübertönen und höchstens ein Haschen nach neuen wird die schon gelesenen wertlos machen. Vor dem gar vielen schon Gegebenen erkennet ihr nicht das wenige, das alles birgt und in den kurzen Worten enthalten ist: Liebe gegen Gott und die Menschen.

Um diese Liebe wieder mehr in die Herzen zu legen, komme Ich nun abermals zu den Menschen und klopfe Selbst an bei allen, welche Mich in redlichem Sinne suchen und deshalb bitten: „Komm Herr Jesu, komme bald!" und wenn eine solche Seele auch einen unrichtigen Begriff von Meinem Kommen hat, Ich erleuchte sie und segne ihr stilles Zu-Mir-Halten.

Um solcher Seelen Willen habe Ich jederzeit besondere Mittel angewendet, damit das wahre Himmelsbrot wieder rein genossen werden kann, welches nun durch die (geistig blinden) Lehrer mit allerlei Zusatz verfälscht dem Geiste keine gesunde Nahrung mehr bietet und darum das Siechtum im Geistesleben seinen höchsten Grad in jetziger Zeit erreicht.

Jetzt muss Ich zu außerordentlichen Mitteln greifen und vielen unter den Suchenden Meinen Willen und den Begriff von Mir und Meinem Wesen (nicht nur ins Herz, sondern auch) in die Feder diktieren, und zwar in einfacher und herablassender Weise. Menschlich muss Ich reden und verkehren, obgleich auch dieses wiederum ein Stein des Anstoßes wird, wo viele sich darüber lächerlich machen.

Fahret doch ihr fort, diese einfachen Worte als reine Geistesspeise aus Meiner Hand, als von eurem himmlischen Nährvater anzunehmen, und ihr werdet die Sättigung eures Geistes verspüren, wenn andere schmachtend nach einem Etwas suchen, das sie durch ihren Verstand eben nicht finden können.

Gleichwie Ich zu Kapernaum mit dem Hauptmann ganz einfach verkehrte (Mt. 8) z.B. Ich wunderte Mich, als er Mir erzählte von seiner Haushaltung, während Ich dieselbe doch genau kannte; so halte Ich es jetzt noch, Ich lasse Mich bitten und mit Mir reden, und freue Mich, wenn Ich Glauben finde. Ich bleibe der ewig unveränderliche Gott, jetzt noch ganz Derselbe, wie Ich Mich als Jesus euch geoffenbart habe, und als Jesus in der Herablassung, Demut und Liebe nun wieder einziehen will in die Herzen, um dort Mein Reich des Friedens zu gründen.

Darum, wer da bittet, dass Ich kommen soll, der muss auch sorgen für den Empfang, dass Ich eine Stätte finde, gereinigt zu Meiner Aufnahme. Meine Weisheit hat gesorgt bei einem jeden in seiner Lebensführung, dass es ihm möglich wird, dieser stillen Arbeit nachzukommen und Mein Beistand wird dabei nicht fehlen. Amen! Euer Vater in Jesu!

141. Des Menschen Sohn hat nicht -
wo Er Sein Haupt hinlege

(Mt. 8,20)   8. November 1879

Liebe Kinder! Wenn Ich euch mit Kindern Gottes zusammenführe, so wie es Meine Weisheit für gut findet, dass noch viele, welche Mich schon lange in der Stille gesucht haben, in euch Gleichgesinnte erkennen lernen, durch Meine direkten Worte, welche ihnen zugeführt werden sollen, so werden sie euch meistens mitzuteilen haben, wie sie von Meiner Gnade durch Leiden aller Art zu solchem Verlangen nach Mir angetrieben worden sind.

Viele von solchen sind noch jetzt in sehr dürftigen Lagen; denn wie Ich euch schon öfters mitgeteilt habe, dass auf dem Kreuzeswege Meine Kinder am sichersten zusammentreffen, so will Ich auch heute ein Motto geben, das euch klar machen soll, wie auch Ich für Mich Selbst die Armut am geeignetsten fand, Meine Aufgabe zu lösen.

Darum sagte Ich zu einem von Meinen Nachfolgern, welcher sagte, ich will Dir folgen, wo Du hingehst: „Die Füchse haben Gruben, und die Vögel unter dem Himmel haben Nester, aber des Menschen Sohn hat nicht, wo Er Sein Haupt hinlege." (Lk. 9,57-58)

Ich wollte unter den Füchsen solche Menschen bezeichnen, die durch ihre List vieles sich anzueignen verstehen, und sorgenlos in ihren Gruben oder in ihrem erbauten Wohlstand sich bergen, und bloß einen Ausfall zu machen verstehen, wenn es eine Beute gibt. „Die Vögel unter dem Himmel" sind hier solche Menschen, welche sich über andere emporzuschwingen verstehen, und dadurch ein sicheres bequemes Leben sich verschaffen.

Ganz anders gab Ich den Meinen ein Beispiel. Ich hatte nicht, wo Ich Mein Haupt niederlegen konnte, weil Ich es (eigentlich) so wollte, dass der Mensch kein materielles Eigentum besitzen, sondern in allgemeiner Geschwisterliebe die Erde als Haushalt eines großen Vaters betrachten sollte, welcher reich genug ist, alle Seine Kinder zu versorgen!

Die Anordnung war (leider) schon bei Meinem Erdenwandel gänzlich aufgehoben, denn die Pharisäer und Schriftgelehrten trieben die Habsucht aufs Höchste, doch war zu selbiger Zeit bei dem Volke wenigstens noch das Gesetz heilig gehalten, dem Jehova Opfer zu bringen, sie bezahlten oft sehr große Tribute und es war also noch besser als jetzt!

Meine ersten Nachfolger erkannten hierin Meinen Willen, und folgten Mir nach, ihre äußeren Verhältnisse waren dazu ganz geeignet, die großen Verfolgungen machten es nötig, hilfreich allen durch Mich miteinander Verbundenen zur Seite zu stehen, und durch diese Ausübung der (Nächsten-) Liebe in der Tat wurde es Mir möglich, mitten unter ihnen zu weilen, so dass Ich sie ganz mit Meinem Geiste erfüllen konnte, und sie durch die innewohnende Kraft alles für Schaden achteten, was nicht von Christo ihrem Heiland handelte.

Mit der größten Verleugnung und ohne Grauen gingen die Mir Nachfolgenden oft dem qualvollsten Tode entgegen, auch sie vergöttlichten ihre Natur um des Vaters willen, und sind deshalb Meine wahren Nachfolger geworden, wie Ich es schon in den obigen Worten sagte, was sie verleugnen müssten.

Jetzt ist die Zeit ganz bar solchen Sinnes, viele Menschen spotten sogar, wenn noch Einzelne im Namen Gottes etwas Gutes tun wollen, denn es ist dies die Zeit des großen Abfalls, wo um Meinetwillen so wenig geschieht.

Ich lasse gerade Meine Kinder oft in sehr betrübte Lagen kommen, damit sie das Mitleid der Weltkinder erregen, und diese auf sie aufmerksam gemacht in Verkehr mit denselben kommen sollen. Aber leider tragen Meine Kinder eben auch selten ihre Armut mit dem Vertrauen zu Mir, wie Ich es wünsche und wie es für sie zu großem Segen gereichen würde, sie vergessen, dass in diesen Stücken Ich als Beispiel voranging, und sie darum still und ruhig Meine Liebe und Weisheit darin erkennen sollten.

Darum, will Mir jemand nachfolgen, so gedenke er der Worte, welche Ich Meinen Jüngern sagte, und prüfe, wie weit ihm die Nachfolge möglich ist in dem Standpunkte, in welchem er sich gerade befindet, wenn er diesen Entschluss fasst. Ich will ihm dann schon Selbst die Haken aufdecken, welche ihn noch zu sehr mit der Welt festhalten, wenn er sich Mir übergeben hat, nur soll er Mir nichts vorheucheln wollen, denn Ich weiß, wenn er seine Hand an den Pflug legt, ob er noch zu viel Weltsorgen in sich birgt.

Also gedenkt eures Herrn und Lehrmeisters auch in der äußeren Armut als treue Nachfolger, so wird sich der innere Reichtum bei euch von Tag zu Tag vermehren. Amen!

142. Missionswinke - Vom Schifflein Christi

(Joh. 6,16 ff)   15. November 1879

Liebe Kinder! Im Evangelium Johannes 6. Kapitel leset ihr, wie Meine Jünger ohne Mich in das Schiff traten und auf das Meer gingen. Bald aber wandelte sie eine Furcht an, sie vermissten Mich, weil sie die Elemente kannten, und daher einen Unfall oder sogar ihren Untergang befürchteten. Wenn Ich aber bei ihnen war, so verließen sie sich auf Meine Kraft und Allmacht, und weil Ich von diesem Vertrauen wusste, legte Ich ihnen eine Glaubensprobe auf, ließ sie allein aufs Meer fahren und es erhob sich dazu noch ein starker Wind und ward finster.

Sehet, dieser Akt enthält ganz das Vorbild einer Seele, die in Meiner Nachfolge steht. Oft wird ihr Lebensschiff vom Lande getrieben, oder die Seele verliert ihren festen Grund durch einen unverhofften Leidenssturm und wird dann gewahr, dass Ich nicht bei ihr bin. In dem Bewusstsein, dass Ich bei ihr bin, verlässt sie sich ganz auf Mich und schätzt oft den Wert Meiner Nähe weniger. Erst wenn Leiden kommen, wird sie ihrer Ohnmacht wieder klar, und die Sehnsucht nach Mir verstärkt sich, Ich gehe ihr dann auf unglaubliche Weise nach, und ehe sie sich's versieht, ist sie am Lande, oder hat wieder durch Meine Hilfe festen Grund erlangt, so hört sie die Worte von Mir: „Fürchte dich nicht, Ich bin es" (Joh. 6,20).

Diese Schifffahrt ist besonders für euch wichtig, sowohl für jeden einzelnen als für eure Gemeinschaft, welche auf dem Meere schwebend ohne Ziel dahinfährt und einzig und allein wartet, wo Ich euer Schiff hinlenken will. Jetzt ist es noch ganz finster um euch, dazu seid ihr noch großem Winde ausgesetzt und seht Mich nicht, aber wenn ihr euer Vertrauen und das Verlangen nach Mir festhaltet, so gelten euch die Worte ganz besonders „Fürchtet euch nicht, Ich bin es!" Ich gehe euch auf unbegreifliche Weise nach, und ehe ihr es fasset, bringe Ich euch dahin, wo ihr festen Fuß fassen könnt, (unter diesem „Lande" ist gleichfalls geistige Festigkeit verstanden, so wie „Mein Erscheinen" bei euch ein Erkennen Meiner Nähe ist). Viele suchen Mich wegen äußerer Vorteile, Ich lasse Mich auch von ihnen finden.

Aber sie erfahren bald, dass sie nicht immer nach ihren Wünschen gesättigt werden, sondern dass ihnen nur als Anfänger, wie es Meine Weisheit für gut findet, ihr äußerer Brotkorb gesegnet wird, sobald sie aber aus Habgier Mich bei zu halten suchen, Ich Mich entferne, und ihnen durch Mein Wort sagen lasse, welchen Glauben Ich verlange.

Diese Art Menschen wollen heutzutage noch Zeichen und Wunder, darum auch die einfachen Worte, welche Ich jetzt wiederum spende, von ihnen sogar verfolgt werden, sie wollen nicht glauben. Wäre ein größeres Verlangen nach Mir in ihnen, so würden sie in den einfach gegebenen Worten bald die väterliche Sprache erkennen und sie begreifen. Darum auch in Meinen Worten, welche gemäß der Bibel sind, die wahre Speise besteht, welche das Verlangen des Geistes befriedigt oder sättigt.

Diesen Menschen gegenüber verhaltet euch stille und ruhig, denn da werdet ihr gar wenig ausrichten, obgleich es den Anschein hat, als ob sie mit großem Eifer suchen. Ich muss euch deshalb gegen solche Selbst verwahren, dadurch dass ihr oft äußerlich bedürftiger seid als sie, und euer Wohlstand und Lage für sie nicht verlockend ist. Auch sollt ihr keine Geschwister erkaufen durch Aufdrängen Meiner Worte, welche sie bloß zum Vielwissen auszubeuten suchen und dazu sie annehmen würden.

Es ist nach Meinem Willen so, dass diese (Meine Worte) unter gewissen Bedingungen verbreitet werden, und zwar seid ihr Geschwister, welche die Überzeugung der Wahrhaftigkeit solcher Worte in sich tragen, alle dazu bestimmt, dieselben mit der wahren Vorsicht euren Nebenmenschen angedeihen zu lassen. Sollen also diese Worte irgendwo niedergelegt werden, so solle ein jedes in seinem Kreise erst prüfen, an wen es sie abgeben darf.

Ein Merkmal dafür ist auch die Bereitwilligkeit des Ersatzes dafür, wo Ich Selbst mitwirke und euch solche zuführen will, bei denen der Boden schon beackert ist, und der Samen aufgehen kann. Bedenkt dabei und richtet eure Geduld danach, dass zuerst gesät werden muss, ehe Blüte und Frucht zu erwarten ist. Also betretet das Schiff, doch behaltet Mich im Herzen, und fürchtet euch nicht, bald rufe Ich euch vernehmlich zu: „Ich bin es, fürchtet euch nicht!" Amen!

143. Was fürchtet ihr euch?

(Mk. 4,40)   Kirchlicher Jahresabschluss, 23. November 1879

Liebe Kinder! Diese Frage richtete Ich an Meine Jünger, als ihr Schiff unterzugehen drohte und sie verzagt wurden, weil sie wähnten, dass Ich schlafe.

So viele Beweise sie auch von Meiner Allmacht und rechtzeitigen Hilfe hatten, so waren sie doch immer wieder in Angst und Furcht, wenn ihnen ein Unfall begegnete, weil sie Mich eben nicht mit ihrem natürlichen Verstande als Denjenigen, Der Ich bin, erfassen konnten, und auch weil sich ihre Hauptsorge immer noch um ihren Leib bewegte, wo sie im Stillen hofften doch auch im Äußeren etwas dabei zu gewinnen. Dass diese Punkte für sie ihrer einstigen Zukunft entgegengesetzt waren, das könnt ihr jetzt besser einsehen als sie, weil die Geschichte in euren Händen ist, und ihr wisst, was auf sie gewartet hat. Ihr könnt aber auch wissen, dass Meine Worte und Verheißungen sich auf das Reich des Friedens bezogen und dort alle Meine Worte erfüllt werden, ja auch schon zum größten Teile sich erfüllt haben.

Betrachtet den großen Mut Meiner Apostel bei ihren Verfolgungen, ihre Standhaftigkeit bei den vielen Plagen und Entbehrungen, und zuletzt ihre Todesfreudigkeit, so erkennet ihr die Worte als erfüllt: „Siehe Ich bin bei euch alle Tage, bis an der Welt Ende." (Mt. 28,20)

Ohne Meine Nähe und Meinen Beistand wäre es ihnen nicht möglich gewesen, ihre Lebensaufgabe zu erfüllen.

„Wer an Mich glaubt, der stirbt nicht", denn für sie war der Tod ein Eingehen zum Leben, weil der Geist in ihnen ihr eigentliches Ich ausmachte, und Besitzer oder Regent ihrer Organe war, somit hatte derselbe (Geist) die Ablegung des menschlichen Körpers als eine Entfesselung gehalten, und der Todesschmerz oder die Unbrauchbarkeit ihres Leibes störte sie nicht in ihrer Freudigkeit, bald bei Mir daheim zu sein.

So, liebe Kinder, frage Ich auch bei euch an: „Was fürchtet ihr, wenn auch die Wellen euch zu verschlingen drohen?" Wenn

Ich gleich schlafend auf dem Schiffe Mich befände, so bin Ich ja doch bei euch, Ich kenne die Gefahr, aber Ich warte auf euren Notschrei, der euch eure eigene Ohnmacht klar machen und das Vertrauen zu Mir vermehren soll.

Ich konnte zur Zeit Meines Erdenwandels Meinen damaligen Jüngern diese Schule in Glaubensproben nicht ersparen, um sie zu Meinem Dienste zu erziehen, damit auch sie in Meinen Fußstapfen, welche Ich auf dem Leidensweg eingetreten habe, einst nachfolgen könnten, und sie gingen auch diesen Weg mit großer Freudigkeit. Gedenkt an Paulus, wie er ausrief: „Ich achte alles für Schaden und Kot gegen die überschwängliche Gnade Jesu Christi." (Phil. 3,8)

Meine Jünger hatten mehr Glauben nötig zu ihrem Berufe, als ihr jetzt nach bald zweitausend Jahren, wo die Geschichte beweist, dass Mein Reich nicht untergehen kann, und ihr also äußere Belege für Meine Macht habt. Wenn Ich damals auch Wunder tat, so waren in selbiger Zeit die Menschen noch nicht so aufgeklärt, das Wahre vom Falschen zu unterscheiden, darum Ich für einen Essäer gehalten wurde, welche Sekte damals durch Betrug die Menschen in großes Erstaunen setzte.

Meine Jünger waren freilich eines anderen überzeugt, aber Mein Leiden und Tod wurde vom Satan benützt, um einen scharfen Anfall auf sie zu machen, und auch noch ihre Schüler, welche sie später belehrten, wurden von den Widersprüchen ihrer Verfolger sehr bedrängt.

Meine Macht allein ist es, welche ihnen durchgeholfen hat, und so bleibt es auch bei allen der Fall, welche Mich redlich suchen. Sie werden in Lagen kommen, wo sie erkennen lernen, dass Ich, wenn auch unsichtbar, doch bei ihnen bin, und ihre Hilfe ebenfalls als eine verborgene in der Kraft besteht, um Meinetwillen zu tragen, was Menschen ihnen oft in ihrem verblendeten Wahn auferlegen.

Wisset: „Niemand kommt zum Vater, denn durch Mich, Jesum!" (Joh. 14,6) Das Göttliche, das euch mit Gott vereint, muss auf dem Wege gefunden werden, welchen Ich als Jesus Selbst bezeichnet habe, und dies ist ein Weg der Verfolgung, Verachtung, Schmach und Armut bis zum Kreuzestode. Amen!

143a. Verhaltenswinke in kritischen Lagen!

„Ich bin der Herr, euer Gott, ihr sollt keine anderen Götter ne-
ben Mir haben!" (2. Mos. 20,3)

23. November 1879

Liebe Kinder! Diese Worte sind gegeben für verschiedene Stufen. Gleichwie bei einer Nuss zuerst die Schale und dann erst der Kern kommt, so auch bei diesen Worten. Zuerst bedeuten dieselben Meine äußere Verehrung, welcher ihr kein Götzenbild nebenan stellen, noch ein Bild von Mir machen sollt, und so sind dieselben ein allgemeines Gebot für alle Völker.

Aber dieses Gebot hat für Meine wahren Kinder noch eine höhere Bedeutung, indem Ich bei ihnen die erste Stelle einnehmen will, als Herr und Gott, oder als Derjenige, Den sie anerkennen als Den, Dem die Herrschaft gebührt über sie, und dass Ich als Gott der Allmächtige ihnen nur das gebiete, was sie vollbringen können.

Liebe Kinder, ihr kommet in Lagen, wo ihr meint, „andere Götter" sollen euch zu Hilfe kommen und euch eure Lage erleichtern, da gilt es die Worte fest zu fassen: „Ich bin der Herr, euer Gott."

Suchet also eure Hilfe nicht bei Menschen, welchen ihr oft mehr Liebe bringet und bewahret, als Mir; sondern wartet, kommet zu eurem Gott! Setzet das Vertrauen ganz in Mich und nehmt dann solche Hilfe als von Mir ausgehend an und sodann gebe Ich Meinen Segen dazu, und werde euch schon an den rechten Platz stellen, wo ihr Mir treu bleibet und doch eure Wünsche erfüllt seht. Dies von eurem Vater. Amen!

144. Die Adventszeit mahnt zur Bitte um das Kommen des Herrn

30. November 1879

Liebe Kinder! Die Adventszeit ruft bei euch mehr Mein Kommen ins Gedächtnis. Es ist dasselbe durch Meinen Willen auch in der Kirche so angeordnet worden, dass in der Einteilung der Zeit alljährlich Meine Gedächtnistage gefeiert werden, damit so jede Zeitperiode einen besonderen Akt aus Meinem Leben hervorhebt, weil ihr Menschen zu gleichgültig gegen alles werdet, und besonders gegen Mich.

Ich habe noch in keinem Herzen eine solche Anhänglichkeit und Liebe gefunden, dass Mein ganzes Bild in demselben stets bleibend verehrt wurde, sondern Ich muss Mich stets mit Bruchstücken begnügen, die Ich durch Meine Gnade erst hervorrufen muss. Immer müssen äußere Verhältnisse oder Veranlassungen da sein, damit die Menschen sich Mir zuwenden, so jedes einzelne Herz, und so auch ganze Gemeinden.

Die Einrichtungen der Festtage sollen dazu beitragen und sie sind deshalb wichtig, weil da ein höherer Einfluss besonders mitwirkt. Auch bei solchen, die nur gewohnheitshalber die Feste beobachten, ist ein solcher Tag ein ernster Mahnruf zur Umkehr.

Darum tretet auch ihr in solchen Zeiten ganz besonders ins Gebet für eure Mitmenschen, dass die Türen des Herzens aufgehen und Ich einziehen kann als Heiliger Geist!

Obschon ihr das Bewusstsein in euch traget, dass Ich alle Tage bei den Meinen bin, so ist es doch auch für euch nötig, zu bitten: „Komm oh Jesu!" denn um Mich als Diesen ganz in sich zu tragen, dazu gehört viel, sowie Denselben in sich zu fühlen, nicht allein als Helfer, Tröster, Versöhner, sondern auch als Lehrer und Vorbild, um Ihm zu folgen in der Liebe, Demut und in der Tat.

Gleichwie Ich den Leib dem Willen des Vaters untertan machte, also sollt auch ihr euren Leib dem Göttlichen dienstbar machen, damit ich bei euch als Regent und König aufgenommen bin.

Dieser Vorgang ist Mein zweites Kommen in der Menschheit, wodurch Mein Geist euch alle dem Vater übergeben will, so ihr Meine Stimme hören werdet; dies ist die Posaune, welche blasen wird zur Zeit Meines Erscheinens.

Viele Gemüter werden zuerst durch die Weltlage beängstigt und dann zum Denken und Suchen angetrieben werden Vielen wird die Wahrheit gegeben werden, damit dieselbe von den Suchenden zu finden ist; nämlich denen, die in der wahren Liebe stehen, ist die Wahrheit zugesichert. Diese sollen in Meine Dienste treten und mit ihrem anvertrauten Pfunde wuchern, dass wenn Ich Rechenschaft von ihnen fordere, sie Mir freudig entgegenkommen können, als solche, die durch ihr Streben Meine Pfunde vermehrt haben, und nicht selbstsüchtig damit sich befriedigen, dass sie die Wahrheit im Besitz haben, sondern die Liebe soll sie auch zum Mitteilen treiben.

Darum auch im Gleichnisse, derjenige (Herzlose) sein Pfund vergräbt, bis Ich komme, oder die Erkenntnis, welche er von Mir hat, als besondere Gnade für sich allein behält, und meint, die anderen könnten es missbrauchen, und es könnte ihnen zum Gerichte werden, so wie jener sagte: „Ich weiß, dass du ein harter Mann bist." Das Urteil über den selbigen ist euch bekannt.

Darum vermehret ihr eure anvertrauten Pfunde so gut als möglich und bereitet dadurch Meinem Kommen den Weg, weil ihr wisst, dass die Zeit nahe ist, wo Ich erscheinen will in Meiner ganzen Liebe und Herrlichkeit. Denn die große Adventszeit ist da, wo es sich um die ganze Menschheit handelt, dass sie Mich aufnehmen solle, so wie Ich war, bin und bleiben werde in alle Ewigkeit. Amen!

145. Machet euch bereit, Mein Kommen ist nahe!

7. Dezember 1879

Liebe Kinder! Das Kapitel 24 im Matthäus enthält ein wahres Bild der Zeit, in welcher Ich wiederkomme. Schon Meine Jünger waren viel mit Meiner zweiten Ankunft beschäftigt, und Ich gab ihnen deshalb auch die Zeichen im Äußeren an, damit sie sich in ihrer Lehre, welche sie ihren Mitmenschen bringen sollten, danach richten konnten. Denn solche von Mir ausgesprochenen Worte sollten Meinen späteren Nachfolgern noch zur Richtschnur dienen, damit sie es erkennen können, wann diese Zeit nahe ist.

Darum sind auch in diesem Kapitel so viele Angaben gemacht, die schon teilweise in Erfüllung gegangen sind, wo es sich darum handelte, einige Teile der Christenheit aufs Neue zu beleben und Meine Lehre aufzufrischen. Ich sage aufzufrischen; denn ganz kann diese bei keiner Glaubenspartei untergehen. Immer hat jede derselben noch einige Grundwahrheiten in ihren Ansichten.

Daher kommt auch der heftige Kampf bei Religionskriegen, wo jede Partei sich mit besonderem Vertrauen auf ihren Gott verlässt, und Ich auch jede Partei segne. Oft enthält aber die äußere Niederlage mehr Segen, als der Sieg; denn alles Denken und Streben wird dadurch angespornt, Mich festzuhalten.

Solches geschieht für ganze Völker, wie für einzelne Sekten; aber auch für jede einzelne Seele, welche oft trotz ihres Eifers für Mich eine Niederlage zu bestehen hat, und oft sehen muss, wie falschen Ansichten gehuldigt wird, und die Ungerechtigkeit die Oberhand hat, wo dann die Liebe nicht mehr erwärmend geübt wird. Wenn solche Erfahrungen an euch herantreten, so wisst, dass die Zeit Meines Kommens zu euch nahe ist. Sorget, dass eure Flucht nicht im Winter geschieht, d.h. ziehet euch dann von der Welt nicht kalt und lieblos zurück, sondern fliehet an Mein Vaterherz; es wird euch in der Liebe stärken, dass ihr statt Niederlage Sieg erhaltet, und euren Mitmenschen statt der Lieblosigkeit und Ungerechtigkeit, Liebe und Gerechtigkeit entgegensetzen könnt.

Leset dieses Kapitel, Ich gebe euch Meinen besonderen Segen dazu, damit ihr erkennet, wie weit ihr auf Mein Erscheinen bereit seid. Prüfet euch, ob ihr im Glauben, in der Liebe, in der Treue als Meine wahren Haushalter bestehen könnt; denn Ich komme oft unverhofft, ehe sich Meine Kinder dessen versehen. Besonders in jetziger Zeit, in welcher gesammelt werden muss auf den großen Tag, findet das Nachgehen einzelner Seelen statt, damit wenn Mein Tag anbricht und große Weltgerichte angekündigt werden, Meine Kinder ihre Häupter im Vertrauen emporheben können, dass dieser Tag ein Tag der Erlösung und nicht des Schreckens ist. Leget euch deshalb bei jeder Handlung die ernstliche Frage vor: „Wenn heute Mein heiliger Vater bei mir eintreten würde, wie könnte ich bestehen?"

Sehet, liebe Kinder, ihr bittet täglich um Mein Kommen! Seid ihr aber nicht so gestellt, dass euch ein Tag Verzug doch noch erwünscht ist? Verschiebet ihr eure guten Vorsätze, welche ihr um Meinetwillen auszuführen gedenkt, nicht oft aus weltlichen Rücksichten? Darum, die ihr Mein Erscheinen bei euch in den gegebenen Worten anerkennet, schmücket ihr euch zu Meinem Empfange durch jede Handlung, und durch eure Bereitwilligkeit, die Kreuzesfahne Mir nachzutragen, und alles, was euch angeordnet wird von Mir - zu übernehmen. Nicht einzelne Tatsachen meine Ich damit, sondern haltet euch an Meine Vorschriften in der Bibel und suchet in euren Verhältnissen denselben nachzukommen. Denn ein jedes unter euch muss besonders geleitet werden, damit so dann die Steine zum großen Baue tauglich sind. Amen!

146. Die Geschichte vom Blindgeborenen, ein Bild der Jetztzeit

(Joh. 9,1-41)   14. Dezember 1879

Meine lieben Kinder! Die Geschichte vom Blindgeborenen ist wiederum ein Bild von der Jetztzeit in der geistigen Sphäre; denn das wahre Licht in Meinem Wort ist gänzlich verschwunden, so dass ohne Meine besonderen Gnadeneinwirkungen niemand von demselben erleuchtet wird. Gleichwie damals, als Ich auf Erden wandelte, die alte (echte) Bundeslade nicht mehr vorhanden war, sondern durch eine falsche, künstliche ersetzt wurde, welche man dem Volke als die echte bezeichnet, so ist es nun mit Meiner Lehre. Das jetzige Pharisäertum benützt Meine Worte ebenfalls so gut als möglich, um das Volk im blinden Glauben, und zwar in einem solchen, wie es zu ihrem Vorteil gereicht, zu erhalten, und zeigt einen großen Eifer im Verfolgen solcher Seelen, welche Ich Selbst wieder sehend mache.

Wie die damaligen Pharisäer, so wissen auch diese nun sogleich eine große Gesetzesübertretung in allem zu finden, was jetzt zu vermehrter Erkenntnis und wahrer Erleuchtung der Seele geschieht.

Gleichwie der Sehendgewordene damals mit allerlei verdächtigen Fragen bestürmt wurde, so ist es jetzt wieder, wenn eine Seele zu Wahrheiten von Mir und von Meinem Wesen gelangt, welche die blinden Menschen vermöge ihres verstockten Eigendünkels nicht begreifen können, und anstatt zu prüfen und zu suchen, lieber gleich alles verdächtigen. obschon sie, wie dort bei dem Jüngling, ihm das Augenlicht nicht abstreiten konnten, sondern der tatsächliche Beweis ihnen da entgegentrat, so waren es doch allerlei falsche Gründe, welche sie geltend zu machen suchten.

So ist es auch in der Jetztzeit, wo Ich Mich über die blindgeborenen Menschen erbarme, und ebenso durch wunderbare

Mittel ihnen das Geistesauge eröffne, da werden solche Menschen von der Welt durch allerlei Ränke und Verleumdungen verfolgt und mit Fragen bestürmt; allein - wen Ich einmal geheilt habe, der soll gesund bleiben, und Mich ganz erkennen, als Den Der Ich bin, und wenn die Welt ihn verstoßen wird, so will Ich Mich seiner ganz annehmen, dass er Mich erkennt als den Sohn Gottes, und damit sein Glaube an Mich sich vermehre.

Denn Ich komme jetzt (hauptsächlich) zu denen, die sich geistig unwissend und blind fühlen, um sie sehend und reich zu machen in der Erkenntnis von Mir, und zu diesem Zwecke wähle Ich oft unscheinbare, aber doch wunderbare Mittel, welche den Pharisäern mit ihrer angelernten Weisheit unfassbar bleiben, wo sie umsonst sich abmühen, solches zu begreifen.

Wohl denen, über welche die Gnade ihr Licht ausbreitet; vergesset dabei aber nicht, dass solche berufen sind zu zeugen von dem wunderbaren Lichte, welches ihnen durch Meine Liebe zuteilwurde; denn Meine Worte gelten nun auch euch: „Ich bin zum Gericht auf diese Welt gekommen, auf dass die da nicht sehen, sehend werden" (und zwar durch Meine direkten Mitteilungen, welche von den Pharisäern als Kot bezeichnet werden, d.h. als ein höchst unscheinbares Mittel). Es gelten euch aber auch die Worte: „Wäret ihr blind, so hättet ihr keine Sünde; ihr aber wisst, was Ich an euch getan, und dass Ich euer geistiges Auge geöffnet habe, damit ihr erkennet, wer Der ist, Der unter euch wirkt und Sich eurer annimmt."

Wenn von außen her ihr zu sehr bestürmt werdet, von Verstandesfragen, so machet es wie der geheilte Blinde und sprechet: „Ich glaube Herr, hilf meinem Unglauben", damit ihr euch dann rühmen könnt: „Wir haben den Herrn gesehen. Der ist's, Der mit uns redet und unter uns weilet, Ihm sei alle Ehre und Anbetung!" Amen!

147. Gehet hin zur Krippe bei Bethlehem, und lernet da Demut und Liebe

21. Dezember 1879

Liebe Kinder! Weihnachten naht sich bei euch in eurer Zeitrechnung, wo die ganze Christenheit das Andenken an Meine Geburt feiert. Wie dasselbe gefeiert wird, wisst ihr alle. Ich bin bei der Mehrzahl die Nebensache und stehe vor der Türe des Herzens, das bei den Reichen überfüllt ist von allerlei Wünschen für Glanz und Luxus, und wenn es viel ist, so werde Ich noch erwähn. Aber bei der Krippe, wo die ewige Liebe die größte Demut bewiesen hat, da weilen nicht viele, ja sogar wenige von denen, die sich wahre Christen nennen lassen. Dieser Tag gehört ihnen, und wenn es hoch kommt, so schenken sie von ihrem Überfluss etwas her, und zwar nach langem Prüfen etwa an solche, die sie für würdig finden. Sie üben dadurch oft gerade die größte Unbilligkeit und Überhebung gegen ihre Nebenmenschen aus, und bedenken nicht, dass Ich der Herr aller Welten dort als Bruder zu allen Menschen kam, um die Liebe nach Meinem Wesen wieder einzusetzen.

So wird leider dieser Tag (des Heils und der Gnade) mehr ein Tag des Gerichtes für viele; aber ebenso auch für die Armen, welche anstatt vor die Krippe zu treten, und von ihrem Herrn und Gott die wahre Selbstverleugnung und Demut zu lernen, murren und die Wohlhabenden beneiden. So wird der Segen, welchen die geweihte Nacht jedes Jahr den Christen bringen sollte, von den Menschen zurückgewiesen.

Ich sage daher euch Reichen: Bedenkt, dass Ich die Armut vorgezogen habe, und zuerst Mich da einstellte, wo weder Reichtum noch Glanz zu finden war. Habt ihr also das Verlangen Mich zu finden, so suchet Mich mehr unter der geistigen Armut und Demut. In solchen Herzen weile Ich gerne und erleuchte das Dunkel mit einem Lichte, das bloß die erkennen, welche sich nach demselben sehnen, denen öffne Ich die Türe des Herzens, dass Ich mit Meiner erbarmenden Liebe einziehen und sie bereichern kann!

Ihr Arme aber, was erhebet ihr euch über euren Herrn und Gott, Der Ich Selbst einen Stall zu Meinem ersten Aufenthalte wählte, um euch zu zeigen, wie wenig Wert im Äußeren liegt, sondern dass nur der Geist es ist, an welchem die Herzen reich sein sollen. Erkennet an Mir, dass weder Reichtum noch Armut dazu gehören, Mich „Bruder" nennen zu dürfen, sondern allein die Übergabe des Herzens, damit Ich es regiere nach Meinem Willen und so in jeder Gestalt es segnen kann.

Dem Reichen will Ich seine Wohltaten belohnen, dem Armen seine Zufriedenheit und sein Vertrauen zu Mir! Ich möchte jedem etwas geben zu seiner Beglückung; darum komme jedes an

Meine Krippe, geleitet von der Liebe zu mir, und ziehe dieses Verweilen bei Mir im stillen Kämmerlein allem Glanz und Besitze vor, so dass Mir in den Herzen ein Bethlehem bereitet ist, allwo Ich verborgen bleiben will, bis ihr euch nicht mehr vor der Welt fürchtet, sondern groß und stark geworden seid, Mich öffentlich als Den zu preisen, Dessen Kraft und Macht euch überzeugt hat, dass Ich euch erschienen bin, als euer Gott und Vater in Jesu. Amen!

148. Friede auf Erden
Vom Segen der Menschwerdung des Herrn

(Lk. 2,14)   Christfest, 25. Dezember 1879

Meine lieben Kinder! „Friede auf Erden" sangen einst die Engel, als sie Mich zu Bethlehem in der Höhle erblickten. In diesen Worten liegt der ganze Segen Meines Kommens in das Fleisch oder Meiner Menschwerdung!

Was ist der Friede, den Ich der Erde brachte? Es ist die ewige göttliche Liebe, die Ich durch Meinen persönlichen Verkehr in den Menschen wieder zu erwecken suchte. Denn jeder Mensch hat einen Funken dieser göttlichen Liebe in sich (sonst wäre er nicht Mensch). Diesen Funken wollte Ich in Mir Selbst zur Flamme werden lassen,[1] um durch Mein Beispiel Meinen Mitmenschen zu zeigen, welch großer Reichtum in ihnen verborgen liegt, welcher gar nicht erkannt wird, weil er zu sehr von der Sünde (der Selbstsucht) überwuchert ist.

Durch dieses Beispiel der Liebe sollte in dem Kampfe zwischen Geist und Fleisch der Sieg auf die Seite des Geistes treten, und sollten so die Menschen eine geistige Richtung erhalten.

Wenn dieses der Fall ist, dass die Menschen ihre Lebensaufgabe mehr geistig erfassen, dann wird der Friede auf Erden regieren, und sowohl bei jedem Einzelnen wird Ruhe und Frieden im Herzen zu finden sein, als auch in der Gesamtheit wird eine Friedensperiode die Zeit des Haders und Zornes (Krieges) vertreiben.

---

[1] „Ich bin gekommen, dass Ich ein Feuer anzünde auf Erden; was wollte Ich lieber, als es brennete schon!" (Lk. 12,49) (d.Hsg.)

Dies wurde von den Engeln schon bei Meiner Geburt erkannt, und sie waren von seliger Freude über die Segnungen durchdrungen, welche den Menschen dadurch zuteilwerden sollten.

Wo ist aber der wahre Friede zu finden? Ich sage euch, nirgends als an Meiner Krippe! Wer sich dort wohl fühlt, dem wird der wahre Friede im Herzen zuteil. Er weiß, dass alles, was er besitzt, als Gnadengeschenk von seinem Herrn und Meister zu betrachten ist, Der Selbst als der Reichste im Himmel und auf Erden dennoch die Armut vorgezogen hat, um andere reich zu machen.

Die Anordnungen, welche getroffen sind, damit der Mensch einst als „Kind Gottes" eingehen kann in des Vaters Reich als Miterbe der Seligkeit, habe Ich als Jesus geheiligt, von der Wiege an bis zum Kreuzestode; wer sich bestrebt, dieselben zu befolgen, dem wird die Gnade zum Vollbringen helfen, und so werden auch die Erdenkinder den Frieden den die Engel empfinden, inne werden.

Liebe Kinder, ihr begreifet noch lange nicht die große erbarmende Liebe, welche euch Erdenkindern durch Meine Menschwerdung nachgegangen ist, und die euch immer noch nachgeht, und euch die Gnade anpreist. Sowenig ihr den Segen begreifet, der darin liegt, wenn ihr euch an Mich haltet, so wenig begreifet ihr aber auch, welch großes Unrecht das Kind gegen den Vater ausübt, wenn es allen Weltfreuden, allen weltlichen Einflüsterungen mehr Gehör gibt, als dem Zuge des Vaters, Der doch nicht unterlässt. durch Seinen Heiligen Geist täglich und stündlich auf die Heilsordnungen hinzuweisen.

Wie viel äußere Mittel muss Ich anwenden, die Menschen vom Verderben zurückzuhalten, und leider für die Mehrzahl fast alles umsonst. Nur wenige hören noch Meine Stimme und folgen Mir; diese will Ich segnen und Mich bei ihnen niederlassen, wenn Ich wiederkomme. Und nun, damit nicht alles vollends dem Verderben zueilt, lasse Ich mit kräftigen Mitteln den Tag verkünden, wo mein Erscheinen vielen zum Gerichte wird.

Wohl denen, die dann an der Krippe im Kinde Jesu ihren Herrn schon erkannt haben und bei denen der Friede in ihr Herz eingezogen ist, welchen die Engel verkündet haben. Sie werden Mich dankbar ersehnen und bewillkommnen, als den großen Friedensbringer für Himmel und Erde, und mit einstimmen in

das: „Frieden auf Erden und den Menschen ein Wohlgefallen!"
(Lk. 2,14). Amen!

149. Zum Liebesmahl

Gott ist gegenwärtig als Vater in Jesu

28. Dezember 1879

Meine lieben Kinder! Ihr wollt Mich einladen, dass Ich ein
Mahl der Liebe mit euch feiern soll, und Ich gebe euch die Verheißung, welche Ich für immerdar gültig ausgesprochen habe in
der Heiligen Schrift: „Wo zwei oder drei beisammen sind in Meinem Namen, da bin Ich mitten unter ihnen!" (Mt. 18,20). In Meinem Namen, in Meiner Liebe sollt ihr euch zusammenfinden,
nur um Meinetwillen sollt ihr das Mahl halten, jedes unter euch
soll das größte Verlangen in sich tragen, durch Meinen Geist
mehr gestärkt in der Liebe zu Mir und den Geschwistern zu
werden, und dieses Verlangen will Ich euch reichlich segnen.

Haltet fest daran, dass ihr noch zu wenig Liebe für Mich und
zunächst für eure Geschwister, dann überhaupt für eure Mitmenschen habt. Kommet in eurem Schwachheitsgefühle zu Mir
in dieser Stunde, wo ihr das Mahl zu Meinem Gedächtnisse genießen wollt, damit Ich unter euch treten kann mit dem Gruße:
„Friede sei mit euch." Und diesen Gruß verwahret als heiliges
Vermächtnis in eurem Herzen. Jedes sei dieser Worte eingedenk, wenn in seinem Herzen ein Sturm der Leidenschaft im
Anzuge ist; es gedenke Meiner Liebe, welche es in sich aufgenommen hat, und sei nicht undankbar durch Missachtung dieses Gnadengeschenkes, es bedenke wohl, dass Ich bei ihm Wohnung genommen habe und entweihe nicht diese geheiligte
Stätte mit etwas, was vom Gegenteile zeugt. Darum erkennet
euch alle selbst und eure Schwächen, welche euch wiederum
von Mir scheiden, legt sie auf den Altar der Selbstverleugnung,
und Ich will durch Meinen Geist die Liebe als Feuer dazu tun,
damit sie dieselben verzehre.

So sollt ihr nun das Liebesmahl feiern, nicht um eine Form
damit anzufangen, als Zeichen eines Bundes unter euch, sondern ein heiliger Ernst, ein feierliches Gelöbnis soll euer Herz
empfinden in Meiner Nähe, da Ich als Vater und nicht als Richter
bei euch zu Tische sitzen will, mit den Worten: „Nehmet hin...."

(Mt. 26,26-27). Meine Freude dabei ist: zu geben - einem jeden, was zu seinem Frieden dient. Ich will euch ja noch vieles geben, nur müsst ihr euch bemühen, würdige Empfänger zu werden; und so will Ich diesen Tag nicht allein euch segnen, sondern eine weitere Verheißung damit erfüllen: „Was ihr den Vater bitten werdet in Meinem Namen, wird Er euch geben!" (Joh. 16,23) Darum bittet! Bittet für alle, welche ihr im Herzen mit euch verbunden fühlt. Amen!

150. Nach dem Liebesmahl

Meine lieben Kinder! Nun leset das hohepriesterliche Gebet. (Joh. 17).

In diesen Worten ist Meine (ganze) Liebe zu euch ausgedrückt, das enge Band, das Vater und Kind verbinden soll; gleichwie Ich und der Vater eins, also sollt auch ihr in Mir und Ich in euch wohnen. Scheiden euch aber eure Leidenschaften (und Schwächen) aufs Neue von Mir, so will Ich euch diese Worte als Mittel an die Hand geben, damit ihr wieder umkehrt; leset sie in solchen Stunden, und Ich will Mich eurer erbarmen und euch zu Hilfe eilen.

Jeder Schritt im Verlangen nach Mir bringt euch in engere Verbindung mit Mir. Ich rechne euch alle Seufzer nach Mir als Liebe an und übersehe dafür so gerne die Verfehlungen, wenn sie nachher bereut werden.

Dies soll heute unser Bund sein; denn dabei seid ihr ja im Vorteile, wenn ich eure mangelhafte Liebe mit reiner göttlicher Liebe tausendfach vergelte!

So gebe Ich euch heute Meinen vollen Segen mit nach Hause und verspreche euch, bald bei jedem anzuklopfen und zu fragen, wie es sich dabei befindet! Amen. Amen. Amen. Euer Vater bei euch!

151. Zum Neujahr

Vom großen neuen Geistesjahr

1. Januar 1880

Meine lieben Kinder! Das neu angetretene Jahr steht jetzt vor euren Augen, und ihr seht demselben mit einer großen Sorge entgegen, weil ihr mehr als viele andere Menschen beeinflusst werdet von dem, was in geistiger Bewegung vor sich geht. Nehmet solche Ahnungen als eine große Gnade, die euch zuteilwird, damit ihr euch bereithalten könnt, wenn Ich komme. Denn zu Meinem Erscheinen ist eine starke Wachsamkeit nötig, weil es ein geistiges ist, welches nur aus seiner Wirkung erkennbar ist, nicht aber durch ein persönliches Darstellen. Bis dieses im Allgemeinen stattfindet, ist eure Zeitrechnung zu kurz. Allein es ist für euch als geistig erzogene Kinder auch von geringem Werte. Denn ihr sollt eben, so wie Ich geistig wirken und geistig im Verkehre mit Mir sein. Euer Wirken soll ein Zeugnis sein, dass der göttliche Geist in euch regiert, nur so könnt ihr Meinem Bilde immer ähnlicher werden.

Je mehr ihr euch bemühet, in Meinem Namen zu leben und zu wirken, desto mehr werde Ich euch Kraft und Gelegenheit geben, eure göttliche Kraft in euch auch an euren Mitmenschen zu beweisen.

Darum, wenn ihr nun fühlt, dass die Zeit da ist, wo Ich den Anfang mache, Mein Reich einzunehmen, so erhebet euch voll Mut und Freudigkeit - Mir immer mehr zu folgen. Traget mit Geduld, was Ich auferlege; ohne Waffen könnt ihr nicht kämpfen und gerade die Lasten, die euch drücken, sollen euch zur Ausrüstung dienen.

Verlieret euch nicht ins Weissagen und Bangemachen euren Mitmenschen gegenüber, sondern haltet stille, und betet für alle, von welchen ihr hört, dass schwere Heimsuchungen sie getroffen haben.

Erkennet darin einen Liebesruf von eurem Vater, und dann könnt ihr euren Mitmenschen sagen, dass Ich nicht als Richter strafen, sondern als Vater Meine Kinder vom ewigen Verderben dadurch retten wolle; sodann will Ich auch das kommende Jahr euch als Vater Meine Hilfe zusagen geistig, so auch ihr geistig Mein Walten auffasset, und mit Vertrauen und Glauben das anzunehmen bereit seid, was Ich euch schicke.

Oh Kindlein, bleibet bei Mir, denn es will Abend werden und der Tag neiget sich. Amen! Amen! Amen!

152. Meinen Frieden lasse Ich euch - in der Demut!

(Joh. 14,27)   4. Januar 1880

Meine lieben Kinder! Diese Worte rufe Ich auch Meinen jetzigen Jüngern zu, welche gleichfalls, wie Meine damaligen, mit Besorgnis der Zukunft entgegensehen, weil sie die große Verdorbenheit fühlen, die heutzutage die Oberhand hat. Denn wenn sie ihre eigene Schwachheit dabei bedenken, so ist es schwer für sie, zu glauben, dass sie etwas für Mich in dieser Zeit tun können, während ihre Liebe zu Mir sie doch dazu antreibt.

Meine jetzigen Jünger sind eben auch noch zu sehr mit äußeren Begriffen von Meinem zweiten Kommen behaftet und sie möchten Meine Macht anderen gegenüber durch Wunder beweisen. Denn der Weg der göttlichen Ordnung, welche still und verborgen das Kleine groß zu ziehen weiß, kommt auch ihnen zu langweilig vor. Der Geist der Erhebung will sich auch bei ihnen noch geltend machen, und um diesen schnurgerade entgegen zu wirken, muss Ich viele Mittel anwenden, die zur Demut führen, was Kampf hervorruft.

Darum in der Verheißung „Meinen Frieden gebe Ich euch" so viel gegeben ist. Es ist das Größte, mit welchem Ich Meine wahren Kinder ausrüsten kann, die wahre innere Ruhe, das Bewusstsein, dass alles was über sie kommt, sei es Zuschickung oder Zulassung, ihnen Meine Liebe zum Segen verwandeln will, denn Vater und Kind sollen den Frieden miteinander genießen. Ich gebe euch in diesen Worten die Verheißung, dass Mein Friede mit euch ist und nicht Zorn oder Rache.

So soll alles, was euch in eurem Probeleben als Leiden und Kreuz vorkommt, euch in der Liebe zur Mir mehr befestigen; statt darüber zu klagen oder zu murren, kommet mit Ruhe zu Mir, und Ich will als Vater euch Selbst Rat geben, wie ihr solche Zeiten zu eurem geistigen Gewinne ausbeuten könnt. Euer Herz sei nicht verzagt, wenn Ich euch nicht nach eurem weltlichen Gutachten behandle und Meine Liebe euch nicht gibt, was nach euren Ansichten beglückt: „Fürchtet euch nicht!", sondern denkt an Meine eigene Lebensbahn, an Meine Worte in der Heiligen Schrift und an die seitherige Geschichte Meines Reiches. Da werdet ihr überall finden, wie so oft aus Finsternis Licht ward, und wenn auch scheinbar gegen Meine heilige Ordnung gehandelt wurde, dieselbe doch nie ganz vertilgt werden konnte. Ebenso ist es auch bei euch. Wenn ihr zu Mir haltet, so sollt ihr die gleiche Hilfe erfahren, wie Meine ersten Jünger; Ich will euch den Tröster senden, Mein Geist wird es sein, Der euch Kraft und Weisheit gibt, damit ihr erkennet, was zu eurem wahren Frieden und Glück dient. Amen!

153. Zum Erscheinungsfest

Ein Fest der Wiedergeburt und der Hingabe

6. Januar 1880

Liebe Kinder! Das Fest der Erscheinung erzählt euch die Geschichte von den Weisen aus dem Morgenland, wie sie vom Geiste getrieben auszogen, um Mich zu suchen und Mich anzubeten.

Es ist diese Begebenheit wiederum eine Entsprechung von dem Gange der Seele, die durch den Geist veranlasst wird etwas zu suchen, wovon sie eine Ahnung hat. Sie sucht ein Etwas, das sie beglücken soll, und das sie von ihrem gewöhnlichen Treiben abbringen kann, ist sich aber noch nicht ganz klar, wo der eigentliche Ruheplatz sich findet.

Zu diesem hilft ihr, gleichwie den Weisen damals der Stern, jetzt Meine Lehre. Diese bezeichnet den „Weg nach Bethlehem", wo die wahre Demut und Niedrigkeit zu finden ist, nachdem sie vorher bei den Regenten dieser Welt suchen (welche sind Glanz, Herrschsucht, Reichtum usw.), aber vergebens dort anfragten, um ihren Drang im Inneren befriedigen zu können, daher mussten sie weiter fragen.

Diese Weisen kamen vom Morgenlande, und sie bedeuten die drei Eigenschaften, welche der Heilige Geist durch Seine Erleuchtung zum Weiterentwickeln antreibt: Liebe, Weisheit, Gerechtigkeit. Diese werden fortfahren so lange zu suchen, bis sie ihren Herrn gefunden haben und ihren Reichtum, der in diesen Gaben besteht, Ihm wiederum darbringen können, durch Übergabe des Herzens!

Gleichwie aber die Weisen nicht mehr zu dem herrschsüchtigen Herodes umkehrten, sondern Ich, der Herr, ihnen nach Meinem Willen den Weg zeigte, so soll auch die Seele, wenn sie Mich erkannt und sich Mir übergeben hat, nicht mehr umkehren zu den weltlichen Begierden, sondern ihr dargebrachtes Opfer Mir ganz überlassen, damit Ich sie Selbst den Weg gehen heißen kann, wodurch sie ihre Heimat sicher erreicht, welche „aus dem Morgenlande", oder vom Anfang aus der Höhe stammt.

Euch, die ihr schon manche Entsprechung von Mir erhalten habt, sei dieses Fest, wenn es in der Kirche gefeiert wird, ein Fest der Wiedergeburt, wo ihr aufs Neue eure Liebe und euer ganzes Herz Mir darbringen sollt!

Gehet keinen anderen Weg, als den, von dem ihr überzeugt seid, dass er von Meiner Lehre bezeichnet ist, dann werdet ihr einst wohlbehalten und glücklich die Reise zurücklegen, in dem seligen Gefühle: Wir haben den Herrn gefunden, wie Er uns verkündet wurde, alle Beschwerden sind uns reichlich belohnt worden, und wir sind dem Weltgeiste, der Ihm nach dem Leben trachtet, ausgewichen, welcher Ihn, den großen König, nicht in einer armseligen Hütte vermutete.

Ebenso suchen die Weltmenschen nicht bei den Armen und Unscheinbaren die Wohnung eines großen Gottes. Darum sind diese geschützt vor deren Verfolgungen, so sie den Weg der Demut gehen. Sogar die Priester und Gelehrten konnten nicht bestimmt den Ort Meiner Geburt angeben, während sie doch das Wort der Verheißung hatten; bloß den treuen Hirten wurde die innere Sehe aufgetan.

Ebenso ist es heutzutage; noch sind die Gelehrten in geistigen Dingen verblendet, und nur solche, welche treue Wächter sind, sehen die Helle, welche den Anbruch großer Dinge verkündet, und wissen, dass durch Mein Wiederkommen die Finsternis weichen muss, und der große Friedenstag anbricht. Also werdet nicht müde auf dem Wege, der zu Mir führt, er ist beschwerlich, aber lohnend. Amen!

154. Verhaltensregeln

Nicht Gnadengaben, sondern der Wandel
in Liebe und Licht macht selig.

(Lk. 10)   11. Januar 1880

Liebe Kinder! In diesem Kapitel gab Ich Meinen ersten Jüngern die Verhaltensregeln, welche sie beobachten sollten, wenn sie in Meinem Namen ihren Mitmenschen das Evangelium verkünden wollten.

Es war damals, wie auch jetzt, ein großes Arbeitsfeld vor ihnen, und wenig Arbeiter gab es, die nach Meinem Willen das Wort verkünden konnten. Ich musste deshalb diese wenigen Jünger mit desto größerer Kraft ausrüsten, und zuvor die größte Verleugnung von ihnen verlangen, damit keine leiblichen Bedürfnisse ihnen hinderlich wurden in Meinem Dienste. Ich sagte ihnen: „Wo ihr in ein Haus kommet und saget: „Friede sei mit euch!" (Lk. 10,5) da bleibet, wenn ihr Frieden fühlt.

Meine Jünger sollten gleichfalls durch Liebe ihre Versorgung erhalten, und durch solche Aufnahme wurde ihnen der Beruf erleichtert, weil Ich auf solche Seelen Meinen besonderen Segen lege, wie Ich es in den Worten verheißen habe: „Wer in Meinem Namen solch jemand aufnimmt, der nimmt Mich auf!" (Mt. 18,5)

Ich gab ihnen Wunderkräfte, damit sie den ungläubigen Menschen ein faktisches Zeugnis ablegen konnten von der göttlichen Mitwirkung, welche in der Lehre herrscht. Aber in diesen Wunderkräften bestand für sie auch die große Gefahr sich über andere zu erheben in der Meinung, sie seien bevorzugt; darum gab Ich die weiteren Worte: „Freuet euch nicht, dass euch die Geister untertan sind; freuet euch aber, dass eure Namen im Himmel geschrieben sind!" (Lk. 10,20)

Nun liebe Kinder, diese Worte sind auch für euch von großer Wichtigkeit, sie enthalten die Bestätigung, dass Ich Meinen wahren Kindern die Kraft verleihe, sich Geister untertan zu machen. Diese Fähigkeit liegt in jedem Menschen; es ist dies ein Teil von der göttlichen Kraft, mit welcher Ich denselben (ursprünglich) ausgestattet habe, und welche sich immer mehr entwickelt in dem Grade, als der Mensch sich bestrebt, Meinem Bilde ähnlicher zu werden.

Solche Menschen kommen in engere Verbindung mit Mir, ihre Liebe treibt sie dann an, andere zu Mir zu ziehen, und Ich verleihe zu solch redlichem Unternehmen ihnen oft wunderbare Kräfte, nachdem Ich ihnen zuvor die Gabe verleihe, die Kinder des Friedens von den Kindern des Hasses zu unterscheiden. Ihr Verkehr wird dadurch ein sicherer, und in ihrer Aufnahme finden sie die Frucht ihres Bemühens. Nun kommt aber für sie die Zeit der Gefahr, sie freuen sich über ihr Gnadengeschenk als über einen Vorzug.

Darum Ich euch sage: Leget nicht zu viel Wert auf den Verkehr mit der Geisterwelt, sondern sorget, dass ihr einst in den Himmel kommet. Sorget, dass ihr würdig werdet, dass sich euch die Geister des Lichtes und der Liebe mehr nahen können, welche eure geheimen Gedanken durchschauen, so dass ihr vor denselben fliehen würdet, wenn ihr sehen könntet, dass ihr noch so schwarz vor deren Reinheit dastehet.

Darum sorget, dass ihr in den Himmel kommt, d.h. sorget, dass ihr rein werdet, damit der Himmel euch umgeben kann mit seiner Klarheit.

So ihr dieses mehr erreicht habt, so werdet ihr den anderen Menschen den Beweis liefern, dass eine göttliche Macht in euch herrscht, und ihr werdet so immer tüchtiger zum Verbreiten Meines Wortes werden. Solltet ihr aber eine Antwort nötig haben, weshalb die Geister den Menschen gehorchen müssen, so sie in Meinem Namen behandelt werden, so sagt: Ob nicht Gott von Ewigkeit Derselbe ist, Der unveränderlich in Seinen Eigenschaften heilig weise, gerecht ist; darum Er auch zu jeder Zeit, jetzt wie vor 1800 Jahren Seinen wahren Jüngern die gleiche Kraft verleiht, wenn dieselben ebenso wie damals in Seinem Namen Ihm folgen, und in die Selbstverleugnung eingehen, um andere durch Mich reich zu machen.

So prüft dieses Kapitel, weil auch ihr Meine Jünger seid, wie viel euch noch fehlt, um euch senden zu können unter die Wölfe; denn die Ernte ist vor der Türe, wo Ich Arbeiter brauche, welche „ohne Gepäck" willenlos folgen. Ich will in jedes Haus, wo ihr eintretet, dann mitziehen, und euch den Dolmetscher machen. Amen! Euer Jesus-Vater!

155. Liebe und Vertrauen

„Fürchte dich nicht, du kleine Herde, es ist des Vaters
Wohlgefallen, euch das Reich zu geben!" (Lk. 12,32)

18. Januar 1880

Meine lieben Kinder! Haltet auch ihr fest an diesen Worten Meiner Versicherung, wenn ihr seht, dass ihr auf dem Felde der Liebe und der Gerechtigkeit so wenige seid, und (noch dazu) von Wölfen umgeben, welche euch anzufallen drohen.

Es ist dies (geistig) eine Zeit der Gefahr, worein Ich euch manchmal kommen lassen muss, damit das Rufen zu Mir in euch wieder verstärkt wird, und ihr einsehen lernet, wer euch beschützt.

Darum sage Ich euch: „Fürchtet euch nicht!" berechnet eure Kraft nicht nach der Zahl der Herde; wenn dieselbe auch klein ist; aber desto mehr Liebe und Vertrauen auf Mich setzet, dann „ist es des Vaters Wohlgefallen", dass diese Worte euch trösten sollen, wenn ihr bei eurem Festhalten an der Liebe und bei Ausübung Meiner Gebote oft verfolgt werdet.

Sehet darum nicht auf andere, wenn es ihnen besser gelingt als euch; sondern gleichwie Ich Selbst so klein als möglich Meinen Anfang machte, bei der Gründung Meines Reiches auf dieser Erde, als müssen jetzt auch Meine Kinder wiederum vereinzelt dastehen, so dass es jedem vorkommt, als stünde er allein, und er seine Hilfe nur bei Mir suchen muss.

So gründe Ich wiederum Mein Reich, erscheine vielen jetzt schon im Geiste, und sie erkennen Mich. So nahe Ich Mich auch euch in Meiner Liebe und tröste euch, gleichwie Ich Meine Jünger damals tröstete: „Fürchtet euch nicht". Denn Ich hatte ja einst auch nur zwölf Jünger um Mich. Saget selbst, was ist das für Mich, als Schöpfer und Vater so vieler Millionen Wesen? Doch sie waren in Meiner Hand genug, um Meinen Reichsplan zu gründen, und ihr habt jetzt die Erfahrung von dem steten Wachsen des Christentums!

So, liebe Kinder, will Ich jetzt abermals Mein Reich bestätigen und es reinigen von der Verdorbenheit, welche sich eingeschlichen hat. Dazu erwähle Ich Mir Arbeiter, die Ich zuvor Selbst reinigen muss, um sie brauchbar zu ihrer Aufgabe zu machen, und bis dies geschehen ist, gehört von Meiner Seite große Liebe und große Geduld dazu. Aber auch von den Berufenen muss Ich

Ausdauer verlangen, welche auf kindlicher Liebe und Vertrauen zu Mir beruht! Darum Meine Liebe euch tröstet: „Fürchtet euch nicht!" lasst euch nicht bange werden im Gefühle eurer Ohnmacht, es ist Mein Wille euch das Reich zu geben, so wie es Mein Heilsplan bestimmt hat; und nun segne Ich euch mit väterlicher Liebe. Euer Vater in Jesu. Amen!

156. Missionswinke – Haltet fest an der Demut!

(1. Petr. 5,5)   25. Januar 1880

Liebe Kinder! Diese Worte gelten besonders euch, damit ihr desto mehr für Mich tun könnt.

Es ist nötig, dass Ich euch jetzt immer mehr hinweise auf eure Verhaltensregeln gegen andere, weil die Zeit da ist, wo Meine neu gegebenen Worte mehr verbreitet werden sollen. Zu diesem Zwecke müsst ihr aber ausgerüstet sein, und alle Leidenschaften, welche so viel Unheil stiften und Widerspruch gegen Meine Gebote sind, völlig bei euch auszumerzen.

Dass Hochmut (Dünkel), Herrschsucht, Geiz, Eigenliebe es hauptsächlich sind, wisst ihr schon längst; aber leider seht ihr noch zu wenig ein, wie viel von diesen Hauptfeinden ihr selbst noch in euch beherberget; sie verbergen sich oft unter anderem Namen in euch. Darum ist es nötig, euch in Lagen kommen zu lassen, wo diese Feinde hervortreten, und ihr eure Waffen gegen sie brauchen müsst, welche euch von Mir gezeigt sind, und welche euch selbst zum Nutzen dienen sollen. Denn nicht wegen Mir, nicht um Meinetwillen sollt ihr Liebe üben, sondern um eurer selbst willen, weil ihr den Lohn davon ernten werdet.

Alle Meine Anordnungen sind so eingerichtet, dass ihr dadurch in den Genuss (ihrer Segnungen) kommet; so ist es auch mit der Demut, sie ist am allerwenigsten dazu geschaffen verfolgt zu werden, sondern sie ist durch Mich gesegnet überall Bahn zu brechen, weil Ich Selbst diesen Weg durch Meinen Erdenwandel gewählt und geheiligt habe.

So geht auch ihr diesen Weg mit Freuden, im Aufblick auf euren Jesus und denkt, dass ihr dadurch am sichersten in Seine Gemeinschaft kommet. Nicht umsonst gab ich euch Meine ganze Geschichte fast von jedem Tage (der Zeit Meiner drei

Lehramtsjahre, wie viele Schmähungen, Verfolgungen und Widersprüche findet ihr da), die nicht in der Bibel aufgezeichnet sind; wie viele Beispiele, dass Ich Seelen, die zu Mir als Feinde kamen, allein durch die Liebelehre gewonnen habe. Damals wollten Meine Jünger öfters auch Meine Macht in Anspruch nehmen und wurden beschämt. So halte Ich es jetzt auch; von eurer Seite genügt Fürbitte, Geduld, Vertrauen auf Meine Weisheit und Macht, und ihr werdet, wie Meine Jünger, jeden Tag mehr zunehmen im Glauben und an der Zuversicht: „Mein Vater kann und wird helfen, wenn Er's für gut findet!"

Darum überlasset Mir eure Herrschsucht; Ich will sie töten, und euch dafür die Demut segnen.

Für heute überleget den Ernst dieser Worte, und Ich segne euch mit väterlicher Liebe als Euer Jesus. Amen!

157. Von den Seligkeiten der Bergpredigt - Wahre Demut

(Mt. 5) 1. Februar 1880

Liebe Kinder! Ich gebe euch heute das 5. Kapitel des Ev. Matthäi zum besonderen Nachdenken und zu einem Prüfstein für euren Standpunkt.

Dasselbe enthält sehr viele Verheißungen, und es ist den Menschen sehr angenehm zu hören, wie jeder einzelnen Tugend der Lohn der Seligkeit zugesagt ist. Daher wenden sie Meine Aussprüche so gerne auch bei Fällen an, die sie oft nach langem Abmühen nicht ändern können, und meinen dann doch, diese Worte auf sich beziehen zu können, während ihr freier Wille oft dazu genötigt wird. Z.B. heißt es: „Selig sind die da geistig arm sind" (Mt. 5,3). Wenn also eine Seele sich nicht Mühe gibt geistig mehr zu denken und zu wirken, so bleibt sie mit eigenem Verschulden arm und wird sich dabei nicht einmal arm fühlen. Wenn sie aber strebt geistig weiterzukommen, so wird sie ihre Schwäche erkennen lernen und diese Erleuchtung ist Gnade, welche zur Seligkeit führt. Aus diesem Standpunkte gehen die anderen Tugenden hervor. Darum steht die Geistesarmut (das Bewusstsein der eigenen Mangelhaftigkeit) oder die wahre Demut vor Mir oben an.

Es gibt viele Menschen, die vor den Augen der Menschen stolz und hochmütig dastehen, weil sie sich rühmen, mit Mir in Verbindung zu stehen, und deshalb ihre Mitmenschen für zu gering achten, mit ihnen als Brüder und Schwestern zu verkehren. Solche Menschen erfreuen sich dann wieder wenig Gegenliebe und rühmen sich dann noch der Verfolgung um Meinetwillen, während dem sie Mich gar nicht in Meinem Urwesen, welches Liebe ist, erkennen, sondern sie sehnen sich, dass Ich ihre Nächsten den Arm der Gerechtigkeit durch Leiden solle fühlen lassen.

Für solche Menschen gelten diese Worte nicht, vielmehr aber für solche, welche im Gefühle ihrer Unwürdigkeit sich im Stillen zu Mir wenden, mit der Bitte - sie tüchtig zu machen für Mein Reich, und in diesem Gefühle von ihren Mitmenschen keine Anerkennung und Liebe ansprechen, sondern mit kindlichem Vertrauen ruhig warten, was Ich ihnen zuschicke, und dann, wenn ihnen etwas zufällt, recht dankbar ausrufen können: „Herr, ich bin nicht wert aller Barmherzigkeit und Treue, die Du an mir beweisest!"

Diese werden Gelegenheit finden, alle Tugenden, welche Ich seligpreise, durch Verhältnisse, welche Ich ihnen schaffe, zu erringen, und weil sie dieselben dann als Gnadenführungen erkennen, so werden sie in Ihrem Seligsein oder in der Verbindung mit Mir nicht gestört, sondern sind ein Salz für die Weltkinder.

Leset nun diese Worte des ganzen Kapitels, welche in viele Einzelheiten eingehen, damit ihr euch desto besser prüfen könnt, mit dem vorgeschriebenen Sinne der wahren Demut, und Ich will Meinen Geist in jedes Einzelne von euch legen, damit er euch in die Wahrheit leite, so habt ihr einen sicheren Führer zur Seligkeit. Amen.

158. Des heiligen Vaters Armut
Wachet und betet, die Versuchung ist nahe
(Mt. 26,41)   8. Februar 1880

Liebe Kinder! Die Zeit ist da, welche eine Entsprechung bildet mit der Zeit in Meinem Erdenwandel, als Ich verraten und dem Gerichte übergeben wurde; wozu ihr nun das Kapitel Mt. 26 lesen könnt.

Der Verrat ist an Mir verübt, indem viele unter den Menschen darauf bedacht sind, Mich und Meine Lehre ganz wegzuräumen.

Gleichwie Ich damals Meine Jünger noch zuvor stärkte und sie warnte, wie den Petrus, und das Mahl mit ihnen hielt, so will Ich wiederum Meine jetzigen Getreuen durch Himmelsbrot stärken, das Ich ihnen direkt vom Himmel sende, und zwar es zum Teil Selbst, zum Teil durch Meine seligen Auserwählten gebe, deren Freude groß dabei ist, sich den Menschen mit Liebe nähern zu dürfen. Sie wollen gleichsam nachholen (was ihnen, da sie zum Schauen gelangt sind, nun klar wurde), was sie versäumt haben, oder was sie, statt es als Liebe anzunehmen, damals für Kreuz und Strafe hielten.

Es ist in der Geisterwelt eine große Tätigkeit in der Jetztzeit. Aber auch dem Fürsten der Finsternis mit seiner Legion entgeht das Bahnbrechen für Mein zweites Kommen nicht. Daher macht sich sein Einfluss auf der Erde fühlbar und wendet er dabei Gewalt an, weil er den freien Willen des Menschen weniger respektiert; so dass er viele auf seine Seite bringt.

Dies ist (entsprechend) die Zeit, wo Ich in Gethsemane allein kämpfe, und Meine Jünger schlaftrunken sind, da sie die große Gefahr, in welcher Ich bin, nicht sehen und den nahen Untergang, der droht, nicht erkennen; darum Meine Liebe mit starker Stimme ruft:

„Wachet und betet, dass ihr nicht in Anfechtung fallet; denn der Geist ist willig, aber das Fleisch ist schwach." (Mt. 26,41)

Petrus ist zu sicher gewesen, weil er seine Hoffnung auf Meine Macht setzte, und an Meine Ausrottung darum nicht glaubte. Als aber alles dennoch sich so gestaltete, dass ihm bange wurde, da verleugnete er Mich.

Heutzutage habe Ich viele Petrusse, stark in der Hoffnung auf Mein Wiederkommen in der Herrlichkeit, und seht dieser Glaube reicht nicht aus gegen die List des Satans, da kann allein die wahre Liebe zu Mir beschützen, und zwar eine Liebe, welche mit Mir im stillen Kämmerlein verkehrt, mit Mir wacht und betet, nichts beansprucht, sondern Mein Los mit Mir teilen will, welches heißt: Verachtung, Armut, Aufopferung aus Liebe gegen die Mitmenschen, ein Stillhalten gegen jede Anklage, gleichwie Ich schwieg vor den Hohepriestern, und falsches Zeugnis über Mich ergehen ließ.

Ihr aber sollt das Zeugnis in euch tragen, dass Ich nun sitze zur Rechten der Kraft und komme in den Wolken des Himmels. Diese Überzeugung sollt ihr laut bekennen und euch nicht scheuen, sie auszusprechen, wenn es gilt zu Meiner Ehre beizutragen. Es sollen die Menschen an eurem Mute und an eurer Liebe erkennen, dass ihr von einem zwar unsichtbaren aber mächtigen Gott ausgerüstet seid.

In diesem Mute und in dieser Liebe zu Mir übet euch jeden Tag. Denn auch jetzt schon, auch in den kleinsten Vorkommnissen droht oft Gefahr und unverhofft könnt ihr in eine Verleugnung fallen, gleichwie Petrus der Magd gegenüber.

Auch bei unscheinbaren Menschen gilt ein Zeugnis von Mir, und bringt oft Früchte zum Gewinne für Mich. Jede Liebe zu Mir, welche in den Menschen durch euch erweckt wird, will Ich euch anrechnen, als hättet ihr Großes für Mich getan; denn Ich bin reich an Kraft, an Liebe, an Weisheit, ja an allem. Nur in einem Stücke, bin Ich arm, und dies ist an der Gegenliebe von den Menschen.

Darum Ich die Liebe am meisten segne und in sie die Kraft lege, alle anderen Tugenden zu erreichen; nicht durch Kampf, sondern durch ein beglückendes Wollen. So seid nun stark in der Liebe! Auf sie soll euer Glaube gebaut sein, wenn Stürme kommen, die euch bange machen, Miterben Meines Reiches zu werden. Amen!

159. Der göttlichen Liebe ist kein Ding unmöglich

(Lk. 1,37)   15. Februar 1880

Meine lieben Kinder! In eurem Glauben reihet ihr so gern die Worte ein: „Bei Gott ist kein Ding unmöglich!" Ich will euch nun über diese Worte einiges sagen.

Diese Worte wendet ihr bei Fällen an, wo ihr mit eurem Verstande keine Hilfe mehr seht, und wünschet dann, dass Ich Meine Hilfe euch zuteilwerden lassen solle, was in manchen Fällen auch geschieht. Aber der wahre Glaube spricht anders, er will nur, was Ich will, und verlangt nicht von Mir, dass Ich Meine Macht beweisen solle, damit der Wunsch des Menschen erfüllt wird, sondern - er setzt sein wahres Vertrauen in Meine Liebe und Weisheit, und erkennt dabei seine eigene Kurzsichtigkeit.

Ist der Mensch so gestellt, so ist ihm Meine Hilfe gewiss, nur nicht immer auf dem Wege, welchen der Verstand ausdenkt. Das ist die wahre Stärke des Glaubens, welcher weiß, dass Ich niemals Meine folgsamen Kinder Schaden leiden lasse. Dazu müssen dieselben aber eine wahre Selbstprüfung anstellen, ob sie Anspruch auf Meine Vaterliebe machen können, oder ob sie nicht durch selbst erwählte eigene Wege sich in Not und Lasten stürzten; ist dieses (Erstere) geschehen, so dürfen sie glauben, dass ihnen Meine wahre Hilfe zukommt.

Nicht allein Meiner Macht, sondern auch Meiner Liebe ist nichts unmöglich; diese kann alles verzeihen und wieder gut machen. Darum sollen sich Meine wahren Kinder nicht auf Meine Macht, sondern auf Meine Liebe stützen, dann ist ihnen geholfen, wenn auch oft äußerlich nichts davon zu bemerken ist.

Ich habe Meinen Zweck durch Auferlegen des Kreuzes dann erreicht, und werde nach dem Grade der Liebe zu Mir dasselbe wieder abnehmen.

Dieser Gang Meiner Liebe ist aber nur für solche, welche sich mit Mir beschäftigen und ihre Führung Mir übergeben haben. Diesen wird die Trübsal zum Segen werden, nicht aber solchen, denen Ich bloß ein Notgott bin, und welche gleichsam zu Mir kommen, wie der Satan in der Wüste zu Mir kam und sprach: „Bist Du Gottes Sohn, so beweise es jetzt, lasse die Steine zu Brot werden" (Mt. 4,3). Dort blieben die Steine so hart und so drückend, wie vorher. Aber bei den Meinen will Ich sie in Brot verwandeln, d.h. Ich will ihre drückenden Lasten in Himmelsbrot verwandeln, und ihre Tränen in Wein.

Meine Liebe will sie sättigen, so wie Ich in der Heiligen Schrift verheißen habe: „Kommet her zu Mir alle, die ihr mühselig und beladen seid, Ich will euch erquicken" (Mt. 11,28). Denn Ich lege in die Leiden eine besondere Stärkung für Seele und Geist.

So steht nun fest im Glauben, zur Zeit der Anfechtung, und wenn ihr dabei sprechet: „Bei Gott ist kein Ding unmöglich" (Lk. 1,37), so vergesset dabei nie, dass Meine Macht Meiner Liebe untergeordnet ist, als dann werdet ihr Ruhe finden für eure Seelen. Amen!

160. Das Vaterunser-Gebet

(Mt. 6,9)   22. Februar 1880

Liebe Kinder! Das Gebet, welches Ich Selbst Meine Jünger lehrte, damit es auch noch Meine späteren Nachfolger erhalten sollten, fängt mit den Worten an: „Unser Vater!" Diese Worte sollten zugleich Mein Wesen bezeichnen, damit jeder Mensch, der beten will, weiß, dass er jetzt mit seinem Gott, Der zugleich Vater ist, spricht.

Ich will nämlich nicht, dass der Mensch sich durch die Anrede veranlasst fühlt, in Mir den mächtigen Schöpfer oder Richter zu erblicken, sondern den Vater.

Alle Bitten jenes Gebetes des Vaterunsers enthalten Vertrauen zu Mir, und Meine Kinder können Mir daher alles vortragen, was sie wünschen, und was ihnen fehlt. Wer Mich als den himmlischen Vater anruft, der muss Mich als Denselben erkannt haben, und zwar so, dass er demnach mit Zuversicht bitten kann: „Dein Reich komme, Dein Wille geschehe."

Es ist in diesen Worten das größte Verlangen nach Mir und der Zustand des Inneren ausgedrückt, der das Verhältnis zwischen Mir als Vater und dem Menschen als Kind bezeichnet, wie es sein soll; denn es weiset hin, wie Ich als heiliger Vater dennoch für alles sorge, die Schwachheiten Meiner Kinder anhöre, ihnen verzeihe und sie vor dem Übel bewahre, wenn sie zu Mir kommen.

Aber auch von Seite der Kinder soll ein Bekennen ihrer Fehler stattfinden, weshalb in den Bitten darauf hingewiesen ist.

Wenn ihr nun in eurem Herzen ein Verlangen zu beten und euch mit Mir zu unterreden habt, so betet das „Vaterunser", wie es bei euch als das allgemeine Gebet bezeichnet ist, obgleich leider die meisten Menschen von demselben so übersättigt sind, dass sie lieber um vieles Geld eine Gebetsformel von einem angepriesenen weisen Lehrer kaufen, und noch darauf sich mehr einbilden als andere, die - wie sie sagen - bloß beim „Vaterunser" stehen bleiben.

Wie wenig Menschen gibt es heutzutage noch, die auf Mein von Mir Selbst gegebenes Gebet den höchsten Wert legen, und dem Geiste Zugang verschaffen durch ernstliche Selbstprüfung beim Aussprechen dieser Worte.

So erseht ihr überall als ein Zeichen der Zeit: Gottlosigkeit und Geringschätzung Meines Wesens und Verblendung, sogar auch bei solchen Menschen, welchen ihre Sünden schon aufgedeckt sind. Auch bei diesen hat das „Vaterunser" nicht mehr seinen göttlichen Wert. Sie rufen oft zu Mir um Erbarmung, bis ihre Stimme heiser ist, weil sie meinen, Ich sei ein unerbittlicher Richter, und zum Schlusse solcher Gebete beeilen sich manche noch, das „Vaterunser" anzuhängen und herzusagen, weil dies so ein angelernter Gebrauch ist.

Wo sind Meine Kinder, die mit Freuden zu Mir kommen, ihr ganzes Wesen Mir vortragen und einsehen, dass ohne Meine Vaterliebe sie kein Recht dazu hätten! Diese Kinder suche Ich jetzt und lege ihnen die Frage vor: Habt ihr das „Vaterunser" schon ernstlich gebetet und euch danach geprüft?

Wohl denen, welchen der Geist das Zeugnis ausstellen kann, dass es schon geschehen ist, bei denen will Ich Mein Reich aufschlagen und ihnen alle anderen Bitten gewähren, wie Ich es in Matthäus 11 verheißen habe. Amen!

161. Von der Kunst - das Wort Gottes,
oder die Wahrheit zu erkennen

(Joh. 7,17)   29. Februar 1880

Meine Lieben! Einst sprach Ich zu den Pharisäern: „Ich bin das Licht der Welt, wer Mir nachfolgt, der wird nicht wandeln in der Finsternis, sondern wird das Licht des Lebens haben!" (Joh. 8,12)

Diese Worte gelten auch heutzutage noch allen, welche suchen durch tätige Liebe und durch Gehorsam Meinen Geboten nachzukommen.

Sie werden dieselben in ihrem Herzen aufgezeichnet finden, sobald sie darauf achten, und es wird ihnen nicht schwer werden, die reine Wahrheit von den menschlichen Beisatzungen zu unterscheiden. Denn durch menschliche Auslegung ist dieselbe so entstellt, dass nur diejenigen die Wahrheit im richtigen Lichte erkennen, welche (direkt) zu Mir halten.

Darum ist dieselbe auch so selten zu finden und drängt sich die große Frage auf: „Was ist Wahrheit?" Aber diese Frage kann nicht im Allgemeinen gelöst werden, sondern eine jede Seele muss darüber einzeln belehrt werden, durch den Heiligen Geist.

Gleichwie die Pharisäer an Meiner Rede Ärgernis nahmen, nicht weil sie Mich nicht erkannten, sondern weil sie ihrem Gott Jehova untreu und abtrünnig waren; und gleichwie sie, so sie ihren Wandel nach den Geboten Gottes eingerichtet hätten, wie sie es doch vor dem Volke vorgaben, dann die Kraft des Heiligen Geistes an sich verspürt und durch dieselbe noch vieles andere bewirkt haben würden, - so ist es auch jetzt noch.

Nicht in die Worte des viel Wissens lege Ich die wirkende Kraft, sondern in das Streben selbe zu befolgen, das durch sie bei jedem, der redlichen Willens ist, hervorgerufen wird.

Wer da angefangen hat, auf Meine Stimme zu hören, die immer deutlicher in ihm spricht, je mehr der Mensch auf Meine Seite tritt, und den weltlichen Einflüsterungen (sei es durch die Sinne oder durch die Umgebung anderer) nicht mehr Gehör gibt, der wird zur vollen Gewissheit kommen - was Wahrheit ist.

Diese Überzeugung macht die Seligkeit des Menschen aus; denn sie führt von Gott dem Schöpfer zum Vater, und macht es ihm möglich, mit demselben zu verkehren.

So hängt also auch euer Wohlergehen davon ab, dass ihr den Vater erkennet und Ihm folget, nach eurem Gewissen, welches immer feiner wird, wenn ihr in stetem Umgang mit Mir lebet, wo Ich euch in alle Wahrheit leiten will, und niemand euch aus Meiner Hand reißen soll.

Dann werde Ich, ohne euer Zutun und Wissen, Meinen Segen durch euch auch anderen zufließen lassen, dass ihr darin Meine Weisheit und Allmacht erkennet. Leider aber kann Ich euch noch nicht das Kindesrecht in seiner Vollständigkeit geben, solange die Eigenliebe noch zu viel Raum bei euch hat, und nicht Mir euer ganzes Herz angehört.

Durch eure Eigenliebe bin Ich oft genötigt, einen Teil eures Willens durch allerlei Umstände zu beeinträchtigen, damit durch das Gelingen eure Eigenliebe nicht noch vergrößert wird. Oft muss Ich sogar Mir wohlgefällige Unternehmungen vereiteln; nur um eurer selbst willen; denn alles, was ihr tut, soll zuerst euch selbst zum geistigen Gewinn werden, und dann erst zu Meiner Ehre dienen.

Darum untersuchet euch genau bei allem, was ihr vornehmen wollt, und ihr könnt so die Antwort auf eine Frage oft sogleich im Inneren erhalten; denn bei Mir ist es anders als bei den Menschen. Ich nehme nur Gaben und Opfer an, damit der Geber den Gewinn davon hat, während bei den Menschen der Empfänger beglückt wird.

Jede Mir gebrachte Liebesgabe vergelte Ich mit ewigem göttlichen Werte; während die Opfer, welche der Eigenliebe gebracht werden, Verdruss und Undank ernten. So haltet euch auch heute wieder an Meine Worte der Verheißung, dann werdet ihr das Kostbarste erhalten: Das wahre Licht des Lebens, welches sicher leuchtet auf dem Wege zur ewigen Seligkeit. Amen!

162. Wer sich nun Meiner und Meiner Worte schämt

7. März 1880

„Wer sich Meiner und Meiner Worte schämt unter diesem ehebrecherischen und sündigen Geschlechte, des wird sich auch schämen des Menschen Sohn, wenn Er kommen wird in der Herrlichkeit Seines Vaters, mit den heiligen Engeln!" (Mk. 8,38)

Diese Worte, welche Ich schon bei Meiner Erdlebenszeit an Meine Jünger richtete, gehen jetzt in Erfüllung, und geben euch noch in weit höherem Grade an, als Meine damaligen Jünger; denn in jetziger Zeit ist es ebenso der Fall, dass sich die meisten Vornehmen und Reichen, sowie auch die Gelehrten des guten Tones wegen sehr in acht nehmen, von Mir zu zeugen, wenn sie Mich auch etwa in ihrem Herzen verehren (was ja immer noch der Religion wegen geduldet wird); aber um aus Liebe zu Mir Schmach und Verfolgungen auf sich nehmen, die oft damit verbunden sind, wenn eine Seele sich frei ausspricht und auch also handelt, zu diesem Bekennen gelangen gar wenige, sogar auch von den ärmeren Klassen; denn auch sie berechnen ihre äußeren Vorteile zuerst, ehe sie in Etwas eingehen, wozu der Geist sie oft von Innen antreibt.

Der Verstand ist dann Ausleger der Gedanken, wie er nun ja auch die Herrschaft über Meine Heilige Schrift im Allgemeinen führt; darum die wenigen, welche zu Mir um Erleuchtung kommen, von der Mehrzahl nicht verstanden, sondern in ihrer besseren Erkenntnis und in ihrem Streben von dem untreuen und sündigen Geschlechte getadelt und verfolgt werden.

Diesen suchenden Seelen gelten darum diese Worte: „Wer sich Meiner und Meiner Worte schämt...". Denn diese Suchenden sind berufen, Mich als den liebenden Vater zu erkennen, und ihnen will Ich Mich direkt offenbaren mit Meinen heiligen Engeln.

Ihr, die ihr den Zug des Vaters durch Tatsachen fühlen dürfet, seid darum doppelt verpflichtet, euch Meiner nicht zu schämen, sondern bei jeder Gelegenheit, wo es euch dann schon im Inneren dazu mahnen wird, von Mir, als von dem zugänglichen „Vater" zu zeugen.

Zu solcher Ausführung Meines Willens gehört aber, dass ihr gerne auch die Folgen davon aus Liebe zu Mir traget. Denn Schmach und Verfolgung bleiben da nicht aus, wenn ihr euren Mitmenschen ihren Gott, der für sie so bequem ist, nicht gelten lassen wollt, sondern ihnen den Vater anpreiset.

Sie wissen wohl, dass das Kind dem Vater Gehorsam schuldig ist, während sie ihren Gott in der Ferne verehren, und einen Dritten beauftragen, ihnen die Seligkeit bei dem himmlischen Richter auszuwirken.

Diesen Glauben, der so wenig den freien Willen beeinträchtigt, demselben Abbruch zu tun, steht nicht in eurer Macht allein, sondern ihr müsst fest zu Mir halten, damit Ich euch als Werkzeuge gebrauchen kann, um Meine Macht und Herrlichkeit zu beweisen, und zwar zuerst dadurch, dass ihr selbst Meine Gebote haltet, von welchen die meisten Menschen glauben, dass sie zu schwer seien!

Ich gebe euch erstens Mut und Freudigkeit dazu, sobald der Bund zwischen uns richtig geschlossen ist. Zweitens lege Ich euch die Worte der Weisheit in den Mund, wenn ihr sie brauchet. Drittens führe Ich euch Selbst solch suchende Seelen zu, nur müsst ihr die wahre Geduld und Liebe an ihnen beweisen. Viertens trete Ich in eure Mitte, wenn ihr um Meinetwillen versammelt seid, und rede deutlich durch Mein Wort, damit eure Gemeinschaft unter euch immer reiner und an Liebe reicher werde. Fünftens sollen auch Meine heiligen Engel euch brüderlich zur Seite stehen, denn innere Wache tut nun vielmehr Not, als äußerer Schutz.

Ohne dass die Menschen es ahnen, ist schon eine gar große Vorbereitung für Mein Kommen selbst in äußeren Gesetzgebungen getroffen, welche in jetziger Zeit ein Antasten, geschweige ein gänzliches Vertilgen oder sogar Verbrennen Meiner Glaubensmänner verbieten.

Die Aufklärung ist jetzt auch im niederen Volke so weit vorangeschritten, dass es sich nicht mehr im Dunkeln leiten lässt, sondern selbst prüft, sucht und fragt: Was ist Wahrheit? Aber die rechte Antwort darauf will Ich den Menschen nun Selbst zukommen lassen.

Gleichwie Ich einst am Kreuze als armer Nazarener gehangen bin, und doch jetzt viele dem Namen nach sich unter dasselbe stellen, so will Ich jetzt mit gleicher Macht Mein Reich reinigen und ganz einnehmen. Machet euch daher bereit zum Kampfe für Mich (im obigen Sinne), denn erst nach der Schlacht, so ihr treu aushaltet, könnt ihr die Siegeskrone erhalten! Amen!

163. Erkennet in allem, was über euch kommt, Meine Vaterliebe!

14. März 1880

Liebe Kinder! Nachdem Ich euch berufen habe, mit Mir den Bund zu halten, so will Ich euch immer mehr Meinen Willen vor Augen führen, damit ihr seht, wie auch noch Meine Nachfolger beim Lesen der Heiligen Schrift, worin derselbe enthalten ist, gleichgültig über manche Stelle hinweggehen, die ihnen doch in ihren Verhältnissen oft zum Troste werden könnten.

Heute wollen wir die Aussendung der zwölf Apostel durchgehen (Lk. 9). Denn diese Jünger hatten ja den größten Vorzug vor den übrigen Menschen; sie waren immer in Meiner Nähe, konnten über alles fragen. All Meine Wunder geschahen in ihrer Gegenwart, Ich segnete viele Menschen um sie her, sie wussten deshalb Meine Macht und Liebe, und hatten dabei auch noch die Hoffnung, im Irdischen gesegnet zu werden. Allein dieses Letztere wurde ihnen nicht zuteil, denn ihr Glaube musste viel tiefere Wurzel fassen, da Ich sie wie Schafe unter die reißenden Wölfe sandte.

Nur einem solchen Glauben ist es möglich, sich die Teufel untertan zu machen, d.h. wenn dem Menschen alle äußeren Stützen, worauf er noch rechnet, genommen werden; dann allein stützt er sich auf Mich und braucht den Vater, Der für ihn sorgt, ihm hilft, ihn tröstet, ihm ratet und ihn liebt.

Dann habe Ich freien Zugang bei ihm und kann ihn beglücken. Wie wohl tut ihm der Gedanke: Mein Gott ist zugleich Mein Vater! Er merkt auf das, was die Vaterliebe bei einem zugeschickten Kreuz erzielen will. Wie ganz anders ist es aber bei solchen, die in Mir noch den heiligen Richter sehen, und ihren Gang im Leben ängstlich durchlaufen, um nur nicht Meiner strafenden Gerechtigkeit anheimzufallen. Wie können solche dann von Mir mit Freudigkeit zeugen?

Sie werden vielmehr anderen zum Verkriechen und Zittern vor Mir Anlass geben. Auch nehmen solche Menschen alles Gute, was ihnen zukommt, als wohlverdienten Segen an und brüsten sich noch damit vor ihren Mitmenschen. Darum hat Meine Liebe und Weisheit für diejenigen gesorgt, die sich bestreben, (in rechter Weise) Mir Seelen zuzuführen.

Ich sagte Meinen Jüngern schon, was beim Apostelamte hinderlich ist, und heutzutage halte Ich es noch so mit den Meinen, dass Ich ihnen alles abnehme, was die Zuflucht zu Mir stören kann. Ich behüte sie wie einen Augapfel und beschneide oft mit scharfem Messer jeden Auswuchs ihres Herzens, welcher der Welt Früchte tragen könnte. Ich gehe ihnen ferner nach auf ihren Wegen und rufe sie (bei Gefahr) zurück; nur müssen sie zuerst Meine Stimme von der Trugstimme des Satans unterscheiden lernen.

Darum ist es nötig, dass Meine Kinder mit Meinem (lebendigen) Worte vertraut sind. Die Heilige Schrift liefert ihnen dabei einen Probierstein, denn in ihr finden sie in jeder Lage des Lebens einen Rat, der von Mir ausgeht.

Ihr nun, die ihr noch eine Zulage Meiner Worte durch Meine Gnade erhalten habt, erkennet in allem, was über euch kommt, Meine Vaterliebe! Alsdann könnt ihr vieles für Mich - euren Mitmenschen gegenüber - tun. Betrachtet nur einen zufriedenen, wenn auch äußerlich armen Menschen, dessen Reichtum im Glauben an Mich besteht, ob er nicht sogar von den Gottlosen bewundert wird und er dadurch manchen auf den rechten Weg zu Mir bringt!

Erkennet die Notwendigkeit Meiner Anordnungen, welche Selbstverleugnung bei denen heißt, die in Meine Dienste treten, so werde Ich es auch an der übrigen Ausrüstung nicht fehlen lassen. Euer Vater in Jesu. Amen!

164. Palmsonntag
Ohne Bangen zum himmlischen Vater halten

21. März 1880

Liebe Kinder! Dieser Tag ist in der Kirche ein Erinnerungstag Meines Einzuges in Jerusalem, wo das Volk Mir alle Ehre erwiesen hat, und Mich als König oder als „Sohn Davids" anerkannte. Es war diese Begeisterung des Volkes eine Beeinflussung von Oben, und somit musste Mir aus dem Munde der Laien ein wahres Zeugnis ausgestellt werden. Trotzdem, dass das Volk sich vorher scheute, Mir anzuhangen, so tönte es jetzt doch in die Ohren der Priester: Dieser ist es, Dem das „Hosianna" gebührt.

Wo Ich will, dass Ich öffentlich bekannt werden solle, da muss alle Furcht oder Berechnung im Menschen weichen; denn diese Ausrüstung - für Mich in den Kampf zu treten, beruht auf dem Grade der Liebe zu Mir.

Wenn eine Seele zu Mir hält, so braucht sie nicht gelehrt zu sein und auch nicht phantastisch etwas für Mich zu tun, sondern sie wehrt sich für Mich, aus Liebe zu Mir, sie ist dankbar für ihr inneres Wohlsein und möchte dieses statt es sich rauben zu lassen, es auch lieber ihren Mitmenschen geben.

Wer in solchem Sinne - und nicht aus Eigenliebe und Rechthaberei - Meine Sache zu verteidigen sucht, dem wird der Sieg zugesagt. Wenn ihr in Berührung mit solchen kommet, die in blindem Eifer euch widersprechen, so denkt an die Worte:

„Wo zwei oder drei versammelt sind in Meinem Namen, da bin Ich mitten unter ihnen!" (Mt. 18,20)

Darum seid ruhig und stille, überlasset Mir die Beeinflussung, welche ihr für eure Mitmenschen von Mir erflehen sollt, stärket euch in der Liebe zu ihnen, und wenn ihr sie mit gleicher Langmut traget, wie ihr von Mir getragen werdet, so ist der Segen unausbleiblich.

Was half selbst die starke Begeisterung des Volkes bei Meinem Einzug in Jerusalem? Sie war in einigen Tagen verschwunden, und man schlug Mich ans Kreuz! Ich will von den Meinen gründlicher geliebt und verehrt sein! Durch steten Widerspruch und Kampf sollen sie zur wahren Überzeugung gelangen, dass Ich Der bin, Den sie suchen.

Darum finden bei den größten Glaubensmännern auch Pausen von Glaubensleere statt, und sie werden geplagt von Anfechtungen bis ihr Alleswissen zur Null herabsinkt, und sie sich am glücklichsten fühlen bei den einfachsten Worten und Sprüchen, über welche sie sich ehedem viel zu weit gefördert hielten, um von denselben noch einen Segen und Genuss haben zu können.

Darum ihr Lieben, werdet Kinder! nehmt die einzelnen Worte, welche Ich euch ans Herz lege, als die größten Kleinodien an. Lasset das Disputieren über Glaubensansichten, solches hat keinen Wert; nur die Stimme eures Vaters im Herzen kann euch in den Himmel bringen.

Streuet Mir keine Zweige auf den Weg, wenn Ich Einzug halte, aber euer Hosianna soll aus der Tiefe innerer Überzeugung Mir entgegen tönen, alsdann werdet ihr fest stehen, auch unter dem Kreuze, und am Auferstehungsfest, weder aus Scham, noch aus Reue euch zu verbergen suchen, sondern mit Mir wandeln nach Emmaus, und da getrost in Meine Arme euch werfen.

Ich als Vater sorge jetzt Meine Kinder durch Liebe zu Mir zu ziehen; eure geistigen jenseitigen Brüder dagegen, welche noch viel in der Langmut zu lernen haben, nehmen äußere Antriebsmittel zu Hilfe; darum sie euch aufmerksam machen auf die Zeichen der Zeit. Ich lasse es zu, weil es gleichfalls aus Liebeseifer geschieht, aber wenn ihr ohne alles Bangen zu dem Vater haltet, so habt ihr das Höchste erreicht und könnt alles andere missen.

Darum, so prüft eure Liebe zu Mir! und Ich werde Meine Liebe zu euch immer mehr offenbaren.

Gleichwie Ich damals Meinen Jüngern noch so vieles vor Meinem Hingang zu sagen hatte, also möchte Ich auch wieder Meinen jetzigen Jüngern (und Kindern) vieles, ja alles recht ans Herz legen, was ihnen nötig ist zur Zeit der Anfechtung. Amen!

165. Winke zur Feier der Karwoche

22. März 1880 abends

Liebe Kinder! Wollt ihr in dieser Woche eine Karwoche feiern, welche euch einen Einblick in das Erlösungswerk tun lässt, so müsst ihr den Glauben des Floran besitzen, dessen Herz ganz fest überzeugt war, dass Ich Gott Selbst bin, und leibhaftig der Vater und Erlöser.

Obschon derselbe (F.) alle Begriffe von der Gottheit gesammelt hatte und sie durch seinen scharfen Verstand beurteilte, so hörte er doch in sich eine Stimme, welche nie ganz befriedigt wurde durch seine Anschauungen. Es war die Wurzel seines redlichen Strebens, nicht einen (Nutzen) Genuss von der Gottheit zu erlangen, sondern mit Derselben zu verkehren, und gleichsam sie zu bestrafen, (kurz gesagt) es war dies eine Sehnsucht, die Meine Gnade ihm geschenkt hatte. Diese Gnade war den Menschen zu selbiger Zeit noch etwas Unbekanntes. Nun aber ist sie ein Gemeingut der Christenheit, welche leider von vielen verworfen, von anderen nur zum Scheine anerkannt ist, als der sicherste Weg, der zu Mir in den Himmel führt und deshalb erbeten werden sollte.

In dieser Woche nun, Meine lieben Kinder, haltet recht an, den ganzen Glauben zu erhalten an Meine Gottheit, und Ich will euch über Mein Erlösungswerk Selbst noch manch segensreichen Aufschluss geben. Denn die Zeit ist da, wo Meine wahren Kinder geistige Ausrüstung brauchen. So leset im großen Evangelium Johannes das Nähere über den Glauben des Floran, (GEJ.3.157ff) und dann noch dazu das hohepriesterliche Gebet! (Joh. 17). Euer Jesus-Vater. Amen!

166. Vater, sie wissen nicht, was sie tun

(Lk. 23,34)   Karfreitag 27. März 1880

Liebe Kinder! Wenn ihr euch heute im Geiste unter Mein Kreuz stellet, so will Ich euch damit segnen, dass die Worte in euer Herz tönen: „Vater vergib ihnen, denn sie wissen nicht, was sie tun" (Lk. 23,34). „Vater!" habe Ich gerufen, als Qualen aller Art über Mich kamen. Auch in den schwersten Stunden des Leidens verleugnete Mein menschliches Wesen die göttliche Liebe nicht. Denn gerade da war sie am stärksten ausgeprägt, wo sie alles auf sich nahm, um wieder mit ihren Kindern vereint zu werden.

„Sie wissen nicht, was sie tun", entschuldigte die Liebe, und wollte einen Teil der Schuld tragen, indem sie sagte: „Sie wissen nicht, was sie tun". Darunter waren nicht allein Meine persönlichen Feinde, welche über Mich den Kreuzestod brachten, gemeint, sondern die ganze Menschheit. Dieselbe wusste nicht mehr, welch enges Band (der ewigen Liebe) Gott Selbst zwischen sich und der Menschheit geknüpft hat.

Er wollte Vater sein und sie, die Menschen, sollen Kinder bleiben, darum Er auch Sein menschliches Leben am Kreuze verblutete! Welch tiefen Schmerz Ich bei diesen Worten empfand, als Ich sie aussprach, davon waren Meine Jünger ohne alle Ahnung, sowie von der Größe Meiner Liebe, in dieser heiligen Stunde, die da vor sich ging. Ich Selbst musste Mir zum Troste sagen: „Sie wissen nicht, was sie tun."

Ja, heute noch muss Ich Gnade ergehen lassen auf diese Worte hin. Die Menschen sind noch zu unwissend in dem großen Versöhnungswerke, sie stellten sich wohl unter Mein Kreuz, um dessen ganzen Segen zu erheischen; aber bloß unter das geschichtliche Kreuz. Dort wollen sie Mein Blut zu ihrer Reinigung; aber nicht dem Geiste nach, wo es gilt, das Kreuz selbst auf sich zu nehmen, wie es einem Kinde gebührt, wenn es erstarkt ist, den Vater in Seinem Wirken nachzuahmen, nach Seinem Willen alles anzugreifen, und weil es des Vaters Willen als den allein beglückenden erkannt hat, denselben ganz durchzuführen.

Dort lässt man Mich allein am Kreuze hängen, und nur wenige stehen mit Liebe unter demselben, gleichwie auch damals nur wenige vom inneren Schmerz zerrissen waren, nicht allein über den leiblichen Schmerz, denn da hofften sie, Ich werde ihn nicht wie andere Menschen fühlen, was sie aber nicht recht wussten; denn Ich fühlte die ganze Qual der menschlichen Natur.

Wie aber die Meinen von dem Gefühle des Schmerzes über die Schmach und Verachtung, die Ich erdulden musste, so sehr gebeugt waren, so war auch bei Mir der innere Schmerz über die Lieblosigkeit der Menschen der größte.

Ach! welch ein Bild vom Menschen, der mit tierischem Blutdurste sich freute über das Blut, das aus Meinen Wunden floss; da konnte der Satan mit Recht auf den Menschen Anspruch machen, weil da alle seine Eigenschaften aufs Stärkste hervortraten.

Sein Triumph war groß; aber auch sein Schrecken, als ihm plötzlich klar wurde, dass Meine Liebe dabei im Spiele, Meine menschliche Natur ganz vom Göttlichen durchdrungen, und somit der Beweis geliefert war, dass die Menschen Mir ähnlich geschaffen sind, und durch seine Willkür nur entstellt, aber nicht umgeschaffen wurden.

Er sah dadurch seinen Untergang, da er wusste, dass Ich noch nach dem Tode jetzt ewig an den Menschen fortwirken könne. Darum die Zeichen und Wunder bei Meinem Tode. Denn auch das Geisterreich hatte alles durch Entsprechungszeichen erfahren, welche auf der Erde zwar auch sichtbar aber nicht verstanden wurden.

Liebe Kinder, stellet euch unter das Kreuz, Meine Liebe weiß ja, dass ihr noch unwissend seid! Ich will euch belehren, dass ihr nicht allein „Vater" rufen könnt, sondern auch diese Vaterliebe empfinden dürfet, und die Worte: „Es ist vollbracht!" (einst) auch von euch gesagt werden können. Amen!

167. Heute komme Ich, um Glauben bei euch zu suchen

Ostern 28. März 1880

Liebe Kinder! Auch heute komme Ich zu euch, um bei euch Glauben zu suchen, wie damals bei Meinen Jüngern, welche gegen all ihre Hoffnungen Mich ins Grab gelegt sahen, und nun an Meiner Gottheit zu zweifeln begannen.

Ihre Probe, die sie im Glauben an Mich zu bestehen hatten, war eine große, in Anbetracht der Verstocktheit der damaligen Zeit, und des großen Widerspruchs der Pharisäer und Schriftgelehrten, sowie des großen Betrugs der Essäer, welche das Auferwecken vom Tode als Handwerk betrieben.

Es ist jetzt viel leichter an Mich zu glauben, nach der Entwicklungsgeschichte Meines Reiches; denn Meine Macht kann wohl kritisiert, aber nicht eigentlich bestritten werden.

So steht nun wieder das Grab da, in welches die Menschen Mich als einen gottesfürchtigen frommen Mann legen, aber von einem Wiederkommen Meiner Person nichts wissen wollen. „Wozu denn?" spricht der Verstand, der zufrieden ist mit Materiellem, und so viel möglich sich als den Bewohner des Leibes betrachtet, von einem geistigen Fortleben darum nichts wissen will, und seine (eigentlichen) Aufgaben, die durch diesen Irrglauben ihm erwachsen, verleugnet.

Nun ist es an der Zeit, den Deckel vom Grabe zu heben, und Mich bei solchen einzufinden, die eine Sehnsucht nach Mir haben; aber da komme Ich eben auch oft zu einer Zeit und in einer Gestalt, wo sie Mich nicht sogleich erkennen.

Darum rate Ich euch zu wachen, damit ihr nicht überfallen und unfähig werdet, von Meinem Besuche die wahre Freude zu genießen; denn Ich komme auf verschiedene Weise. Aber das ist gewiss, dass Ich bei jedem Mich Selbst einfinde, der Mich liebt, und gleichwie die Jünger durch Mein Erscheinen voll Glaubens wurden, so sollt auch ihr im Verkehre mit Mir Kraft erhalten.

Bleibet darum einmütig in der Liebe - um Meinetwillen, damit Ich Meinen Segen eurer Gemeinschaft zufließen lassen kann; es tut oft Not, dass das eine fürs andere zu Mir kommt, damit Meine Gnade desto reichlicher fließen kann. So walte Ich auch heute unter euch mit dem Gruße: „Der Friede sei mit euch!" Amen! Euer Jesus-Vater!

Das 21. Kapitel des Lukas enthält eine Vorhersagung an Meine Jünger, wie es kurz nach Meinem Tode, aber auch nach Meiner Auferstehung ergehen sollte.

Es ist nun nötig, dass Ich auch Meine Nachfolger auf die äußeren Zeichen der Weltbewegungen aufmerksam mache; denn Ich will mit ihnen so verkehren, dass sie in allem, was um sie hervorgeht, erkennen sollen, inwieweit Meine Liebe und auch Mein starker Arm dabei beteiligt ist.

Auch bei euch will Ich es also halten. Ihr wisst ja, dass auch in den schwersten Heimsuchungen Meine Liebe im Verborgenen mitwirkt, besonders in solchen allgemeinen, wo oft ganze Städte, Länder, Völker dabei getroffen werden.

Wenn ihr nun von solchen Ereignissen hört, so hebt eure Häupter auf zu Mir, darum dass sich die Erlösung naht, d.h. kommet als dann mit vollem Vertrauen zu Mir, als zu eurem Vater, indem ihr darin eine Liebesanordnung erkennet, wodurch noch viele Seelen vom ewigen Verderben gerettet werden können.

168. Hebet eure Häupter auf zu Mir, darum, da sich eure Erlösung naht

4. April 1880

Liebe Kinder! Erkennet darin Mein fortgesetztes Erlösungswerk, welches nie aufhören wird, den verirrten Seelen nachzugehen, sondern dieselben durch Posaunenstöße aus dem Todesschlummer der Sünde zu erwecken sucht.

So wie Meine Erlösung ein fortwährender Akt ist, ebenso auch Meine Auferstehung. Immer wieder beweise Ich Meine Göttlichkeit durch neue Wunder, welche Meine Gegner verstummen machen. Obgleich diese alles aufbieten, den Glauben an Mich als Gottes Sohn in den Herzen auszurotten, so stehe Ich desto siegreicher in denselben auf, und bringe ihnen dadurch das ewige Leben.

Immer werden sich zwar die Verfolgungen Meiner wahren Kinder wiederholen; aber auch die Ausgießung des Heiligen Geistes. Je größeren Widerspruch und je größere Verachtung sie erdulden müssen, desto mehr besuche Ich sie mit Meiner Liebe, und lasse sie fühlen, welch hohe Aufgabe ein Kind von Mir hat, ebenso auch, welche Rechte es besitzt.

Ich lege eine unbesiegbare Kraft in ihre Liebe, mit welcher sie Mich lieben und diejenigen, welche ihnen von Mir zugewiesen sind. Oft schicke Ich ihnen Feinde zu, von welchen Ich weiß, dass sie nur aus blindem Eifer sie verfolgen; da werden als dann Meine Kinder Werkzeuge für Mich, um solche Seelen für Mich zu gewinnen. Darum ist es aber auch so nötig, dass Meine Kinder sich in der Liebe, Demut und Geduld üben; denn nur durch diese Waffen können sie gewinnen, nicht durch bloßes Belehrenwollen. (Lk. 18,12-16).

Haltet euch an diese Worte, sowohl gegen eure Verfolger, als im Vertrauen zu Mir; denn Ich sende euch wie Schafe unter die Wölfe. Doch habt ihr ja nicht auszugehen, wie Meine damaligen Jünger, sondern bloß stille zu halten und zu wachen, dass ihr die Wölfe in den Schafskleidern erkennet.

Nehmet zu diesen Worten nun noch die Worte des Trostes; „Siehe, Ich bin bei euch alle Tage bis an der Welt Ende" (Mt. 28,20), und euer auferstandener Jesus in eurem Herzen wird auch euch den Sieg verleihen. Amen!

169. Von der Auferweckung des Lazarus

(Joh. 11)   11. April 1880

Liebe Kinder! Das 11. Kapitel Johannes, welches von der Auferstehung des Lazarus handelt, enthüllt den großen Segen, welchen diejenigen zur Zeit der Not zu gewärtigen haben, bei denen Ich aus- und eingehe, hauptsächlich aber auch - welcher Segen dadurch erzielt wird, wenn die Geschwister in geistiger Liebe untereinander fürbittend zu Mir kommen.

Maria (Lazarus Schwester) ließ Mir sagen: „Herr, den Du lieb hast, der ist krank", sie wollte Mir in diesen Worten einen Wink geben, dass Ich gleichfalls die Liebe erwidern und ihm helfen sollte, worauf auch Ich ihr den Aufschluss gab: „Die Krankheit ist nicht zum Tode, sondern zur Ehre Gottes, dass der „Sohn" dadurch geehrt werde!" (Joh. 11,4)

Ihr Vertrauen zu Mir war groß; musste aber doch bis aufs Höchste erprobt werden, damit der Lohn auch desto größer wurde. Obgleich Lazarus nun gestorben war, so verließen sie sich doch auf Mich; ihre Liebe zu Mir nahm dadurch nicht ab, nachdem Ich sie nach außen auch scheinbar verlassen hatte, während Ich im Geiste doch bei ihnen war.

Sie sehnten sich nach Meiner Ankunft, weil sie Mich noch nicht als Den erkannten, Der allezeit bei den Seinen ist, auch wenn sie Ihn nicht sehen, und selbst wenn des Grabes Nacht sie bedeckt, so dass keine Hoffnung mehr zum Leben für sie vorhanden zu sein scheint.

Ich lasse solche Fälle kommen, um Meine ganze Macht an den (geistig) Verstorbenen zu beweisen. Sie sollen auferstehen zu einem neuen Leben, Mein Gnadenruf soll sie zurückbringen und ihnen klar machen, dass ihr inneres Leben ein Geschenk von Mir ist, und sie daher auch ganz von Mir abhängen.

Erst dann fängt die Seele an, ihre Einstellung zu Mir recht zu erkennen. Nach der Wiedergeburt sieht sie ein, dass nicht das Wollen, sondern das „Dürfen und Können" Mich lieben - beglückt. Es ist das Auferstehen, welches nur durch Mein Wort und Meine Kraft geschehen kann.

Doch so (soll es sein) wie es bei Lazarus der Fall war: „die Juden weinten um ihn" (Joh.11,33). Denn er liebte seine Umgebung, und wurde von ihr wieder geliebt. Es muss bei dem Menschen im äußeren Wandel und Streben der Anfang gemacht werden, Mich näher zu erkennen und Meinen Geboten zu folgen, er muss suchen seine Mitmenschen zu gewinnen, dass auch sie für ihn beten. Daher auch eine jede Gemeinschaft, um Meinetwillen gegründet, von Mir gesegnet wird.

Die Liebe, welche ihr untereinander euch gründet und übet - zu Meiner Ehre, ist Mir das angenehmste Opfer. Darum seid tätig in der Liebe untereinander, und vertrauet auf Mich, auch da, wo alle Hoffnung, oft aufhört neues Leben nochmals in einem Bruder oder in einer Schwester zu erwecken.

Gehet zu ihnen, wenn Ich euch im Geiste dazu auffordere, und glaubet, dass Ich sie noch auferwecken kann, auch wenn sie schon längst im Grabe liegen, und euch der Modergeruch entgegenkommt. Ich will Mich an ihnen und euch durch Meine Liebe und Macht verherrlichen. Kommet nur - wie Maria und die Juden - mit Tränen zu Mir!

Wenn ihr solche Tränen des Mitleids über den geistigen Tod eurer Brüder und Schwestern im Auge habt, dann ergrimmt Meine Liebe und ruft ihr mächtiges „Stehe auf!" in die Totengruft! So haltet denn immer fester an im Gebet für eure kranken und sogar verstorbenen Mitmenschen, damit die Auferstehung bei denselben möglich werden kann. Amen!

170. Ihr sollt niemand Vater heißen; denn Einer ist euer Vater, Der im Himmel ist

(Mt. 23,9)   18. April 1880

Liebe Kinder! Haltet besonders ihr euch an diese Worte, welche ihr ja gerne dem Sinne nach aussprechet, weil ihr Mich nicht mehr als den erhabenen Schöpfer und Gott allein erfasst habt, sondern durch Meine Gnade zu der Erkenntnis gelangt seid, dass die Liebe Mich euch näher bringt, und zwar Vater- und Kindesliebe soll zwischen uns sein!

Mit dieser Liebe und mit diesem Vorrechte sind aber große Bedingungen verbunden. Auch im irdischen Leben macht ein Vater mit seiner Liebe den Anfang, und bringt für das Kind viele Opfer, ehe er Gegenliebe beansprucht, sondern er wartet mit Geduld die Reife des Kindes ab; verlangt auch nur, dass das Kind stufenweise sich nach ihm richtet und seine Wohltaten einsieht.

Aber wie dieser Vater nicht befriedigt sein würde, wenn das Kind in seinem Eifer stille stünde, wenn es sich versichert glaubt, dass der Vater alle Sorge für es übernimmt. Denn dadurch würde das Kind seine volle Ausbildung nicht erlangen, sondern es (das Kind) muss immer mitwirken, und je größere Liebe es zum Vater hat, desto mehr geht es in dessen Willen mit Freuden ein, wenngleich oft große Anstrengungen zum Weiterschreiten erforderlich sind.

Gerade in dieser Zulage oder Übergabe von des Vaters Geschäften liegt für das Kind das Beglückende (dass Ich hier nur von einem wahren und guten Kinde rede, werdet ihr selbst einsehen).

Diese Familienverhältnisse sind die Entsprechungen zwischen Mir und Meinen Erdenkindern; denn Meine Liebe verfolgt gleichfalls diesen Gang mit jeder Seele; nur darf dieselbe außer Mir keinen Zweiten „Vater" nennen; d.h. ihre ganze Abhängigkeit von Mir allein muss ihr klar und ebenso Mein Verkehr mit ihr ein Bedürfnis sein.

Gleichwie ein Kind trauert, wenn es des Vaters verlustig wird, also soll auch eine Seele betrübt werden, wenn sie meint, Meine Vaterliebe gekränkt zu haben, und Ich hätte Mich deshalb von ihr entfernt; denn sie soll sich auf keine andere Versorgung verlassen, als auf die Meinige.

Ihr sollt weder im Verstande, noch im Reichtum oder Ansehen und besonderem Glücke euren Ruhm suchen, sondern allein bei Mir, eurem himmlischen Vater; und wollt ihr solchen Segen dort abholen, so führt euer Weg durchs Demutstal, wo links und rechts üppige Berge euch verlocken können, hinauf zu steigen, anstatt ruhig fort zu gehen auf einem Wege, dessen Ziel ihr zwar im Geist erschauen könnt, der euch aber oft öde und leer vorkommt, weil die Natur daneben momentane Genüsse bietet.

Daher tretet fest in die Fußstapfen eures Jesusvaters, welcher diesen Weg auch gegangen ist. Bedenkt, dass Ich als der liebevollste und weiseste Vater für euch Kinder gut und sicher gewählt habe, und mit Meinem Beispiel euch deshalb voranging, also - bleibet in der Demut! Amen!

171. Selig sind, die nicht sehen und doch glauben!

(Joh. 20,29)   25. April 1880

Meine lieben Kinder! Ich trete auch heute unter euch mit den Worten: „Selig sind, die nicht sehen und doch glauben." Diese Worte richtete Ich bekanntlich an Thomas, welcher gleichfalls auf dem Standpunkte war, nicht eher zu glauben, als bis er Meine Wunden sah oder sogar selbe befühlte.

So ist es auch bei euch; denn ihr könnt es noch immer nicht zu dem wahren Glauben und Vertrauen bringen, ehe euch sichtbarlich Meine Hilfe zuteilwird und dadurch verscherzet ihr oft einen großen Gewinn für euer inneres Geistesleben.

Doch auch bei euch will Ich Meine Nägelmale zu eurer Beschämung vorzeigen. Denn Meine Liebe geht ja immer ihren Kindern nach. So rufe Ich euch auch jetzt zu: „Selig sind, die nicht sehen und doch glauben!"

Auch bei euch ist dieser Glaube sehr nötig, weil Ich in dieser Zeit euch nicht persönlich besuchen kann. Glaubet aber desto fester, dass Ich euch dem Geiste nach weder verlasse noch versäume. Dass ihr dies immer wieder in eurem geistigen Standpunkte erfasset, ist zwar gut an euch; aber ihr begreifet noch immer zu wenig, dass auch die äußeren Lagen dazu gehören - das feste Vertrauen zu Mir zu heben; doch erkennet ihr oft zu wenig Meine Anordnungen dabei.

Nur wenn es dann nach euren Ansichten geht, kommet ihr, um Mich dafür zu preisen. Darum, liebe Kinder, muss Ich oft lange mit Meinem Erscheinen verziehen, weil Ich so gerne vorerst den wahren Glauben an euch erschauen möchte.

Ringet danach, fest auf Meinen Beistand in den größten Nöten und kritischen Lagen zu rechnen, und Ich werde durch verschlossene Türen zu euch eintreten; d.h. Ich will Mich eurer annehmen, und euer Vertrauen segnen; auch wenn ihr Mir nicht so treu waret, wie Ich es erwarten kann.

Bauet auf Meine Gnade und Liebe; denn wenn ihr meint, ihr wollt durch euer Tun Anspruch auf Mich machen, so muss Ich immer mehr Meine Hilfe von euch zurückziehen.

Gleichwie Thomas Mich nicht erkannte, weil er Mich bloß in einem Erscheinen nach seinem Sinne erkennen wollte, so geht es auch oft Meinen Kindern. Sie lieben Mich zwar, aber in man-

cher Lage können sie nicht begreifen, dass Ich dennoch mitwirke, weil sie Mein Mitwirken nach ihrer Ansicht nicht zu deuten wissen.

Glaubet deshalb an Meine Worte der Verheißung, die keinen
einzigen Tag ausschließen: „Siehe Ich bin bei euch alle Tage bis
an der Welt Ende!" (Mt. 28,20) Glaubet, dass Ich auch heute bei
euch bin, und ziehet hin im Frieden! Amen!   Euer Jesus-Vater

172. Sie hassen Mich ohne Ursache

(Joh. 15,25)   2. Mai 1880

Liebe Kinder! Dieser Spruch geht besonders heutzutage sehr
oft in Erfüllung, denn viele Menschen sind Mir gram und schel-
ten über Mich, ohne zu forschen wer Ich bin? Sie klagen ihren
Schöpfer und Erhalter in blinder Wut an, ohne nur zu wissen,
warum?

Ich gebe ihnen täglich Beweise von Meiner großen Liebe und
Macht; doch sie danken Mir nicht, fürchten Mich nicht, und sehen ihre Abhängigkeit von Mir nicht ein, obgleich Ich Mich das
ganze Jahr hindurch herrlich an ihnen beweise, und jede Jahreszeit andere Wohltaten mit sich bringt. Ich wecke sie aus dem
Winterschlafe durch das Wiedererwachen der üppigen Natur
und durch den Gesang der Vögel, welche es ihnen im Frohsinne
zuvortun. Es glaube niemand, dass Ich den Menschen mit weniger Gefühl beschenkt habe, als die anderen lebenden Geschöpfe,
und dennoch ist er der Abtrünnigste von allen Geschöpfen.

Selten treffe Ich Menschen an, von welchen Ich sagen kann,
dass sie Mich von ganzem Herzen und von ganzer Seele lieben,
obgleich Ich auch in sie die vier Jahreszeiten mit ihren Wohltaten eingelegt habe. Allein diese Sinnbilder sind vom Fleische
verdeckt und von dessen Begierden so überwuchert, dass solche
Entsprechungen dem Menschen ganz fremd geworden sind.

Wie ist der Frühling so vielversprechend in seiner Entwicklung, seinen Blüten, wie droht jede Veränderung des Wetters
denselben den Untergang! So geht es gleichfalls den Seelen; bei
jeder kleinen Abweichung in ihrem Hoffen droht ein Abfallen
der Blüte, und wenn die Sommerhitze kommt, um alles auszu-
reifen, wie viele edle Vorsätze verschwinden alsdann unter dem

Einfluss der Leiden, statt festzuhalten an der Wurzel alles Lebens, durch welche die nötige Kraft zum inneren Wachstume zuströmt. Der Herbst, welcher den Genuss der Früchte bietet, wird oft nicht erreicht, und ein starrer Winter folgt, anstatt dass der Herbst Dankgefühle in dem Herzen bewirken sollte, und mit Freuden auch der Winter bewillkommt werden könnte, welcher der stillen Sabbatruhe gleicht, wo das Materielle nur noch als Hilfsmittel betrachtet wird, das aber nicht mehr euer ganzes Wesen in Anspruch nehmen soll.

Also danken sollten Mir die Menschen für jeden Sonnenstrahl, der ihnen zukommt, sie erwärmt und das Dunkel um sie her verscheucht.

Gleichwie für den Landmann solche Winterruhe wohltätig ist, also auch der Seele eine Pause, wo sie Mich allein walten lässt, und hofft, dass Meine große Liebe auch ihr den Frühling wieder anbrechen lässt. Gleichwie durch die Verschiedenheit der Jahreszeiten mit ihrem Wechsel mehr und mehr Wohltaten euch zufließen, so ist auch eurer Seele durch die Veränderung eurer Schicksale mehr Gutes zugedacht, als wenn Ich euch im behaglichen Einerlei einschlummern ließe!

Erwachen, Reifen, Genießen, Ruhen ist dem Menschen zum inneren Wachstum und Glücklichsein nötig! Für diesen Gang hat Meine Liebe gesorgt und hört nie auf, mit ihrer Gnadensonne eure kleine Welt in euch zu bescheinen, damit ihr gleich der Natur segensreiche Früchte bringen sollt, welche in die Ewigkeitsräume sollen gesammelt werden.

Darum bedenkt, dass der Frühling da ist, nach welchem die Sommerhitze zur Ernte reif macht, und sorget, dass eure Früchte gedeihen, damit ihr einst nicht vergebens gearbeitet habt, wenn die ewige Ruhe eure Körper auflöst. Benützet die schöne Jahreszeit zur Betrachtung eures eigenen Wesens und singet gleich den Vögelein ein Loblied für deren herrliche Ausstattung! Amen! Euer Schöpfer und Vater!

173. Zum Himmelfahrtsfest
Von der geistigen Verwandtschaft mit Mir

6. Mai 1880

Liebe Kinder! Nachdem Ich Meinen Erdenwandel durch die Himmelfahrt beschlossen hatte, sollten Meine Jünger desto mehr geistig auffassen lernen, und sie fingen nun an, Meine Worte und Lehre mit den Vorhersagungen der Propheten zu vergleichen. Dadurch drangen sie in die göttlichen Geheimnisse ein, benützten das Heimweh nach Meiner Persönlichkeit zum inneren Verkehre mit Mir, und dieser Verkehr war das Mittel, sie zum Apostelamte vollends tüchtig zu machen, und den Heiligen Geist aufzunehmen; denn derselbe muss ersehnt werden, ehe er sich wirksam an den Herzen erweisen kann. Nun aber wurde Meinen Jüngern erst klar, dass allein die geistige Verwandtschaft mit Mir das Glück der Menschen ausmacht, und sie stellten darum dieses Band weit höher, als Meinen äußeren Umgang. Daher kam auch die große Pfingstfreudigkeit - von Mir zeugen zu dürfen, wie denn Paulus ausrief: „Ich achte alles für Schaden und Kot gegen der überschwänglichen Erkenntnis" (Phil. 3,8); daher auch ihre Bereitwilligkeit zu leiden.

Es war nicht sowohl Gewinnsucht bei ihnen, einst mit Mir regieren zu können, sondern eine Harmonie mit Mir, welche mit dem Namen „Liebe" allein bezeichnet werden kann. Diese Liebe Meiner Jünger war ein Triumph für Mich. Denn Ich hatte nun wieder Menschen auf Erden, welche von Meiner Liebe Selbst erzogen wurden, und anfingen ihre Abhängigkeit von Mir zu begreifen, und die daher aus freiem Willen sich Mir zuwendeten und Mir untertan sein wollten.

Der Zweck Meiner Menschwerdung wurde dadurch erreicht. Ich fuhr gen Himmel, um nun allen Meinen Kindern, die diese Liebe annehmen wollen, stets jeden Tag zu segnen, an welchem sie zu Mir kommen. Nie sollen sie ungesegnet bleiben, wenn ihr Blick nach Mir sieht, ihre Stimme Mich anruft, und wenn ihre Ohren Mich und Meine Worte hören wollen.

Der Himmel ist über die ganze Erde ausgebreitet, in welchem Ich throne, darum haben auch alle Menschen das Recht, zu Mir sich zu wenden. Auch wenn sie noch nicht überzeugt sind von ihrem inneren Zuge zu Mir, so dürfen sie dennoch Gebrauch von Meinen Verheißungen machen; denn durch Not und Leiden rufe

Ich ihnen zu: „Kommet her zu Mir, ihr Mühseligen und Beladenen, Ich will euch erquicken!" (Mt. 11,28) Solche Zustände der Leiden und Anfechtungen bei den Menschen sind Stimmen Meiner Gnade. Auch bei solchen, welche Kinder von Mir sich nennen und sich näher und öfter mit Mir beschäftigen, sind solche Gnadenstimmen noch nötig. Auch sie sind noch schwach im Glauben und würden ein persönliches Erscheinen von Mir als höchstes Glück betrachten, vergessend dabei die Frage an sich selbst zu tun: „Wie könnte ich vor Seiner Heiligkeit und Reinheit bestehen? Vor Dem, Der das Zeugnis abgelegt hat, dass Er den Menschen zu Seinem Ebenbilde geschaffen und als Jesus Sein Menschliches mit in den Himmel nehmen konnte, als Triumph, und zum Zeichen allen Geistern!"

Darum ihr lieben Kinder, danket Meiner Langmut und Geduld, dass Ich mit Meinem zweiten Erscheinen immer noch verziehe, und euch Mittel und Zeit gebe, zuvor noch immer mehr in die geistige Gemeinschaft mit Mir zu gelangen. Immer wieder haltet euch an Meine Worte: „Siehe Ich bin bei euch", damit ihr mit mehr Freudigkeit fortfahret, in euren Verhältnissen und Lagen an Meine Mitwirkung glauben zu können! Amen!

174. Wer den Herrn fürchtet, der ehrt auch den Vater!

9. Mai 1880

Liebe Kinder! Diese Worte gelten euch zum Troste in solchen Stunden der Anfechtung, wo ihr fühlt, dass ihr zu lau in der Liebe gegen Mich seid, und darum nicht in derjenigen Freudigkeit zu Mir kommet, welche zugleich einen Segen wieder fühlen lässt.

Diese Stimmung der Freudigkeit ist oft mehr ein stärkerer Einfluss von Oben, damit ihr schneller diese oder jene Sünde einsehen und euch selbst mehr erkennen lernet. Es ist dieser Zustand eine besondere Gnade, auf welche oft eine Pause erfolgt, wo ihr euch selbst mehr überlassen seid, damit ihr wählen könnt und euer freier Wille mehr hervortreten kann.

Wenn euch nun in solchen Zeiten bange wird, und ihr euch fürchtet im Bewusstsein eurer Schwäche vor Mich zu kommen, so fürchtet ihr in Mir den Herrn; aber ehret zugleich auch den Vater! Ein jedes Kind soll den Vater weit höher über sich stellen, wenn es Ihn wahrhaftig liebt. Auch muss es Ihn ehren und sich scheuen etwas zu tun, was gegen des Vaters erhabenem Wesen ist. Ebenso liegt in der Furcht auch ein Teil derjenigen Liebe, welche nur durch Hochachtung völlig ausgebildet werden kann. Das Hochachten der Gnadeneinflüsse wird gerade dadurch erzielt, wenn ihr dieselbe nicht in solchem Grade an euch bemerket, wie es sonst der Fall war. Auch ist eine solche Pause das beste Schutzmittel gegen die List und den Angriff des ärgsten Feindes, welcher geistiger Hochmut heißt, und der Verderber aller Liebe ist.

Denn die Liebe braucht nicht das Gefühl zu haben, als ob sie schuldenfrei gegen Gott und ihren Nächsten dastehe, sondern sie soll immer den Dank und die Demut in sich schließen, und um zu dieser wahren Liebe zu gelangen, da sind die Stunden der Schwachheiten und der Lauigkeit oft sehr behilflich.

Darum, liebe Kinder, verzaget nicht dabei; ihr ehret den Vater in eurer Furcht, wenn ihr euch nicht würdig glaubet Mich lieben zu können, und ihr werdet Meine Vaterstimme bald wieder vernehmen in eurem Herzen, welche spricht: „Selig sind, die da Leid tragen, denn sie sollen getröstet werden!" (Mt. 5,4)

Überhaupt liebe Kinder, wenn ihr in die Irre geratet, kehret vertrauensvoll um. Die Gnadensonne leuchtet stets auf dem Wege und bringt euch wieder ans Vaterherz zurück, das nicht nach menschlicher Weise züchtigt, sondern nur aus und in Liebe bestrafen kann. Amen!

175. Zu Pfingsten

Der Heilige Geist zeugt in euch,
ob ihr Kinder oder Knechte seid.

14. Mai 1880

Meine lieben Kinder! Ich gebe euch heute schon einen Pfingstgruß, denn Meine Liebe will euch in dem Gefühle von Schwachheit nicht allein lassen, sondern ruft euch zu: „Kommet her zu Mir!", gleichwie Ich denen auch einst zugerufen habe, welche mit verzagtem Herzen Meine Worte hörten und sich nicht getrauten, mit Mir näher bekannt zu werden.

Ihr habt Mich ja doch als Den kennengelernt, Der nur lieben kann, aber nicht strafen; es sei denn, dass ihr selbst letzteres, oft gegen euer besseres Wissen, erwählet!

Ich sage euch - Mich kennt ihr mehr, als euch selbst, und darin liegt der Grund, warum ihr immer wieder so kleingläubig seid. Ihr vertrauet oft zu sicher auf euer eigenes Wirken und Wollen und entfernet euch auf diesem Wege zu weit von Mir, was dann bei einem stärkeren Anklopfen von Mir euch zwar bemerkbar wird, aber euch auch leicht kleinmütig macht.

Darum, wenn ihr über solche Zustände, welche euch begegnen, traurig werdet, so will Ich euch mit Meiner Vaterliebe entgegenkommen; versäumet aber nicht, dann desto mehr zu wachen, damit solche Zustände sich nicht oft wiederholen.

Missbrauchet Meine großen Gnadenbezeugungen nicht, sondern danket dafür, und beweiset Mir diesen Dank durch Geduld an euren Mitmenschen! Der Heilige Geist ist darum so nötig für euch und alle Menschen, weil Er mahnt, lehrt, tröstet und euch das Zeugnis im Inneren ausstellt, ob ihr „Kinder" oder „Knechte" seid? Höret auf Seine Stimme, es ist ja eine euch wohlbekannte Stimme, welche von Mir ausgeht.

Lasset darum euch nicht irremachen, wenn Er (der Heilige Geist) zuerst als starker Ermahner in euch auftritt, damit Er nachher als Lehrer und Tröster von euch desto dankbarer aufgenommen werde, und bleibet fest dabei, dass Ich, Jesus und der Vater, und der Heilige Geist untrennbar - und nur durch die göttliche Liebe mit euch ebenfalls verbunden bin, und lebet euch von neuem recht ein in das Verhältnis und Wesen eures Gottes und Vaters, des Sohnes und des Heiligen Geistes. Ich segne euch aufs Neue als Meine schwachen aber strebsamen Kinder! Dies als Pfingstgruß von eurem Vater in Jesu Christo, dem Sohne und Heiligem Geiste. Amen!

176. Siehe, Ich stehe vor der Tür und klopfe an

Pfingstfest, 16. Mai 1880

„So jemand Meine Stimme hören wird und die Tür auftun, zu dem werde Ich eingehen und das Abendmahl mit ihm halten und er mit Mir." (Offb. 8,20)

Liebe Kinder! Also halte Ich es am Pfingstfeste und klopfe bei jeder Seele an, bald stärker, bald sanfter, je nach dem Grade ihrer Liebe zu Mir, und möchte Einlass, der Mir aber gar wenig gewährt wird.

Entweder ist die Behausung des Herzens noch voll Unrat, gleich einem Chaos, wo Ich gar nicht verlangt werde, oder es beherbergt noch andere Gäste, die sich nicht mit Mir vereinen können, und wenn sie auch zeitweise sich beugen müssen, so führen sie doch immer wieder die Oberherrschaft, während Ich Mich doch dahin ausgesprochen habe: „Ich bin der Herr, dein Gott, du sollst keine anderen Götter neben Mir haben". (2. Mos. 20,2-3)

In diesem Gebot ist Mein Wille enthalten, was Ich verlange, um Wohnung bei euch nehmen zu können, und zwar ein gänzliches Hinwegschaffen aller Leidenschaften, welche nicht mit Meiner göttlichen Liebe vereinbar sind, die ja frei von Eigenliebe, Hochmut, Geiz und allen solchen Lasten ist. Dagegen sind mit Meinem Einzuge - Liebe, Langmut und Geduld verbunden, welche jeden Tag sich in euch vermehren sollen.

Machet darum Platz in eurem Herzen für Mich! Es ist dies dasjenige, was ihr selbst wählen könnt und das andere müsst ihr Mir überlassen, wenn Ich euch besuche und Meine Gnade euch fühlen lasse.

Wer da bittet um Meinen Geist, der soll zuerst sich prüfen, ob derselbe bei ihm als Friedensfürst aufgenommen werden kann, denn da muss die Seele sich unterordnen. Es ist nicht wie viele glauben - Er bringe den Frieden in der Weise mit, dass Er das Gewissen einschläfere, sondern Er wird stark anklopfen und zuerst die Erfüllung der Gebote verlangen (wodurch Sein Bleiben bedingt ist). Hernach aber wird Er eine starke Leuchte aufstecken, damit die Gefahr sogleich bemerkt wird, wenn Feinde sich nahen wollen. Er wird mit euch und für euch auch in den Kampf gegen dieselben treten und euch zum Siege verhelfen.

Darum liebe Kinder! Prüfet wohl, um was ihr bittet und ob euer Herz so gestellt ist, dass wenn Ich unverhofft einen Besuch bei euch machen will, Ich eintreten kann, ohne dass euch bange wird. Mit Freuden komme Ich, wenn ihr rufet; aber empfanget Mich gleichfalls mit Freuden, damit unser Band ein festes werde und Ich immer mehr euch zufließen lassen kann von Meiner Liebe. Nehmet euch solches heute aufs Neue ernstlich vor, und

Ich segne euch mit Meinem vollem Vaterherzen als Euer Jesus-Vater.

177. Zum Dreieinigkeitsfest

„Wer Mich sieht, der sieht den Vater."

(Joh. 14,9)   23. Mai 1880

Liebe Kinder! An diesen Worten ärgerten sich die Schriftgelehrten und Pharisäer, was daher kam, weil sie ihren Gott und Vater in Seinem wahren Wesen (noch) nicht erkannten. Es war ihnen zu gleichgültig, Mich näher kennen zu lernen, sie befriedigten sich damit, dass sie das Volk Mir (als Jesus) gegenüber ängstlich machten, und es zu großen Opfern veranlassten, weil es so zu ihrem Vorteil gereichte.

Darum Meine Lehre, dass Ich und der Vater eines seien, ihnen am unangenehmsten war, weil Ich ja arm, demütig und uneigennützig war, und alles was Ich tat und redete, den Stempel der Liebe trug. Sie konnten Mich deshalb nicht als „Gottes Sohn" und Messias gelten lassen, sondern mussten Mich als einen starken Gegner ihres Jehovah erklären. Dies gelang ihnen auch beim Volke, mehr als ihrer eigenen inneren Überzeugung gegenüber. Dort machte sich der göttliche Funke ihres Geistes geltend, weil derselbe die Verwandtschaft zwischen Mir und ihm anerkannte. Darum wollten sie Mich austilgen, und darum redete Ich bei vielen Gelegenheiten gerade über diesen Punkt, um die enge Verbindung zwischen Mir und dem Vater deutlich zu erklären.

Würde die jetzige Christenheit mit Liebe und eifrigem Bemühen, Mich im wahren Lichte zu erfassen, die Bibel lesen, dann könnte unmöglich so vielerlei Auslegung dabei vorkommen, sondern Mein Geist würde alle in die Wahrheit leiten. Allein der Verdrehung der Bibelworte wird gerne gehuldigt, weil sie so dem natürlichen Menschen angenehmer sind und ihm besser zusagen. Überall werdet ihr in Meinen Worten finden, dass das Tun des Willens Meines Vaters mit verbunden sein muss, um die Rechte zu erhalten, welche Ich denen verheiße, welche Mich als vom Vater ausgehend erkennen. Nirgends in der Schrift steht geschrieben, dass zwischen Mir und dem Vater zwar eine Versöhnung stattfinden muss, um vereint zu werden. Viele von den

Unaufgeklärten verstehen es aber doch so, und meinen auch, Ich habe Mich mit dem Vater erst im Tode völlig vereint.

Es heißt aber doch deutlich: „Ich und der Vater sind eins", eins in der Liebe, in der Gerechtigkeit usw. Die Lehre des Evangeliums ist immer noch verdunkelt durch menschliche Auslegungen, welche dem Volke gegeben werden, weil eigenliebige Interessen (die Herrsch- und Gewinnsucht) bei den jetzigen Lehrern noch zu sehr mitwirken. Darum kann Meine göttliche Wahrheit nur allein durch den Heiligen Geist ganz erlangt werden, welcher bereit ist, allen beizustehen, welche Mich wirklich erkennen und lieben möchten. Diese sollen das Verhältnis zwischen Vater und Kind lebendig in sich selbst erfahren, und es so weit bringen, dass auch sie sagen können: „Ich und der Vater sind eins", oder ich bin mit des Vaters Willen einverstanden.

Immer habe Ich einige wahre Kinder auf Erden, die durch Beeinflussung von oben sich angetrieben fühlen, recht in Mich sich hinein zu leben. Diese Beeinflussungen werden in der Jetztzeit sehr verstärkt, darum auch hier und dort an manchen Orten Ich solche Wahrheiten, die zur Annäherung an Mich geeignet sind, niederschreiben lasse, durch Meine Diener vom Jenseits.

Denn das Vertrauen der Menschen zu Mir Selbst ist (im Verhältnis Meiner Liebe zu ihnen) sehr klein. Die Versöhnungslehre vom Kreuze ist für viele zu unfassbar, und wenn sie gleich in der Angst ihres Herzens dieselbe ergreifen, und Meine Gnade ihnen diesen Trost zukommen lässt, so führt es doch zu keiner Freudigkeit, mit Mir als dem Vater zu verkehren, sondern erzeugt immer wieder Furcht. Darum, liebe Kinder, ist es von so großem Wert, dass der Heilige Geist in euch das wahre Licht anzünde. Bittet um denselben anhaltend, damit Vater, Sohn und Geist in euch aufgenommen, geehrt und geliebt werden kann. Amen!

178. Wem wollen wir das Reich Gottes vergleichen?

(Mk. 4,30)   30. Mai 1880

Liebe Kinder! Diese Frage soll hauptsächlich euch beschäftigen, die ihr so viele Verheißungen in jüngster Zeit von Mir erhalten habt. Denn es ist sehr nötig klar zu erkennen, worin Mein Reich und Mein Wiederkommen besteht! Hauptsächlich auch, weil ein jedes unter euch im Stillen noch zu viel auf äußere gute

Verhältnisse hofft, die allerdings dadurch auch herbeigeführt werden. Allein für euch, die ihr dem Senfkorne gleichet, das erst gesäet werden muss, sind solche (bessere) Zustände nicht mehr erlebbar.

Deshalb seid ihr jedoch nicht verkürzt; denn gleichwie das unscheinbare Körnlein doch die ganze Triebkraft in sich hat, daraus der große Baum erwächst, so sind auch gleichfalls in den Wahrheiten, welche euer Herz aufgenommen hat, alle Kräfte enthalten, mit welchen diejenigen ausgerüstet sein müssen, welche das Reich Gottes genießen werden, wenn sie dieselben, als von Mir ausgehend dadurch ehren, dass sie selbe befolgen, dann will Ich auch in euch das Wachstum segnen, damit die Wurzel fest werde und Zweige treiben kann.

Schätzet darum die Wahrheit immer mehr als ein besonderes Gnadengeschenk, und erkennet es als ein großes Glück, dass das Senfkorn in euch gelegt oder das Reich Gottes mit dem Keime seiner ganzen Kraft euch anvertraut ist. Wenn ihr dasselbe treu behütet, so soll es ebenso Zweige treiben wie der Baum (im Evangelium), worunter viele Schatten finden in der Trübsalshitze.

Nicht das Scheinbare des Reiches Gottes, welches ist ein Reich der Liebe und des Friedens, gehört dazu, sondern die Überzeugung, dass die Kraft bereits in euch verborgen liegt, und ihr fähig seid, dasselbe auszubreiten und es zu befördern. Um dasselbe deutlicher zu bezeichnen, habe Ich abermals direkte Worte niederschreiben lassen, hauptsächlich im großen Evangelium Johannes. Wer dieselben liest und prüft, der wird wohl nicht bestreiten können, dass dieselben zu einer besseren Zukunft beitragen, und die Annäherung zu Mir, als zum Vater hervorrufen.

Jetzt liegen diese Wahrheiten noch im Verborgenen, und nur hie und da treibt ein Zweiglein; aber seid stark im Glauben, dass die Kraft derselben nicht untergeht, sondern fortwirkt bis zum großen Ziele! Darum haltet euch an dieses Gleichnis vom Senfkorn, als von Mir Selbst einst ausgesprochen, es liegt eine große Verheißung darin.

Ich, der Schöpfer und Allmächtige, habe sie ausgesprochen und erfülle sie. Ja, fahret fort zu glauben, zu hoffen, dass Mein Reich nicht nur nahe ist, sondern dass es schon da ist - für solche, welche reinen Herzens sich danach sehnen, und freuet euch über das Körnlein, welches in euch liegt.

Suchet dessen Wachstum zu befördern durch willenlose Hingabe in Meinen Willen, und durch treues Befolgen desselben, so werdet ihr merken, dass das Reich des Friedens in euch Leben aufgenommen hat. Euer Vater und großer Lehrmeister in Jesu. Amen!

179. Es fragte Mich der Schriftgelehrte: Was soll ich tun, dass ich das ewige Leben ererbe?

(Lk. 10,25)   6. Juni 1880

Liebe Kinder! Diese Frage höre Ich auch noch von Meinen Kindern aussprechen, nachdem Ich sie doch durch Meinen Geist in die Wahrheiten einleiten ließ, und das Gebot der Liebe zu Mir und ihren Mitmenschen ihnen gar wohl bekannt ist.

Auch sie möchten es eben nicht so ganz erfüllen, sondern nur so wie es ihrem Eigenwillen am besten vorkommt, sie bedenken dabei zu wenig, dass zum ganzen und wahren Kinde Gottes auch (und hauptsächlich) der ganze Gehorsam gehört, und nicht nur zeitweise ein Befolgen der Gebote stattfinden darf, wenn sie die volle Seligkeit erlangen wollen, welche damit verbunden ist.

Wer noch die Gebote (der Liebe) für zu schwer hält danach zu leben, der verwirft Mich und Meine große Vaterliebe, welche nichts weiter verlangt, als was möglich ist zu erfüllen. Es ist sehr traurig, dass nun die Mehrzahl (sogar der Christen) gar nicht nach denselben fragt, sondern sie ganz zurückweist, um desto bequemer ihren natürlichen Leidenschaften frönen zu können, welches ihnen auch bis zu einem gewissen Höhepunkte zugelassen wird, oft den Einzelnen, oft ganzen Familien, oft ganzen Städten, ja ganzen Völkern, bis Ich Selbst einschreite, und Mein „bis hierher" spreche, wenn nämlich alle Rettungsversuche, die Meine göttliche Ordnung in die Vorkommnisse gelegt hat, vergebens waren.

Auch die Willkür der Menschen muss zum Wohle Meiner Kinder beitragen, und dies ist ein Mittel zum Wachstum in der Liebe und in der Geduld; Meine Weisheit verwandelt dieselbe an Meinen Kindern zum Segen, wenn sie Mich darum bitten; allein solche Willkür bleibt dennoch ein Abweichen von Meinen Geboten, welches „Gottlosigkeit" ist.

Ich habe auch ohne diese bitteren Erfahrungen und Bedrückungen der Menschen gegeneinander Mittel genug, Meine Kinder auf die Stufe der Seligkeit zu bringen, welche für sie bestimmt ist. Nur der Sündenfall (in den Ungehorsam und Widerspruch gegen Mich) hat diese Zuchtruten in die Welt gebracht, vorher sollten die Menschen durch Liebe geleitet werden.

Nun wie viel habe Ich schon getan seit Meinem Erscheinen auf Erden, um durch Meinen Geist der Liebe Mein Reich wieder einzunehmen, und welch kleine Zahl hat dieses anerkannt gegenüber den vielen Weltmenschen!

Darum, liebe Kinder, die ihr Mich „Vater" nennet, wenn euch die große Abweichung so vieler klar wird, und der große Undank für Meine Vaterliebe euch betrübt, und ihr erkennet, dass wo Ich nicht durchzudringen vermag, auch ihr nicht viel tun könnt, so suchet dann ihr desto mehr Meine Gebote wortgetreu zu erfüllen. Denn gerade so wie sich die Zahl und Größe der Undankbaren gegen die der Dankbaren verhält, die sich Meine Kinder nennen, eben umso viel mehr hat auch noch in euch die Eigenliebe mehr Spielraum, als Meine Gebote und Meine göttliche Liebe.

Der Mensch gleicht der Welt, gleichwie die Mehrzahl der Kräfte in der Welt zu sündigen Zwecken ausgenützt und nicht zu Meiner Ehre verbraucht wird. So prüft, wie viel ihr Mir von eurer eigenen Kraft zuwendet, um Mein Reich mit zu bauen, an welchem ihr euch zu beteiligen wünschet.

Aber wer in Mein Reich eingehen will, der hat sein Anrecht und seine Abstammung durch die Ähnlichkeit mit Mir und Meiner Liebe aufzuweisen, da gelten keine Vielwissereien und Vorteile, sondern das Befolgen der Reichsgesetze, ohne daran zu rütteln; diese tragen das Symbol der Liebe, und kann von denselben nichts weggetan werden.

Wollet ihr also unter Meiner Fahne weiter fortmachen, so bietet eure ganze Kraft auf, denn mit halben Streitern kann niemals ein Sieg gelingen, noch ein Land erobert werden. Ich nenne euch das Land, in welches Ich einziehen und es ganz bewohnen will, damit ihr desto mutiger dafür streitet, es ist - euer Herz. „Siehe Ich stehe vor der Tür" (Offb. 3,20). Amen! Euer Vater.

180. Meister, wir wollen, dass Du uns tuest, was wir Dich bitten werden

(Mk. 10,35-45)   13. Juni 1880

Liebe Kinder! Diese Anrede geschieht sehr häufig an Mich; denn fast von allen Meinen Nachfolgern und Kindern meint ein jedes, Ich soll ihm durch Gewährung seiner Bitten einen besonderen Beweis Meiner Vaterliebe geben, und zwar bestehen die Bitten meist darin, dass sie ihren Mitmenschen gegenüber eine Auszeichnung wünschen, die oft sehr gerecht und bescheiden scheint. Aber doch das tödliche Gift der Überhebung und Eigenliebe in sich birgt.

Darum machte Ich schon damals Meinen Jüngern keine andere Zusage, als dass Ich sie fragte: „Könnet ihr den Kelch trinken, den Ich trinke, und euch taufen lassen mit der Taufe, da Ich mit getauft werde?" (Mt. 20,22)

Es ist darin die große Aufgabe bezeichnet, welche Ich einzugehen hatte, um Meine Mission zu erfüllen, welche eine schwere, leidensvolle war und mit dem Kreuzestode endete.

Im Eifer des Glaubens sprechen Meine Jünger bei solchen Anforderungen freilich oft ein Ja aus. Aber wenn es an die Ausdauer kommt, dann unterliegen die meisten. Darum kann Ich ihnen den Lohn zum Voraus nicht versprechen, weil nicht das Kreuztragen, das einmal fortgeschleppt werden muss, wenn es auferlegt ist, den Lohn bringt, sondern der Sinn und die Liebe, mit welchem es getragen wird.

Ich kann nun einmal nicht aus Meiner göttlichen Ordnung treten und die Stufen der Seligkeit, wie ihr glaubt, willkürlich verschenken, sondern nur solchen, für welche es bereitet ist, d.h. welche sich nach den Bestimmungen richten, die eingehalten werden müssen, um das Ziel zu erreichen, denen gehört das Reich zu!

Auch gehen die Ansichten zwischen Mir und euch oft weit auseinander, weil ihr gerne herrschen möchtet; die Demut aber ein Unterwerfen des Willens verlangt. Nicht allein Mir gegenüber, was soweit ein jedes unter euch für ganz richtig findet; aber euren Mitmenschen gegenüber um Meinetwillen in Dingen nachzugeben, wo ihr glaubet, dass es sogar gegen Meine Ordnung und Gerechtigkeit sei, das geht schwer und gerade dort sprecht ihr zu Mir: „Lass uns sitzen zur Rechten und Linken, oder lass uns mitregieren, lenke die Sache so, dass wir Recht und Sieg erhalten", und euer eigenes Zutun und eure Verstandesansichten wollen sich dann geltend machen.

Ich aber sage euch in solchen Fällen: „Trinket den Kelch, wie Ich ihn trinken musste, und bittet: Vater ist es möglich, so überhebe mich des Kelches! Doch nicht mein, sondern Dein Wille geschehe!" Nachdem diese Worte von euch ausgesprochen, sollt ihr ruhig warten, und euch mit ganzem Vertrauen zu Mir halten; dann erst ist es Mir möglich, für euch zu regieren, und euer Anliegen nach Meinem Willen zu ordnen, wenn ihr Mir in eurem Herzen die Vollmacht dazu ausgestellt habt. Dann werde Ich Mich auch euch zeigen, gleichwie dem Thomas, der nicht glauben wollte, dass Ich es war, Der sie (die Jünger) besuchte, bevor er sichtbaren Beweis davon hatte und dem Ich zurief: „Selig sind die nicht sehen und doch glauben." Amen! Euer Jesus-Vater.

181. Wachet, betet und trauet eurer eigenen Kraft nicht zu viel!

20. Juni 1880

Liebe Kinder! Immer muss Ich euch wieder die Worte der Ermahnung zurufen, so auch heute in den Worten, Lk. 12,34 wo Ich sagte: „Seid gleich den Menschen, die auf ihren Herrn warten, wenn Er von der Hochzeit kommt!" Solches Warten ist ein frohes, freudiges, denn die Wartenden wissen, dass der Herr ebenfalls freudig zu ihnen kommt, nachdem er eine Vermählung oder Verbindung zuvor gefeiert hat.

So sollt auch ihr euch freuen und wissen, dass Ich mit euch ein Vermählungsfest feiern will, nachdem ihr Mich erkannt und in euer Herz aufgenommen habt. Es soll euch aber auch kein Muss sein, die damit verbundenen Bedingungen zu halten, sondern ein Bedürfnis, denselben nachzukommen, dass Ich nicht allein euch diene, sondern auch ihr im Gegendienste Mir gegenüber eure Seligkeit findet.

Also will Ich mit euch zu Tische sitzen und ihr mit Mir; ihr sollt die wahre geistige Stärkung von Mir in dem steten Umgang mit Mir erhalten, und Ich will in euch und durch euch wirken; aber seid wachsam! denn diese große Ehre welche euch dadurch zuteilwird, ist dem Feinde wohl bekannt, und er sucht euch auf alle mögliche Weise um dieselbe zu bringen. Weil er weiß, dass ihr fest halten wollt - Mich aufzunehmen, so hinterlistet er euch dadurch, dass er euch eingibt: „Heute hat es schon noch Verzug, dies oder jenes zu erfüllen oder zu verleugnen, ich will dann desto eifriger anfangen, wenn es Zeit ist," und so verstreicht eine Zeit um die andere, und man lässt Mich vor der Tür stehen und warten, während dem Feinde in allen möglichen Dingen gedient wird, und er das Recht hat, die Wohnung des Herzens als die seinige zu beanspruchen.

Darum ist es so nötig, euch auf die feinen listigen Anläufe aufmerksam zu machen, welche eben noch immer die Scheidewand zwischen Mir und euch herbeiführen. Darum wachet, betet und trauet eurer eigenen Kraft nicht zu viel zu. Dagegen verlasst euch immer mehr auf Mich, und wähnet Mich nicht ferne von euch, nicht als ob gleichsam ein besonderer Akt kommen müsste, um Mich euch vorzustellen, sondern jede Stunde eures Lebens soll als eine Empfangsstunde Mir gewidmet sein!

Da werdet ihr Mir einwenden, warum Ich euch denn so viel materielle Arbeit angeordnet habe (dass ihr dadurch viel sorgen und arbeiten müsst), so dass ihr gar oft nicht Zeit zum Beten habt!? Sehet, diese Frage will Ich jetzt beantworten in dem Beispiele vom Vater und Sohne. Der Vater will seinem Sohne das Geschäft übertragen oder ihn doch teilweise mitarbeiten lassen. Er wird aber nicht verlangen, dass der Sohn immer sichtbar in seiner Nähe bleibt, sonst wäre derselbe ja seiner Freiheit beraubt; er verlangt auch nicht, dass er stets von ihm reden soll, sondern wird es sogar so einrichten, dass dem Sohne Gelegenheit geboten ist, seinen eigenen Grundsätzen gemäß zu handeln, aber dass diese Grundsätze mit den seinen übereinstimmen, das wird der Vater verlangen, nachdem er mit vieler Liebe und Arbeit dem Sohne alles geboten hat, wodurch der Sohn des Vaters Liebe überzeugt werden konnte. Darum verlangt der Vater nun Gegenliebe, welche sich dadurch bekunden muss, dass der Sohn stündlich und täglich veranlasst wird, zwischen zwei Anziehungspunkten, welchen er zugeht, zu wählen. Denn wo diese Liebe anfängt sich dem Vater zuzuwenden, da wird auch auf der anderen Seite mehr gewirkt, diese abzuwenden. Dies ist der Standpunkt zwischen euch und Mir!

Fühlet ihr Meine Liebe und wollt ihr Mich wieder lieben, so entsteht durch die Verhältnisse in euch und um euch Widerspruch und Kampf, welcher notwendig ist, um eurer Selbständigkeit willen. Denn sonst könntet ihr ja nicht wählen, und zu diesem Zwecke sind die vielerlei Entwicklungen und Verwicklungen nötig, so dass ihr oft meint, durch diese gehindert zu werden - Mir näher zu kommen; aber da stehe Ich vor der Tür, stets bereit einzutreten, wenn der Feind gleich glaubt, er dürfe jetzt toben wie er wolle.

Ein einziger Notschrei zu Mir und es ist geholfen. Diesen Notschrei sollt ihr euch vorbehalten in allem, was ihr tut und bedenken, dass ihr Meinen Beistand sehr nötig habt, wenn ihr einmal auf Meine Seite getreten seid, und der Feind jede Minute lauert euch zu bestürmen.

Denkt deshalb an Mich in allen Zeiten und Unternehmungen, und das genügt Mir.

Ich bin kein Mensch, der äußere Form und Unterhaltung anspricht, sondern ein göttlicher Vater, Der alles mit dem Maßstabe der Liebe bemisst, und kleine Abweichungen in Segen verwandelt, wenn das Herz strebsam und redlich ist, und gerne wachen will. Also seid nicht ängstlich in Zeiten und Geschäften, wo ihr meint, ihr habt euch zu weit von Mir entfernt, sondern gedenkt sogleich an Meine Worte: „Siehe, Ich stehe vor der Tür. Machet die Türe weit auf und Ich wohne bei euch!" Euer Vater in Jesu. Amen!

182. Im Vertrauen auf Meine väterlich-weise Liebe festhalten

27. Juni 1880

Meine lieben Kinder! Es ist für euch eine Zeit angebrochen, wo ihr einsehen sollt, dass Ich überall, auch in den kleinsten Vorkommnissen mitwirke, wenn Meine Kinder auf den Standpunkt gekommen sind, dass sie willenlos auch da stille halten, wo ihnen nichts geboten ist, sowohl für Mein Reich, als für Mich zu arbeiten, sondern fast ein Gefühl sie beschleichen will, als seien sie von Mir versäumt oder hintangesetzt.

So Meine Kinder dennoch im Vertrauen auf Meine väterliche weise Liebe festhalten, dann geht es endlich - ihnen Geschäfte nach Meinem Willen zu überlassen, und zwar anfänglich in ganz unscheinbarer Weise, welche sich dann nach und nach zu Großem entfalten werden. Gerade in dieser Weise sollt ihr es auch Mir nachmachen, und dazu habt ihr so viele Belehrung über Meine Weltregierung erhalten; denn Ich sagte zu Meinen Jüngern: „So ihr nicht werdet wie die Kinder, könnt ihr nicht in das Himmelreich kommen." (Mt. 18,3)

Gleichwie ein Kind seine Leistungen dem Vater gegenüber nicht hoch berechnet, sondern froh ist, wenn es mit einem guten Gewissen zum Vater kommt, dass es nicht streitig im Folgen war, wenn auch kleine Abweichungen von Seinen Befehlen mit unterlaufen; so sollt auch ihr zu Mir kommen im Vertrauen, dass Ich euch dennoch annehme, und sollt fortwährend das Streben in euch bewahren - es noch besser zu machen.

Ich habe euch letztes Mal das Beispiel eines leiblichen Vaters und Sohnes gegeben, und euch den listigen Anlauf des Feindes gezeigt; nun hat derselbe aber auch in dem Punkte viel Gewalt, wenn ihr an euch selbst verzaget, weil ihr den Erfolg eurer Bemühungen zu wenig bemerken könnt, Ich Selbst mit Meinen Bemühungen kann denselben (Erfolg) auch nicht nach Wunsch sehen, sondern muss Meine Langmut bis in die Ewigkeit hinausdehnen; aber dennoch was Ich tue, bleibt ewig gesegnet.

Deshalb ist es auch so bei Meinen Kindern; denn was sie in Meinem Namen reden, tun und unternehmen, das bleibt ewig gesegnet, wenngleich es für sie oft als Gegenteil dasteht.

Durch solche Einrichtung und Ordnung Meiner göttlichen Weisheit ist es Mir möglich, den Menschen ganz fürs Geistige zu gewinnen. Denn wie könnte ein Mensch noch in das Himmelreich aufgenommen werden, wenn Ich ihm nicht durch Meine Gnade jeden Seufzer, jedes Wort, jeden guten Willen - für Mich etwas zu tun, als unendlich gut in das Buch des Lebens eintragen würde?

Sehet, so rechne Ich, als der große Rechenmeister, Dessen Griffel Erbarmung heißt, damit die Summe zu eurem ewigen Wohle beitragen hilft. Aber Mein Gegner rechnet auch genau, und stellt große Schuldbriefe über euch aus; er steht immer auf der Lauer, für sich eine Beute zu machen.

Darum wachet und betet! Denn dann muss er auf eine Zeit lang abziehen, wenn Ich mit euch reden will und euch aufmerksam mache, wie ihr in diesem oder jenem Falle nach Meinem Willen tun sollt. Darum - immer mehr im Verkehre mit Mir zu bleiben - ist Meiner Kinder Pflicht und auch der sicherste Wege, nicht Irre zu gehen. Haltet ihr es jeden Tag mehr also und wir bleiben vereint als Vater und Kinder! Amen!

183. Siehe, ich stehe vor der Tür und klopfe an

(Offb. 3,20)   4. Juli 1880

Meine lieben Kinder! Diese Worte habe Ich euch schon einige Male gegeben, und wiederhole sie auch heute, damit ihr wisst, wie viel Mir daran liegt, dass Ich ganz bei euch sein und euch als Herr des Hauses regieren kann. Freilich ist solches Regieren von Mir ein für euch unerforschliches; weil es oft den Anschein hat, als ob Ich als Vater doch gar keine Liebe beweise, welche ihr mehr dabei fühlen möchtet.

Dies kommt daher, weil Ich geistig, göttlich regiere, und ihr wollt dasselbe nach menschlicher Weise begreifen und auslegen, was euch abermals durch Meine Liebe unmöglich gemacht wird, weil Ich den Segen oder Nutzen, welchen ihr durch eine Heimsuchung erhalten sollt, eben auch zu rechter Zeit und in der wahren Stimmung euch geben will, damit er bleibend wird.

Freilich bleiben dann Meine väterlich liebevollen Führungen Meinen Kindern oft lange dunkel, und ihr Fragen: „Warum ist solches geschehen?" bleibt unbeantwortet, obwohl sie da den Trost nach ihrer Meinung am nötigsten hätten.

Aber liebe Kinder, gerade in solchen Lagen sollt ihr still vertrauend mit Mir verkehren in kindlicher Zuversicht, dass Ich aus Liebe nur euch regiere, das bringt euch auf den Höhepunkt, ganz mit Mir vereint zu werden, und sichert euch Meinen vollen Vatersegen zu; und wenn euch auch oft das Schicksal, das euch betroffen, zu schwer werden will; Ich gebe euch auf der anderen Seite auch Kraft zum Tragen, und dabei ein seliges Innewerden Meines göttlichen Einflusses; so dass oft, was ihr heute noch hart nennet, schon nach kurzer Zeit ihr selbst gut heißet. Doch den Vorhang in die Zukunft zurückschlagen wollen, das können und sollen die Menschen nicht, das hat Meine Liebe und Weisheit Sich vorbehalten. Aber Meine Kinder sollen fest glauben, dass nur Gutes für sie bestimmt ist, und weil ihre Richtung geistig sein muss, so muss auch der Segen ihnen in geistiger Art zufließen.

Wie könnt ihr bei Fällen, welche kein Mensch hervorrufen kann, als z.b. beim Abrufen ins Jenseits - zweifeln, dass Ich es bin, und wenn ihr das wohl wisst, wie könnt ihr noch zweifeln, dass nur Liebesanordnungen von Mir als Vater euch damit zuteilwerden? Amen!

184. Gefährlich fürs geistige Wachstum ist die Sicherheit

(Mk. 14,29-31) 11. Juli 1880

Liebe Kinder! Diese Worte, die Petrus aussprach, höre Ich auch von euch oft aussprechen. Solche sind zwar aus eurem Entschluss hervorgegangen, Mir treu zu bleiben; darum Ich euch den Gnadenblick auch zuwende. Aber diese Worte sind auch ein Beweis, wie wenig ihr noch eure eigene Schwäche kennt, und wie sehr ihr euch auf euch selbst verlasst.

Ihr glaubet stark genug zu sein, um in die volle Verleugnung um Meinetwillen eingehen und der Natur mit ihren Ansprüchen entsagen zu können, gleichwie Mein Jünger (Petrus); aber Ich wusste, dass die Zeit der Versuchung für ihn sehr nahe war. Denn wenn die Glaubenssicherheit am größten ist, so ist es auch am nötigsten, über dieselbe eine Probe kommen zu lassen, damit solche wieder entfernt wird.

Die Sicherheit ist sehr gefährlich für das geistige Wachstum, und bewirkt Sünden, die euch oft ganz entgehen, weil die stolze Erhebung sich zu viel darin verbergen kann, welche die erste Ursache der Trennung zwischen Mir und euch ist. Der Drang, Mir gleich zu sein, verleitete die ersten Menschen zum Ungehorsam, während Ich diesen Drang nur dazu in sie gelegt habe, damit sie durch Befolgen Meines Willens dieses Ziel erreichen sollten.

Meine Liebe wollte ihnen dadurch etwas Eigenes zukommen lassen, weil erst dadurch der Mensch Mir ähnlich werden kann, wenn er sich Meine göttlichen Eigenschaften durch seinen freien Willen erwirbt. Gleichwie Ich nur durch Mich bin, so wollte Ich auch den Menschen zu dieser Vollbringung als Vater raten und ihnen durch Worte, Lehre und Beeinflussung dazu helfen.

Leider bringt es aber der Mensch nicht sehr weit in diesem Streben; denn er ist sogleich sicher und erhebt sich zuerst über Mich, weil er alles seiner eigenen Kraft zuschreibt, und meint, dass Ich ihm dafür den Lohn geben solle in solchen Lagen, welche ihm gar zu dunkel scheinen, und in welchen das Verstandeslicht ihm den Weg nicht mehr zu beleuchten weiß.

Der Glaube aber wartet dann in solchen nötigen Proben den ersten Hahnenschrei nicht mehr ab, der den nahen Morgen verkündet, sondern zweifelt an Meiner allmächtigen Hilfe und verleugnet Mich. Eine geringfügige Sache ängstiget oft, und ohne selbst diesen Abfall zu erkennen, verleugnen Mich Meine Kinder, welche Ich doch berufe, um auf sie zu bauen.

Ihr könnt Mir entgegenhalten, dass Meine Gnade euch nicht über Vermögen versuchen lassen sollte. Ja, das will Ich auch tun, Ich lasse Meine Kinder in der Versuchung nicht zu lange stecken. Aber die Sicherheit ist schon die Versuchung, die beseitigt werden muss; und um diese loszuwerden, muss eine entgegengesetzte Wirkung eintreten, welche zur Selbsterkenntnis und Demut führt.

Darum schicke Ich Meine Engelsboten, welche Kreuz und Leiden heißen, und nicht von euch weichen, als bis ihr dankbar seid für den Gnadenblick, welchen Ich euch eben dadurch zuwende, um euch wieder zu Mir zu bringen.

Wenn diese Meine Boten bei euch einkehren, so beeilet euch, alles genau zu untersuchen, was sie wegräumen wollen, damit sie desto eher wieder abziehen können. Dies wird geschehen, wenn ihr selbst Hand anlegt an das Reinigungswerk, das nötig ist, um alles zu entfernen, wodurch Mein Ebenbild in euch besudelt und unkennbar ist. Amen! Euer Vater.

185. Eine Naturbetrachtung und vom Hagelschlag

19. Juli 1880

Meine lieben Kinder! Wenn ihr jetzt hinaus auf das Feld geht und seht, wie alle Gewächse vorbereitet sind eine schöne Frucht herzubringen, dadurch, dass Sonnenschein und Regen in richtigem Verhältnis ihnen zuteilwurden, so denkt an euch selbst, dass auch ihr Gewächse aus Meiner Hand seid, bei welchen Ich in noch viel höherem Grade Meine Liebepflege anwende, damit ihr die Mir wohlgefälligen Früchte zur Reife bringet.

Geistigen Sonnenschein, sowohl von außen her durch das Wort, als wie durch innere Beeinflussung bewirkt, lasse Ich jeder Seele in solchem Maße zukommen, dass keine Entschuldigung einst stattfinden kann, sondern die Seele nur sich selbst anklagen muss, wenn sie unter die Unkrautbüscheln fällt.

Wie viel Mühe gebe Ich Mir noch ganz besonders um jede einzelne Seele, neben den großen allgemeinen Einrichtungen, die Ich stets treffe die Seelen aufzufrischen! Betrachtet doch die schöne Natur! Meine Liebe ist auf jedem Blatt, an jeder Blume, jeder Frucht zu lesen, alles ist zur Erquickung und Freude für die Menschen eingerichtet, und wie werde Ich doch von der Mehrzahl dabei vergessen, anstatt dass dieses alles eine Gegenliebe zu Mir bewirken sollte!

„Neun Undankbare" waren es einst, welche Ich reinigte, und nur ein Einziger brachte Mir den gebührenden Dank! Nun aber sind es der Undankbaren noch weit mehr im Verhältnis, und der Dank für Meine Schöpfungsgaben wird Mir mehr von dem Tierreiche, wie z.b. durch den Gesang der Vögelein dargebracht, als von den Menschen!

Darum auch in die Früchte nicht mehr der große Segen gelegt werden kann, wie es noch bei den Urvätern der Fall war, sondern es dient die Nahrung bloß noch dazu den Leib zu füttern; aber als Spezifikum für die Seele ist wenig darin zu finden, und wozu auch? Der Mensch ist für dasselbe zu untüchtig geworden und nicht mehr so aufnahmefähig dafür, weil er zu materiell ist, und so müssten solch edle Teile der Früchte mehr Krankheit in demselben bewirken, als Kräftigung für Seele und Leib! Durch größere Genusssucht sind deshalb die Menschen viel schwächer und kränklicher geworden!

Es ist also von großem Werte, die Früchte des Feldes zuerst mit dankbarem Andenken an Mich zu betrachten, und dann um den Segen dabei zu bitten, nicht allein der Fülle (Quantität), sondern besonders der gesegneten (seelenspezifischen) Bestandteile (Qualität) wegen!

Daher muss auch oft ein großes Stück Land plötzlich durch Hagel zerschmettert werden, um die Menschen vor geistiger Vergiftung zu bewahren! Dies ist Mein unerforschliches und doch liebeweises Walten, wofür Ich Mich dann noch von den Menschen als „grausamer Gott" muss richten lassen!

Meine lieben Kinder! Lernet einsehen, wie wenig auch ihr von Meiner Regierung verstehet, und seid ängstlich in eurem Tun. Denn ihr könnt aus dem Mitgeteilten lernen, wie es so viel auf das Verhalten beim Genießen ankommt; ihr könnt sehen, wie alles zusammenhängt, Sonnenschein und Hagelschlag! Nur im Sonnenschein erblicken die Menschen, wenn es hoch kommt, eine Wohltat von Mir; aber im Hagelschlage – was? Man würde denjenigen einen Narren nennen, der so etwas glauben wollte!

Darum sollt ihr desto mehr zu Mir halten, auch in Sachen, welche euch noch rätselhaft sind und sollt immer mehr Meine Liebe in allem herauszufinden suchen! Gerade solche Betrachtungen machen euch den Verkehr mit Mir angenehm und eure Spaziergänge geheiligt. Denn es wandelt dann Der mit euch, Der die Natur so prächtig vor eure Augen hingestellt hat und segnet euch auch nach Seiner vollen Kraft die Früchte!

Er segnet auch euer Tun und Lassen in allem, was ihr in Seinem Namen tun wollt, und wird Seele und Leib stärken als euer Vater, Gott und Schöpfer Himmels und der Erde! Amen!

186. Glaubet an das Licht, dieweil ihr's habt, auf dass ihr des Lichtes Kinder seid

(Joh. 12,36)   25. Juli 1880

Liebe Kinder! Das Licht bin Ich Selbst, und diese Meine Worte galten damals besonders Meinen Jüngern, welche um Mich waren, dazu berufen - die Helle des Lichtes weiter zu verbreiten. Zu dieser Aufgabe mussten sie im vollen Glauben stehen, und fest überzeugt sein, dass Ich das Urlicht aller Erkenntnis und Wahrheit bin, in der Person Jesu. Nur so konnten ihnen die Wirkungen des göttlichen Lichtes zuteilwerden, und so konnten sie in Meine Fußstapfen treten.

Also ist es jetzt noch, wen Meine Gnade besonders erleuchten soll, der muss stark im Glauben werden an Mich und an Meine Führungen; er muss den richtigen Begriff von Meinem ganzen Wesen haben, hauptsächlich aber muss er Meiner Liebe glauben, und auf dieselbe bauen. Dort ist die Finsternis noch groß; als ein mächtiger Gott und Regierer im Allgemeinen bin Ich gepredigt, und niemand widerspricht dieser Anschauung, - aber als die Demut und Liebe, die in brüderlichem Verkehre mit den Menschen stehen will, das ist den Menschen zu viel, zu unklar, oder richtiger zu unbequem, sich immer mit Mir zu beschäftigen, als mit Dem, Der immer gegenwärtig ist, und alle Gedanken, Worte und Taten lenken möchte aus lauter Liebe, zu eurer ewigen Existenz (voll Beseligung)!

Der Mensch scheut das Licht, er will etwas für sich ganz allein behalten, was ihm bei der Helle nicht gelingen will, und dies ist die Triebfeder sich von Mir zu entfernen, und Meine göttliche Leuchte nur aus gewisser Entfernung anzunehmen; es ist dies eine schiefe Stellung Mir gegenüber, wo Meine Gnadenstrahlen nicht so erwärmen können, wie es sonst sein könnte (und sollte), wenn ihr euch ganz denselben aussetzet; auch wenn euch die nötige Hitze, welche dieselben oft ausüben, unerträglich vorkommt, so glaubet an das Licht, als an die göttliche Liebe, und haltet ruhig stille, anstatt dass ihr die Finsternis aufsuchet, welches da ist - durch den Verstand eine „Selbsthilfe" erwählen, sowohl für euren Gemütszustand, als oft für Abnahme der äußeren Heimsuchungen.

Ihr, liebe Kinder, die ihr Mich als den Vater in eurem Herzen aufgenommen habt und verlanget, dass Ich bei euch wohnen solle, ihr habt doppelte Verpflichtung, das Licht, das Ich sogar direkt euch zukommen lasse, mit festem Glauben zu erfassen; denn es könnte eine Zeit kommen, wo ihr von außen her keinen Zufluss mehr erhaltet. Darum benützet diese Gnadenzeit, um als Kinder des Lichtes zu wandeln und als solche erfunden zu werden. Amen!

187. Ich hätte euch noch vieles zu sagen; aber ihr könnt es jetzt noch nicht tragen

(Joh. 16,12)   1. August 1880

Liebe Kinder! So heißt es immer wieder bei Meinen Kindern, wenn Ich Selbst mit ihnen rede, sei es durch den Geist oder durch tatsächliche Einwirkungen. Denn wenn Ich als Ermahner zu euch komme, um euch eure Schwächen aufzudecken, so werdet ihr verzagt, anstatt dass ihr Meine große Gnade darin erblicket, dass Ich ein Licht bei euch anzünde, damit ihr euch selbst so erschauet, wie ihr der Wahrheit nach seid. Ihr wollt euch dann verstecken vor Mir und bringet allerlei Entschuldigungen Mir, dem Allwissenden, vor.

Erkennet also in diesem Punkte eure große Schwachheit, damit ihr mit mehr Vertrauen zu Mir kommet und um Abhilfe bittet, welche Ich doch so gerne euch zukommen lasse.

Wie lange muss Ich mit einem Menschen oft Geduld haben, bis er endlich einsieht, wo der Fehler liegt, der eine so große Trennung zwischen Mir und ihm immer aufs Neue wieder bewirkt! Das kommt von dem her, dass der Mensch zu wenig sich selbst untersucht und nicht ertragen kann, wenn Ich in seinem Gewissen mit ihm reden will, und auch - weil er Meine Sprachweise zu wenig kennt.

Oft rede Ich durch den Geist und beeinflusse das Gefühl stärker, oft brauche Ich Kreuz und Leiden; auch sind es öfters Menschen, die ohne, dass sie es selbst wissen, euch Worte zuwerfen, die einen ganzen Aufruhr in euch erzeugen.

Alle solche Vorkommnisse erkennet ihr noch zu wenig als Gnadenanordnungen. Würdet ihr mit mehr Liebe und größerem Eifer zu Mir halten, so würdet ihr es bald beurteilen können, dass Meine Zulassungen darunter verborgen liegen, und ihr würdet so weit schneller im Geistigen wachsen.

Daher wundert euch nicht darüber, wenn - anstatt dass Gutes durch solche Fälle hervorkommt, solche euch mehr zur Versuchung werden. Darum bittet um den Heiligen Geist zu eurer Belehrung und durch Hilfe, damit ihr von euch und anderen wahr denken lernet. Seid strenge gegen euch selbst, aber desto nachsichtiger gegen andere, und wenn euch etwas entgegenkommt, das zur Missstimmung euch veranlasst, so kommet zu Mir mit der Frage wie weit Meine Sprache darunter verborgen liegt; denn alles, was Meinen Kindern begegnet, geschieht nicht ohne Meine Zulassung. Würden Meine Kinder in kleinen Vorkommnissen dieselbe anerkennen, so könnten ihnen oft größere Heimsuchungen erspart werden.

Darum lernet mehr ertragen, als ihr bis jetzt getan habt, damit Ich euch Weiteres anvertrauen kann. Euer Vater in Jesu. Amen!

188. Vom rechten Beten

8. August 1880

Liebe Kinder! Gleichwie Meine damaligen Jünger Mich fragten: Wie und was sie beten sollen, so geht es heute noch vielen, die gerne beten möchten, aber nicht recht wissen, um was eigentlich, weil sie meinen, dass, wenn sie um das Gelingen eines äußeren Wunsches gerne anhalten möchten, dies nicht erlaubt, sondern ein Eingriff in Meine Fürsorge sei, was freilich auch oft der Fall ist.

Doch, wenn Ich sehe, dass eine Seele ihre Aufgabe nicht lösen kann, und sie dafür auf einem anderen Wege zu Mir kommt, indem sie ihr volles Vertrauen auf Mich und Meine Durchhilfe durch Meine Gnade und Erbarmung setzt, da erfülle Ich oft ihre Bitte, weil sie sich Mir nähert, sich Mir willenlos übergibt, ihre eigene Schwachheit einsieht, so dass die Übermacht des Verstandes dem Einfluss Meines Geistes weichen muss.

Daher kommt es, dass Menschen, welche im Allgemeinen noch ganz weltlich gesinnt, aber in großer Not sind, dann ihre Zuflucht zu Mir nehmen, oft schnellere Gebetserhörungen aufzuweisen haben, als solche, welche sich „Meine Kinder" nennen, und stets ihr Gebet an Mich zu richten pflegen. Dieselben sind aber deshalb von Mir aus doch nicht verkürzt, nur verziehe Ich da oft länger mit der äußeren Hilfe, damit sie dabei mehr Meinem unerforschlichen Regieren sich hingeben und unterwerfen.

So erreichen Meine Kinder eine höhere Stufe der Vereinigung mit Mir, weil sie dadurch mehr geistig wachsen und also einen bleibenderen Gewinn erzielen, während Weltkinder sich Meiner bloß zeitweise als an einen Wohltäter zur Zeit der Not erinnern, und Ich oft lange warten muss, bis sie wieder an Mich denken. Indessen ist ihr Vertrauen zu Mir oft kindlicher und unbefangener; denn sie kommen nicht kritisch zu Mir, wie es öfter der Fall ist bei Meinen Kindern, die sich zuvor prüfen, wie viel Anrecht sie etwa durch ihre eigene Gerechtigkeit machen können, und Meine Hilfe oft gleichsam als Lohn verlangen. In solchen Fällen muss Ich sie freilich warten lassen, damit ihre Sicherheit nicht unterstützt wird. (Lk. 18,10-14).

Oft ist es auch umgekehrt, und Meine Kinder sind zu unruhig über ihren Zustand, sehen in Meiner Führung eine augenblickliche Strafe, sind Meinem liebenden Vaterherzen gegenüber zu verzagt. Alsdann muss Ich Mich auch mit Meinen Absichten verbergen, bis es ihnen wieder selbst mehr klar wird und ihnen Meine Worte in ihrer Kraft zutönen: „Kommet her zu Mir, ihr Mühseligen und Beladenen".

Es ist darum von sehr großem Segen für euch, wenn ihr immer mehr forschet in Meinem Wort, und also ist es das segenbringendste Gebet, wenn ihr um Erleuchtung durch den Heiligen Geist bittet, welcher euch in solchen Zeiten der Anfechtung, wo ihr euch zu ungeschickt fühlt, um das richtige wahre Gebet tun zu können, die rechte Begleitung geben wird.

Noch sage Ich euch: Ein ungeschickter Beter ist Mir viel lieber, als einer, der das Gebet verachtet, und Ich segne oft solche Gebete doppelt, zeitlich und ewig! Darum, wenn ihr betet, soll es ein Vertrauensgruß zu Mir sein, dass Meine Liebe euch erhört, wenn ihr auch die Erhörung nicht nach euren Begriffen zu fühlen bekommt! Euer Vater in Jesu Christo. Amen!

189. Des Herrn Augen schauen alle Lande, dass Er stärke, die auf Ihn trauen!

(2. Chr. 15,9)   15. August 1880

Liebe Kinder! Schon im Volke Israel vor Meiner Geburt gab es Männer, die wohl erkannten, dass Ich allen, welche zu Mir ihre Zuflucht nehmen, mit Hilfe und Kraft beistehe. Darum die Worte von einem solchen Mann ausgesprochen wurden: „Des Herrn Augen schauen alle Lande, dass Er stärke die, so von ganzem Herzen an Ihm sind!" Um wie viel mehr sollten es Meine Kinder erkennen, welche Ich durch Meine Lehre, Mein Beispiel und durch das fortwährende zufließen Meines göttlichen Geistes unterstütze, dass ohne Mein Wissen oder ohne Meine Zulassung ihnen nichts begegnen kann, und was ihnen etwa begegnet, durch Mein Zutun segenbringend wirkt, jedoch die Hauptbedingung darf dabei nicht versäumt werden; sie müssen von ganzem Herzen zu Mir halten.

Darum untersuchet euer Herz - ob es einer Verbindung mit Mir würdig ist? Die vielen Laster, welche dasselbe untauglich machen, kennt ihr alle; Ich will sie nicht wieder aufzählen, weil es ohnehin keinen Wert hätte. Denn euer natürlicher Verstand weiß ja jedem Laster und jeder Untugend einen anderen (beschönigenden) Namen und eine andere Bedeutung zu geben, deshalb auch von außen her die Reinigung desselben nicht ganz geschehen kann, sondern Meine Gnade muss euch jede Minute, jedes Vorkommnis, jeden eurer Gedanken so beleuchten, dass ihr gegen euch selbst wahr werden könnt. Erst dann ist es möglich, dass ihr mit allem Fleiß euch zu würdigen und vor Meinen Augen mit vollem Vertrauen zu erscheinen sucht, wozu Ich euch dann immer mehr stärke.

Wenn es heißt: „Des Herrn Augen durchschauen alle Lande", so ist auch damit ausgedrückt, dass Ich alles zu erwägen weiß bei einer Seele, ihren Willen, ihre Schwachheit, die Hindernisse, welche ihr oft von außen her im Wege stehen, so auch ihre eigene Fähigkeit. Denn nicht jede Seele ist gleich der anderen, gleichwie auch der äußere Bau des Menschen verschiedenartig ist. Darum hat auch jede Seele ihre eigene Führung; aber jede hat denselben Zielpunkt zu erreichen, nämlich die Vereinigung mit Meinem göttlichen Geiste.

Weil nun diese Führung für die Menschen bei ihren meist äußerlichen Ansichten eine sehr schwierige ist, so ist Meine Beihilfe dabei unentbehrlich, und gelingt nur bei solchen Seelen, die sich in ihrem ganzen Wesen zu Mir halten, d.h. die Geist, Seele und Leib dadurch Mir übergeben, dass sie nach Meinen Geboten zu leben stets sich bemühen. Ebenso können dieselben ihren Mitmenschen nur dann eine Anleitung, welche wahrhaft zu Mir führt, geben, wenn sie sich zuvor mit Mir darüber besprechen.

Oft sind auch solche Seelen, welche ihr für Mich gewinnen wollt, schon näher bei Mir, als ihr selbst, was ihr nach euren Begriffen eben nicht erschauet. Darum, liebe Kinder, eben hier wieder Mein Ausspruch zur Geltung kommt: „Ohne Mich könnt ihr nichts tun" (Joh. 15,5), und abermals: „So Ich richte, so ist Mein Gericht recht" (Joh. 8,16), denn „der Vater (die Liebe) mit Mir verbunden, richtet dann ein rechtes Gericht." Überlasset darum ruhig eure Sorge für euch und andere Meinem Vaterherzen; dieses stärkt alle, die zu ihm halten. Amen!

190. Liebet Mich als Vater, durch Ruhe und Ergebung in allen Lagen

22. August 1880

Liebe Kinder! Es kommen viele unter euch oft mit Bitten zu Mir, ihnen doch Gelegenheit zu geben, mehr für Mich und Mein Reich tun zu können, und klagen dabei so gelegentlich ihre Verhältnisse an, welche ihnen dabei hinderlich seien, und zwar teils die Armut, teils zu wenig Ansehen, das sie von Geburt aus eben nicht haben.

Darauf muss Ich heute solch Törichten etwas mehr sagen: Gerade weil ihr berufen seid und als solche euch betrachtet, setze Ich euch in solche Verhältnisse, weil Ich am besten weiß, was sich für euch eignet, um Meinen Geboten nachzukommen; wie könnt ihr euch denn im Vertrauen zu Mir üben, wenn ihr keine Sorgen hättet, und euch nicht in vielen Fällen eure Ohnmacht klar würde, da bloß Ich helfen kann und kein fleischlicher Arm!

Wie könntet ihr eure Zufriedenheit mit Mir und eure Liebe zu Mir besser an den Tag legen, als wenn ihr auch in misslichen Lagen ruhig und ergeben bleibet, und euren Mitmenschen zeiget, dass ihr euren Gott zugleich als Vater verehret, Dessen Führungen nur Liebe bergen? Wie könnt ihr Geduld und Frieden anwenden, wenn ihr euch selbst von der Geduld anderer abhängig macht, und mehr Liebe von eurer Umgebung oft ansprechet, als ihr derselben geben wollt? (Lk. 12,26): „So ihr das Geringe nicht vermöget, warum sorget ihr euch um das andere?" So ihr nicht vermögt euch selbst zu beherrschen, oft bei ganz kleinen Vorkommnissen in eurem täglichen Leben, eingedenk, dass Mein Reich des Friedens in euch Wurzel fassen soll durch Liebe und Geduld, wie könntet ihr dann Mich als euren Regenten repräsentieren, Der nur Liebe und Nachsicht ist, und von euch verlangt diese göttlichen Eigenschaften euch immer mehr anzueignen?

Oft bitten manche, sie von diesem oder jenem zu befreien, weil sie zu wenig Willen haben solche Lasten zu untersuchen, was ihr Druck bezwecken soll und welch geistigen Fortschritt sie dabei machen könnten? Solche Bitten sind ähnlich so, als ob man einen Fisch aus lauter Liebsorge, dass er nicht nass werde, aufs trockene Land legen wollte, um ihm eine Wohltat zu erweisen, während er doch nur im Wasser gedeihen kann, und seine Wesensbeschaffenheit dieses Element erfordert.

Seht, liebe Kinder, so setze Ich jedes Meiner Geschöpfe an den rechten Platz! Erkennet solches und schämt euch eurer Schwachheit, wenn ihr etwa meinen solltet, dass Ich die Menschen als Meine geschaffenen Kinder dabei weniger bedacht habe!

Wenn ihr aber solches nicht glaubet, warum zweifelt ihr oft an Meiner Liebe, und klaget über die Aufgabe, die Ich jedem besonders zu lösen aufgebe! Kommet lieber zu Mir, und bringet als Klage euren Eigenwillen zuvor mit, lasst euch dort helfen, wozu Mein Heiliger Geist immer bereit ist euch die Wahrheit ganz aufzudecken! Ist dieses geschehen, so kann Ich Meine Zwecke an euch dabei erreichen, und werde die äußeren Hilfsmittel weniger dazu brauchen, sondern dieselben wie es Meine Weisheit für gut findet beseitigen; darum wenn ihr betet: „Zu uns komme Dein Reich!" so schlaget an eure Brust, damit euch der Geist hilft aussprechen: „Dein Wille geschehe!" Und wenn ihr diese Worte aussprechet, so werdet ihr von selbst angetrieben werden, ob eurer Schwachheit um Nachsicht und Vergebung zu bitten, und werdet in allem mehr einsehen, wie viel euch noch fehlt, bis ihr als Mithelfer nach außen tüchtig seid! Euer Lehrer und Meister Jesus!

191. Was ist die Bibel und woher deren Widersprüche?

29. August 1880

Liebe Kinder! Es sind in der Bibel viele Sprüche enthalten, die sich geradezu ganz widersprechen, wenn ihr sie flüchtig zusammenstellet und nur den Verstand brauchet, sie auszulegen.

Daher kommt es, dass wenn jemand die Bibel oft auswendig weiß, dies ihm doch in manchen Lagen keinen Trost und keine Aufklärung bietet, weil er zu viel auf den Buchstabensinn hält, und bei Betrachtung desselben nicht zu Mir, als dem Stifter der göttlichen Lehre kommt. Auch übersieht man leicht, dass die Bibel ein abgekürztes Werk Meiner Lehre und Meines Erdenwandels ist, wo so manches weggelassen wurde, was die Veranlassung zu diesem oder jenem Ausspruche gab.

Es ist dies Meine Zulassung und gleichfalls eine Umhüllung über das Heiligtum, wo der geistige Sinn der Worte erst durch fleißiges Suchen und Anklopfen bei Mir gefunden wird, wozu der Geist im Inneren antreibt, und dann die verhüllten Worte durch denselben Geber einem jeden Suchenden besonders erklärt werden, und zwar nach dem Standpunkte, welcher den größten Segen für ihn erreichen lässt.

Es ist eben immer Meine Liebe, die gleich der Mutterliebe, die Pflege ihres Kindes bloß auf einen gewissen Grad abtritt, nie aber das Vorrecht an das Kind, sondern dessen Ausbildung sich selbst vorbehält.

So halte Ich es auch bei Meinen Kindern, und erziehe sie Selbst, freilich äußerlich oft unschaubar; aber Mein Geist und Meine Liebe wirken dennoch auf sie ein. Ich gebe euch nun zwei Sprüche für heute zum Nachdenken, der erste heißt: „So ihr die liebt, die euch lieben, was tut ihr da sonderliches?" (Lk. 6,52) und der zweite lautet: „So jemand zu Mir kommt und hasset nicht seinen Vater, Mutter, Weib, Kinder, Bruder, Schwester; auch dazu sein eigen Leben, der kann nicht Mein Jünger sein." (Lk. 14,26).

Diese beiden Aussprüche kommen von Mir, nur sind selbe bei verschiedenen Gelegenheiten gegeben. Das erste Mal war es nötig, einem eigenliebigen Selbstgerechten klar zu machen, wie wenig Liebe er noch gegen seine Mitmenschen habe, und dadurch ihm zu sagen, dass die Liebe keine Grenzen sich stecken darf.

Der zweite Ausspruch gilt denen, die sich so gern entschuldigen, durch ihre Verhältnisse gehindert zu sein Mir so zu dienen, wie es oft ihr Gewissen verlangt. Denen sage Ich: „Wer solchen entschuldigenden Einflüsterungen Gehör gibt, der kann nicht zu Mir kommen und Mir eine völlige Hingabe vorheucheln, denn diese verlangt unbedingtes Vertrauen zu Mir; auch wenn das Kreuztragen damit verbunden ist; oder glaubet ihr nicht von Meiner Liebe und Weisheit, dass diese euch alles in veredeltem Maße wieder zu ersetzen wisse?

Wie könnte Ich (als Liebe) von euch Hass verlangen gegen solche, wo ja schon die natürliche Liebe ihr Recht verlangt? Also muss hier der Sinn doch anders gemeint sein, und Ich sage euch darum: Hasset, fliehet, vermeidet solche Entschuldigungen, welche ihr Mir vorzubringen suchet, wenn euer Gewissen euch anklagt, dass ihr Mir in diesen oder jenem Stücke untreu seid. Denn Ich kann wohl das Erste und Beste von euch verlangen, weil Ich euch dasselbe auch bloß als Haushalter zuvor anvertraue. Darum sollt ihr allem, was ihr habt, um Meinetwillen leicht entsagen können, denn nur so könnt ihr Meine wahren Kinder sein! Amen!

192. Heilung der geistigen Blindheit durch Meine Gnade

(Joh. 9)   5. September 1880

Meine lieben Kinder! Der Blinde, von welchem in der Heiligen Schrift erzählt wird, dass er durch Mich sehend geworden, ist ein Entsprechungsbild für jede Seele, die blind geboren wird, d.h. welche unter Verhältnissen geborgen und erzogen wird, wo von geistiger Entwicklung und Belehrung keine Spur zu finden ist. Leider ist dies nun die Mehrzahl. Denn mit der Taufe haben die meisten Menschen oder Christen, nach ihrer Ansicht, ihre ganze Pflicht an ihren Kindern Mir gegenüber erfüllt. Weil sie eben selbst noch nichts von dem geistigen Leben kennen, das so großen Gewinn einer jeden Seele bringt, die einmal erkannt hat, dass ihr Dasein nicht dem Leibe gilt, um denselben, als Hauptsache zu pflegen, sondern dass eine höhere Aufgabe soll gelöst werden, um das eigentliche Ich immer mehr zu vergöttlichen, und diese Anschauung muss durch Meine Gnade einem jeden zuteilwerden.

Freilich muss ein Verlangen danach in jedem Menschen zuvor sein. Damit dieses hervorgerufen wird, ist es wiederum der Einfluss Meiner Liebe und Weisheit, die alles führt und lenkt, dass es dazu kommen kann, ohne dem Menschen den freien Willen zu nehmen; beschränkt muss derselbe zwar leider oft sehr werden, um eine Seele noch zu retten, und dazu sind oft nach außen große Heimsuchungen nötig. Doch ist mit denselben immer auch ein starker Einfluss von Oben her verbunden, wie ihr wahrnehmen könnt in manchen Fällen, wie z.B. ein Verbrecher plötzlich umgewandelt - von Meiner Gnade und Erbarmung zeugen kann, mehr als sonst jemand, der sich den Namen als „ein Kind Gottes" aneignen zu dürfen glaubt.

Für Letztere sind solche Seelen, die durch Mich Selbst zur wahren Leuchte und Erkenntnis gelangen, öfters ein Stein des

Anstoßes; aber sie legen durch Zweifel an solchen besonderen Begnadigungen eines Menschen, über den sie sich viel erhaben und besser dünken, ein Zeugnis ihrer geistigen Armut ab, sie verwerfen dadurch Meine Allmacht, die in den Worten ausgedrückt ist: „Bei Gott ist kein Ding unmöglich". Darum liebe Kinder, wenn zu euch ein Blinder kommt und rühmt sich, dass er nun geistig sehend geworden sei durch Meine Gnade, so betrachtet ihn als euren Bruder oder Schwester. Denn welchen Ich würdige und heile, den sollt auch ihr für geheilt betrachten, und euch seiner annehmen, wenn er auch noch nicht genau erkennt – wer Ich bin, und (wie der Geheilte im Evangelium) Mich bloß als Prophet beschreibt; es sei euch genug, dass ihm seine Augen aufgetan worden sind.

Gleichet nicht den Pharisäern, die allem aufboten, das Geschehene wegzudisputieren, damit ihr eigenes Ansehen dadurch nicht geschmälert werde.

Diese Giftwurzel der Eigenliebe steckt sehr viel tief in jedem Herzen und treibt gar seine Sprösslinge. Oft scheint es, „bloß um der Wahrheit willen" untersuche man so genau diesen oder jenen Menschen oder seine Anschauung, während eigentlich man es eben nicht zugeben kann oder will, dass solch eine tiefe Wahrheit einer gering scheinenden Seele zuteil ward, an der sie festhält, weil diese ihr von Oben her zufließt, und nach Meiner Anordnung ihr zum geistigen Wachstume gereichen soll.

Liebe Kinder, erkennet doch einmal, dass ihr kaum eine Ahnung von Meiner Weltregierung habt, aber nicht weiter, und dass ihr bloß darauf angewiesen seid – euch selbst zu erziehen und Mir euer Herz darzubringen. Die Mannigfaltigkeit Meines Errettungs- und Erlösungswerkes ist seinem ganzen Umfange nach euch Menschenkindern unfassbar; darum begnüget euch mit der Vorschrift, die Ich euch gebe, welche in Kürze gefasst also heißt: „Liebe Gott über alles, deinen Nächsten als dich selbst"; (siehe Predigt 43). In diesem Weizenkörnlein fürs Reich Gottes ist eine unzählbare Mannigfaltigkeit von Pflichten und Segnungen enthalten; auch ist eine jede Seele bestimmt, durch Nacht zum Lichte geführt zu werden! Euer treuer Vater. Amen!

193. Das Reich Gottes

ist so, als wenn ein Mensch Samen aufs Land wirft, und schläft
und steht auf Nacht und Tag, und der Same geht auf und wächst,
dass er's nicht weiß. (Mk. 4,26)

12. September 1880

Liebe Kinder! Diese Belehrung über Mein Reich gab Ich schon
Meinen ersten Jüngern und Aposteln, deren Eifer groß war
Mein Reich jeden Tag zunehmen zu sehen. Doch ihr Begriff von
demselben war eben zunächst auch recht viele Seelen zählen zu
können, die sich mit dem Munde dazu bekennen. Freilich muss
das äußere Bekennen auch damit verbunden sein, denn ohne
dieses ist kein weiterer Fortschritt und somit auch kein Wachstum im Inneren möglich. Doch will Ich durch Meinen obigen
Ausspruch über das göttliche Reich mehr den Zustand des inneren Reiches in einer einzelnen Seele jetzt bezeichnen, und zwar
ist dieser gleich dem Samen, der im Herzen muss aufgenommen
werden, um dort Wurzel zu fassen und Früchte zu tragen. Der
Mensch muss also dabei tätig sein und einen Anfang nehmen zur
geistigen Wiedergeburt. Er muss Mir dann das Gedeihen anvertrauen, aber in seinem äußerlichen Leben wird nichts Abson-
derliches davon zu bemerken sein, dass er ein Begnadigter von
Mir ist, sondern alles wird seinen menschlichen Gang fortgehen,
nur mit dem Unterschiede, dass er von Innen aus regiert wird.

Wie des Menschen natürliches Wachstum nicht auf einmal
geschieht, sondern bloß von Zeit zu Zeit bemerkt wird, so geht
es auch mit dem Reiche Gottes. Man wird nach zurückgelegten
Zeitperioden sowohl an einer einzelnen Seele ihren Fortschritt
bemerken, wenn sie treu bleibt, als auch oft an ganzen Gemeinschaften, die fest bleiben in der Wahl ihres Oberhauptes, und
Mich von keinem menschlichen Oberhaupte verdrängen lassen,
was leider so oft geschieht, und zwar nicht immer durch Un-
wachsamkeit, sondern sogar durch zu großem Eifer, so dass
nicht Ich mehr der Hauptleiter solcher Gemeinschaften bleibe,
sondern der Hauptgehorsam einem (menschlichen) Stellvertre-
ter gilt.

Darin liegt auch der Grund, warum einzelne Seelen, die Ich
ganz zu Mir ziehe, weil sie redlichen Herzens sind und Mir ganz
angehören wollen, in solchen Gemeinschaften, den wahren
Frieden nicht finden!

Mein Reich ist im Anfang in einer Seele sehr klein und verdeckt, und wird erst durch die Liebe zu Mir immer größer. Damit aber diese Liebe nicht abnimmt, wie etwa durch die Befriedigung äußerer glücklicher Verhältnisse, deren es vielerlei gibt, wie z.b. einen treuen Freund, auf den man sich sicher verlassen kann, oder Reichtum, der vor Sorgen schützt, oder großes Ansehen, das wohl einen blendenden Wirkungskreis uns bietet, aber wobei oft nichts für Mich erzielt wird, als Heuchelei, so benütze Ich alle diese Verhältnisse nur zur Gegenwehr und lege oft vielerlei Kreuz in sie, welche Meinen wahren Kindern das Mangelhafte solcher Nebengötter klar machen.

Gleichwie das Wachsen eines Samenkornes oder Senfkörnleins einzig nur von Mir abhängt und kein Mensch dasselbe ohne Mein Zutun fördern kann, also ist auch in dem Reiche des Friedens diese Ordnung, welche zwar der menschlichen Pflege überlassen wird; aber das Gedeihen habe Ich dennoch nach Meiner Weisheit und Liebe Mir vorbehalten.

Sorget daher, dass ihr um das Gedeihen in euch zu Mir Selbst kommet, und haltet nicht zu viel auf das eine oder andere der äußeren Form, wodurch ihr oft nur zu leicht glaubt, dass das Wachstum des inneren Lebens davon abhänge.

Jede Berufung durch einen Menschen oder durch eine Gemeinschaft an euch ist bloße Vorarbeit, welche Meinem eigenen Eintreten vorausgehen soll und wird nach meiner Weisheit für euch früher oder später zum Segen. Bedenkt daher, dass Ich euch immer wieder zurufe: „Ich bin der Herr dein Gott, du sollst keine anderen Götter neben Mir haben!", denn - „ohne Mich könnt ihr nichts tun!" Amen! Euer Vater.

194. Sollte aber Gott nicht auch retten seine Auserwählten,
die zu Ihm Tag und Nacht rufen, und sollte Geduld darüber haben

(Lk. 18)   19. September 1880

Liebe Kinder! Überall findet ihr in der Heiligen Schrift Worte, welche gerade anwendbar sind auf die Verhältnisse, in welchen eine Seele sich eben befindet. Denn Ich durchschaue und ermesse jede Schwere der Bürden, die der Mensch zu tragen hat, wenn er sich geistig so ausbilden will, wie es ihm Meine Gnade aufdeckt, dass er werden soll, um in innigen Verband mit Mir zu kommen, und als Kind tüchtig zu werden, des Vaters Haushalt mitzubesorgen.

Überall, wo solche Meine Nachfolger anfangen, sich in dieser oder jener Eigenschaft mehr auszubilden, treten ihnen Hindernisse entgegen, welche ihrem Streben im Wege stehen. Ich will euch darum Mich zum Beispiel geben, damit ihr einsehen lernet, wie Ich unter euch allen der Beladenste bin!

Betrachtet zuerst Meine große Liebe und dagegen die große Abneigung Mir gegenüber in der Menschheit! Wie seid ihr doch gleich so betrübt, wenn ihr glaubet, lieblos behandelt zu sein! Sodann denkt euch Meine Gerechtigkeit und wie viel Geduld Ich mit derselben vereinen muss, damit Ich alles bestehen lassen kann.

Wie oft rufet ihr Mich an, mit dem Gerichte der Gerechtigkeit euch zu Hilfe zu kommen und euch Recht zu schaffen, nicht dabei bedenkend, dass Meine Gerechtigkeit ohne die Geduld auch euch oft strenge heimsuchen müsste! Eben darum kann Ich euch auch so wenig Macht anvertrauen, weil ihr dieselbe missbrauchen würdet, indem ihr die göttliche erbarmende Liebe noch nicht habt, die den freien Willen ganz durchdringen soll, um dadurch alle anderen himmlischen Tugenden zu erwerben.

Merket euch doch immer mehr: In der Liebe liegt die größte Macht und sie soll die Regentin (und Mutter) aller Tugenden sein! Ist dieser Standpunkt einmal bei euch erreicht, dann wird jede Bürde, die ihr noch habt, für euch leicht tragbar, indem das Erkennen des Segens derselben euch eher klar wird, und ihr zu Mir mit Liebe und Vertrauen kommet, nicht um Abnahme der Bürde, sondern um Kraft bittend, dieselbe weiter tragen zu können.

Weil ihr aber alle in eurem geistigen Wesen noch nicht soweit gekommen seid, und Meine Worte euch oft beunruhigen, so ist es wiederum Meine Liebe, die euch das Mittel anzeigt, in den Worten von Oben: „Sollte aber Gott". An diese Worte haltet euch zu der Zeit, wo ihr an euch selbst verzaget, und darum nicht mit der Freudigkeit vor Mich kommen könnt, wie Ich es wünsche.

Jetzt in dieser Zeit besonders will Ich es so einrichten, dass viele Meinen direkten Verkehr fühlen werden; denn die Zeit ist da, in welcher Ich wiederkomme; darum auch der große Widerspruch gegen Mein Erscheinen auf diese Weise fast ein Verbergen derer nötig macht, die sich ganz von Meiner Nähe überzeugt fühlen.

Es ist nur noch eine kleine Zeit, bis nach außen Meine Macht sich kundgibt. Aaber gerade diese kleine Pause ist für Meine Auserwählten die schwerste; denn Satan begehret ihrer sie zu sichten. Bedenkt es daher wohl, ihr alle, die ihr diese Worte als Meine Stimme erkennet, und haltet euch, wenn es euch bange wird, an die heutigen Worte der Schrift; denn ohne Kinder auf der Erde kann Ich da keinen Besuch machen, weil euch Meiner heiligen Ordnung ein Ruf nach Mir vorangehen muss. Ihr seht also ein, wie nötig es ist, von ganzem Herzen zu beten: „Komm oh Jesu - komme bald!" Euer treuer Vater. Amen!

195. Von der steten und wahren Wachsamkeit

(Mt. 17,14-16)   26. September 1880

Liebe Kinder! In dieser Erzählung findet ihr, wie es Meinen Jüngern nicht gelang, den Kranken von seiner Besessenheit zu heilen, weil sie die wahre Stärke des Glaubens nicht hatten, die dazu gehört, in Fällen, wo die Vernunft nicht mehr mittun kann, im vollen Vertrauen auf Meine Hilfe die Heilung zu unternehmen.

Oft lege Ich deshalb Meinen Nachfolgern, welche sich stark in der Liebe und im Glauben zu Mir dünken, eine Probe auf, damit sie sehen, wie viel sie noch Meinem Petrus gleichen, der zu der Zeit, als er Mich seiner Treue versicherte, auch wirklich diese Treue in sich hatte, und dort sich nicht überschätzte. Aber die stete Wachsamkeit ist eine große Aufgabe, und Ich muss in diesem Punkte bei einer jeden Seele Meine Gnade besonders walten lassen; darum auch immer wieder eine Entscheidung für den freien Willen den Menschen in den Weg kommt, woran sie den Grad ihrer Glaubensstärke (d.h. Schwäche) besser kennen lernen.

Meine Kinder! Alle Hindernisse, die zwischen Mir und euch treten wollen, sollt ihr beseitigen durch den Glauben, dass euch durch Mich alles möglich ist - zu überwinden und zu tragen. Ich habe euch in Meiner Heiligen Schrift die Verheißung gegeben, dass alles durch den Glauben geschehen kann, und dass auch der Satan weichen muss, und Ich bin wahrhaftig in Meiner Aussage.

Nun aber muss Ich hier euch näher erklären, dass sich's bei solchem Glauben (jetzt) nicht darum handelt - Wunder zu tun, und von den Mitmenschen (darum) angestaunt zu werden, sondern vor allem sich selbst von der Plage des Teufels zu befreien, welches die von ihm ausgehenden Leidenschaften sind, die euch hindern, bei euren Mitmenschen die göttliche Liebe auszuüben.

Ihr seid meist sogleich verzagt, wenn ihr zurückgewiesen werdet, anstatt dass ihr im vollen starken Glauben die Sache Mir übergebt, als dem Vater, der Liebe und Allmacht genug hat - das Unmögliche möglich zu machen.

Ich sage euch: „Wahrlich so ihr Glauben habt" (Mt. 17,20). Verlasst euch auf diese Meine Worte, wenn auch Berge gegen euch sich auftürmen und euch verhindern wollen den erwählten Weg, der zu Mir führt, fortzuwandeln; denn Meine Kraft, die seither unter den Meinen zu ihrem Heile gewirkt hat, ist nicht alt geworden, sondern erweiset sich täglich neu an allen, die da guten Willen haben mit Mir Meinem Reiche Bahn zu brechen, sowohl in ihrem eigenen Herzen, als bei ihren Nebenmenschen.

Darum rufe Ich euch heute zu, die ihr die Bitte heget zu euch zu kommen: „Wachet und betet!" denn ihr wisst nicht, wann Ich komme, ob am Abend oder um Mitternacht, auf dass Ich euch nicht kleingläubig, oder gar schlafend finde! Amen! Euer Vater in Jesu.

196. Wer da weiß Gutes zu tun - und tut es nicht - dem ist es Sünde

(Jak. 4,17)   3. Oktober 1880

Meine lieben Kinder! Also sollt auch ihr wissen, dass jetzt viele Seelen hungern nach einer wahren geistigen Erquickung; denn gerade solche, welche noch suchen, können nicht mehr gesättigt werden durch das, was sie schon besitzen. Obgleich es dadurch nun den Anschein hat, als ob die Bibel keine Kraft mehr hätte, so ist solches doch nur so zu verstehen.

Die wahre Sättigung des Geistes, welche nur durch die wahre Auslegung Meiner Worte geschehen kann, sollte jetzt dadurch vollführt werden, dass diese Auslegung unverfälscht, d.h. nicht von Menschen verunreinigt und zu ihrem Vorteil übersetzt, den Hungrigen geboten wird. Denn jetzt ist die Zeit, wo Ich als Vater zu Meinen Kindern kommen will und sie Mich aber auch als Denselben aufnehmen sollen, und zwar zuerst im Herzen geistig. Denn ehe Ich solche Kinder auf Erden antreffe, ist von einem allgemeinen persönlichen Erscheinen noch nichts zu erwarten.

Darum Ich also mit Meinen Kindern zuerst Rat im Herzen halte, und sie so leite, dass sie ganz auf Mich hören müssen, und zwar muss Ich ihnen dabei jeden Nebengott wegnehmen. Sie sollen mit ihrem Verstande keine Rechnungen machen, denn Ich will alles Selbst tun. Ist dieses bei euch geschehen, so will Ich Selbst Bahn brechen, anstatt eurer, obgleich ihr meint - ihr wollt Mir den Weg bereiten.

Fühlet ihr in euch den Antrieb, die erkannten Wahrheiten euren Mitmenschen jetzt mehr mitzuteilen, so ist dieses ein Akt der Liebe zwischen Mir, euch und euren Mitmenschen, wozu Ich Meinen Vatersegen geben will. Dazu, so ihr wisst, dass es gutes ist, was euer Herz begehrt, so tut es!

Kein Mensch, nicht einmal ein Bruder, kann euch da raten, weil er die Triebfeder nicht kennt, welche dazu treibt, und so bin Ich es wiederum allein, der alles durchschaut, euch allein raten kann, und euch auch so führen will, wie unerfahrene Kinder, nicht mit großen Versprechungen, sondern mit täglicher Fürsorge! Euer Vater! Amen!

197. Wink bei Glaubensleere, Heimweh oder Liebe zu Mir!

(Apg. 2)   9. Oktober 1880

Meine lieben Kinder! Meine Jünger waren nach Meinem Tode (momentan) nicht mehr fähig, an Mich zu glauben; aber dafür liebten sie Mich desto mehr, und durch diese Liebe, die sehr um Mich trauerte, als Ich im Grabe lag, wurde ihr Geistesauge aufgetan, dass sie Mich wieder sehen und auch Mein Geist mit ihnen sein konnte.

Die Apostelgeschichte erzählt euch, wie reichlich sie mit demselben ausgestattet wurden, und wie sie viele Sprachen reden konnten, so dass dieses der Welt gegenüber zum untrüglichen Beweise ward, dass eine höhere Fügung mit ihnen sein musste.

Auch dieses Kapitel enthält eine Entsprechung, und Belehrung für die Jetztzeit darüber, was allein Mich bewegen kann zum Erscheinen unter den Meinigen. Es ist das Heimweh oder die Liebe zu Mir, welche ohne alle Nebeninteressen nur Mich bei sich haben möchte, wie es damals bei Meinen Jüngern der Fall war, von denen es immer wieder heißt: „Sie waren einmütig beieinander," oder um Meinetwillen liebten sie sich untereinander und suchten Frieden für ihr Herz und bewahrten Frieden unter sich. Darum ließ Ich sie nicht lange allein, sondern besuchte sie und gab ihnen den Tröster, der sie in alle Wahrheit leitete, und sie vollends zu tüchtigen Werkzeugen ausrüstete.

So, liebe Kinder, will Ich auch zu euch kommen und euch mit Kraft ausrüsten, um euren Mitmenschen Mich anpreisen zu können. Allein eine große Bedingung muss Ich euch da machen, und zwar möchte Ich auch unter euch die Liebe zu Mir antreffen, die um Meinetwillen traurig ist, dass Ich abermals von der Welt verachtet und vertilgt werden soll, wozu ja schon so viele Beratschlagungen gemacht wurden und noch immer werden, um Meine Gottheit auszutilgen.

Prüfer euch nun, wie viel von dieser Verachtung ihr aus Liebe zu Mir auf euch nehmen wollt oder könnt, welche euch treffen könnte, wenn ihr öffentlich für Mich auftreten solltet, um von Meinen wiedergegebenen Worten zu zeugen? Oder glaubet ihr schon stark genug zu sein, die Widersprüche zu ertragen, die ihr euch zuziehet, wenn ihr für Mich eifert, als für euren Vater, von dem ihr glaubet und anerkennet, dass Er direkt mit euch verkehrt, oder könnt ihr um Meinetwillen dennoch den Frieden untereinander bewahren, auch wenn eure Ansichten weit auseinandergehen, in Fällen, wo es sich darum handelt - für Mich etwas zu tun?

Seht, liebe Kinder, darum, weil Ich eure Herzen allein zu prüfen vermag und Ich euch besser kenne, als es euch selbst gelingt, darum ist euch oft mein Walten ein unerforschliches, und kann Ich eure Bitte, die ihr Mir mit redlichem Eifer vortraget, nicht nach euren Ansichten gewähren, weil nicht Ich es bin, Der von eurem Streben den Nutzen ernten will, sondern solches ist euch selbst zugedacht; gleichwie es bei den Jüngern der Fall war, denn auch sie wurden zuerst gestärkt und ermutigt, ehe sie für Mich zeugten.

Sorget denn auch ihr, dass ihr einmütig beieinander seid, und so den wahren Geist empfangen könnt, der für Meine heilige Sache nötig ist, damit ihr eine für alle Sekten und Parteien verständliche Sprache, die göttliche Liebe, erhaltet, durch welche ihr überall Eingang findet. Wie die göttliche Liebe beschaffen sein muss, das habt ihr schon oft gehört und gelesen, wo es heißt: „Sie leidet alles, sie verträgt alles, sie blähet sich nicht" (1. Kor. 13).

Euer eigenes Herz kann euch am besten angeben, wann Ich mit Meinem Beistand zu euch komme, d.h. wenn dasselbe sich würdig zu Meinem Empfange gemacht hat. Denn in eine Höhle, wo noch Hass, Eigenliebe, Hochmut, Geiz und Unzufriedenheit jeder Art zu treffen ist, da ziehe Ich nicht ein, um sie für den Feind zu erweitern.

Mein Reich ist ein Reich der Liebe, der Sanftmut, Geduld, Selbstverleugnung und Meine Wohnstätte eine Friedensburg.

Und nun, liebe Kinder, wenn ein Vater seinem Sohne ein wichtiges Geschäft anvertraut, so zeigt er ihm nicht allein das Anziehende dabei, sondern macht auch seine ernsten Bedingungen, und so halte Ich es auch. Also prüft euch ernstlich in all eurem Tun und Lassen und wartet auf Meine Antwort, die Ich in jedes von euch besonders legen werde. Amen! Euer Vater.

198. Selig sind, die da Leid tragen, denn sie sollen getröstet werden!

(Mt. 5,4)   17. Oktober 1880

Liebe Kinder! Diese Verheißung hat vielerlei Auslegung; zuerst ist dadurch ein Trauern oder eine Reue über das sündige Wesen gemeint, worin ihr euch selbst erschauet, und aus diesem Zustande soll euch herausgeholfen werden, wenn ihr Leid tragt. Dann ist aber auch noch ein anderes Leid damit gemeint, nämlich dasjenige, das durch die Liebe zu Mir erzeugt wird.

Wenn ihr Mich als Vater wirklich ernst liebt, so könnt ihr doch nicht so ruhig zusehen, wie Ich von euren Mitmenschen verkannt werde, wie sie Mich verachten, und keine Spur von Liebe zu Mir zu finden ist, ja, wenn es hoch kommt, so fürchten sie Mich, und suchen so sich desto mehr von Mir zu entfernen und sich zu verbergen vor Mir, so dass Ich ganz und gar von ihnen zurückgestoßen werde.

Wer diesen erbärmlichen Zustand einsieht und dafür um Abhilfe zu Mir kommt, den will Ich erhören und ihm Rat schaffen; Ich will bei Ihm sein und ihn trösten durch Meinen Geist. Ich sage hier - durch Meinen Geist, weil nicht immer gleich Meine Hilfe auch äußerlich wahrzunehmen ist, sondern es ist oft mehr ein geistiges Beistehen, das euch tüchtig und stark machen soll, dem Strome des Verderbens einen Damm zu setzen, und zuerst durchs Gebet und kindliches Vertrauen zu Mir, durch gewissenhaftes Festhalten an allem, was ihr als geistige Güter von Mir ausgehend erkannt habt; und dann will Ich schon Selbst euch diejenigen zuführen, die euch eingereiht werden sollen, d.h. die Reifen.

Denn das ist euch Menschen selbst oft nicht möglich, weil der Hauptwert einer Seele und ihre Aufnahmefähigkeit häufig so tief verborgen sind bei einem Menschen, da der äußere Charakter eine undurchsichtige Schale darüber bildet, so dass der betreffende Mensch sich selbst zu wenig kennt, bis Ich der große Herzenskundige, dieselbe zu entwickeln anfange durch allerlei Verhältnisse und Gemütseindrücke.

Habe Ich dadurch die Vorarbeit getan, dann wird es sich auch so fügen, dass ihr eure Liebe anbringen könnt, um Mir diese Seelen vollends zuzuführen.

Tritt dieser Fall ein, so befleißiget euch der wahren Demut, die da einsieht, dass Meine Gnade es ist, die euch Hand anlegen lässt, und seid nicht der Meinung, als ob ihr jetzt sozusagen Mir einen großen Dienst tun wollt, wozu ihr oft mit großem Gefühlsrecht Meinen Segen verlanget.

Auf letzterem Wege gebe Ich bloß Meinen „Knechten" nach, um sie zu größerer Treue zu locken, aber ihr wollt Meine „Kinder" sein, und Kinder wollen und sollen mit dem Vater teilen. Darum so teilt denn mit Mir - die Liebe, die Geduld, die Selbstentsagung und alles, wovon ihr schon genug Einsicht habt, was alles Mir aufgebürdet wird, und Ich will als Vater euch immer trösten, und euch, wenngleich nicht äußerlich, so doch innerlich mit Übermacht gegen unsere Gegner ausrüsten.

Die Zeit dazu ist sehr günstig. Schauet umher, wie viele die Ohnmacht des Reichtums, des Ansehens und der Macht an sich zu erfahren haben, wie enttäuscht die Menschen überall werden, wenn sie ihre Zuflucht abermals zu Menschen nehmen, wie sie bei den großen Überschwemmungen, Feuersbrünsten und Misswuchs erkennen müssen, dass sie von jemanden abhängen, Der ihnen im Verkehr noch ganz unbekannt ist. Wahrlich! man könnte da gleich Paulus in die Welt hineinrufen: „Suchet den euch unbekannten Gott!" (Apg. 17,23)

So segne Ich euch auch heute wieder mit Meinem vollen Vatersegen, nehmt ihn hin mit gläubigen Herzen! Amen! Euer Vater-Jesus.

199. Von der Heilung des Blindgeborenen

(Joh. 9)   24. Oktober 1880

Meine lieben Kinder! Wir wollen heute die Heilung des Blindgeborenen betrachten, an welchem Ich vorüberging. Es ist Meine Art und Weise, dass Ich auch bei den geistig Blinden vorbeigehe, um Mich ihnen zu zeigen, dabei aber sie nicht zu beeinträchtigen suche, sondern warte, bis sie Mich um Hilfe anflehen.

Oft sind es auch andere, die von Mir Hilfe für solch einen Unglücklichen erbitten, freilich oft mit großem Vorurteil gegen einen solchen Unglücklichen, welchen das Wort gilt, das da sagt (Vers 3): „Auf dass die Werke des Herrn offenbar werden." - So heilte Ich den Blinden nicht durch Mein Allmachtswort allein, sondern er machte Mir Mühe, d.h. Ich wandte Mittel an, Ich schmierte Kot auf seine Augen.

Gerade so halte Ich es jetzt wieder, den blinden Weltmenschen gegenüber, Ich lasse sie die Nichtigkeit und den Dreck des Materiellen so recht fühlen, damit ihre Geistesaugen erkennen sollen, wie finster es seither bei ihnen war.

Aber wenn sie nun sehend geworden sind, dann erhalten sie die Anweisung selbst tätig zu sein, indem Ich sage (Vers 7): „Gehe hin zu dem Teiche Siloah und wasche dich", das bedeutet: Benütze das Gnadenbrot, das dir gereicht ist und reinige dich dadurch von den verkehrten Ansichten.

Ich kann niemand eine wahre Hilfe angedeihen lassen, wenn er nicht selbst tätig ist, wozu der Glaube an Meine Hilfe und der Gehorsam gegen Mich antreiben müssen, Meinen Liebewillen frei zu erfüllen.

Dieses ganze Kapitel bezeichnet das Sehendmachen der blinden Welt, sowie den großen Widerstand der Pharisäer und Schriftgelehrten, die wenn sie einen Menschen antreffen, welcher durch Meine Gnade und Arbeit hellsehend in geistigen Dingen gemacht ward, auf allerlei Verdächtigungen und Verdrehungen Meiner einwirkenden Macht denken.

Sie scheuen sich nicht, den Kampf mit Mir Selbst aufzunehmen, damit ihre eigene Ohnmacht und Blöße von den Hellsehenden nicht geschaut werden solle.

Nun aber betrachtet ihr den sehend Gemachten und nehmt ein Beispiel an seinem Verhalten, mit welcher Überzeugung er immer wieder dem Drängen der Pharisäer entgegentrat und aus Dankbarkeit gegen Mich ohne Scheu die Wahrheit sagte, ob er gleich gar wohl wusste, dass wenn er auf der Pharisäer Seite trete, ihm viel Verfolgung erspart würde. Allein er war geheilt und sehend und konnte deshalb als Zeuge Meiner Macht auftreten.

Obgleich die Juden ihn verfolgten, so nahm Ich Mich doch seiner umso gnädiger an und schenkte ihm die Erkenntnis Meiner Gottheit.

Auch ihr gehöret unter die Geheilten, welche Mir Mühe und Arbeit machten. Haltet fest im Glauben und in der Liebe zu Mir, wenn euch auch viele entgegenzutreten suchen, denen die innere Wirkung Meiner Gnade noch nicht zuteilgeworden ist in dem Grade wie ihr sie besitzet, und verkehret mit denselben in der göttlichen Liebe und Geduld! Amen! Euer Jesus-Vater.

200. Die Hauptfragen einer Selbstprüfung
(Mt. 6)   31. Oktober 1880

Liebe Kinder! Ich muss in eurer Erziehung, welche Ich euch angedeihen lasse, durch Zufluss geistiger Wahrheiten, euch immer wieder nebenbei auf euer tägliches Leben zurückführen, damit ihr euch prüfen könnt, ob und wie viel ihr Meinen Geboten mehr nachkommet als ein gewöhnlicher Mensch, der sozusagen bloß seinen eigenen Gefühlen folgt, ohne sich besserer Gnadeneinwirkungen rühmen zu können; aber dennoch in manchen Stücken große Werke der Liebe ausübt, ja oft größere, als Meine sein sollenden Kinder!

Ich will euch darauf aufmerksam machen, wo dieses herkommt! Sehet, der Feind, der stets bei den Menschen auf der Lauer ist, beobachtet jeden genau, wo er ihm am stärksten entgegenzuwirken hat, und weiß auch genau, dass Mein Hauptgebot die Liebe ist.

Darum, wenn jemand strebt ein Kind Gottes zu werden, so stellt er ihm zunächst die eigenen Verhältnisse so dar, dass dem Anfänger vieles zu unüberwindlich scheint, dadurch er dann so manche Punkte zu umgehen sucht und sich mit seiner äußeren Lage entschuldigt.

Hat der Feind durch seine Vorspiegelungen dort Eingang gefunden, so ist ihm ein weites Tor geöffnet und die völlige Hingabe einer Seele an Mich ist gehemmt, denn diese verlangt Gehorsam Meinen Gesetzen gegenüber, so wie sie nun einmal sind, und zugleich das Vertrauen, dass Ich dieselben gegeben habe, wohl wissend alle die Hindernisse, welche im Wege sind, um dieselben nach Meinem Worte zu halten. (1. Joh. 5,3).

Aber gerade in diesen Hindernissen und Missverhältnissen, für eine jede Seele besonders nach ihrer Art, besteht der Kampf, der euch zum Ziele führen soll. In den Bedenklichkeiten, die ihr da oft habt, dieses oder jenes Liebe-Gute auszuführen, suchet genau zu unterscheiden, wie viel falsche Einflüsterungen mit unterlaufen, und wenn ihr euch in diesem Punkte selbst nicht trauet, so habt ihr einen guten Fortschritt getan, auf Meine Seite zu treten.

Ich muss euch diese Lehre zukommen lassen, wenn ihr als Meine Reichsarbeiter weiterkommen wollt; denn jetzt fängt zugleich der Kampf an und zwar zuerst bei euch selbst, (d.h. wie viel ihr um Meinetwillen auf euch nehmen wollt), und dann machet euch klar, dass ohne Opfer von eurer Seite nicht viel geschehen kann, und Ich Mich auf Meine Diener muss verlassen können. Deshalb gebe Ich im Ernste jedem von euch seine eigenen Bedingungen, damit es sich klar macht, was es heißt - unter Meiner Fahne zu stehen, die die Inschrift trägt:

„Liebe Gott über alles –
und deinen Nächsten wie dich selbst!"

Nun also frage Ich: Wie weit seid ihr treue Haushalter mit euren irdischen Schätzen? Welchen Zinsgroschen habt ihr Mir davon bestimmt zur Ausführung meines Reichsplanes? Wie steht es mit der wahren Nächsten- oder Bruderliebe? Wie viel steht ihr weiter oben in den richtenden Urteilen, als eure weltlichen Mitmenschen, die sich so gerne damit entschuldigen, dass eben zu viele Mängel im Christentum seien und sie sich deshalb lieber isolieren wollen?

Seht, das sind die großen Fragen einer Selbstprüfung, die alle geordnet sein müssen in jeder Seele, die um Mein baldiges Kommen ruft. Das Anklopfen ist geschehen; ihr habt Meine Stimme vernommen, darum machet das Herz bereit zum baldigen vollen Einzug. Euer Vater! Amen!

201. Herr, gilt das uns (Jüngern nur) oder allen?

(Lk. 12)   7. November 1880

Liebe Kinder! Gleichwie Ich es mit Meinen Jüngern gehalten habe, zu welchen Ich persönlich redete und sie auf alles vorbereitete, was sie noch um Meinetwillen zu dulden und dem sie zu entsagen hatten, also halte Ich es mit euch, die ihr Mir versprochen habt treue Diener zu sein, und Mich sogar darum bittet, euren guten und redlichen Willen anzunehmen.

Ich habe denselben mit Freuden angenommen und habe euch deshalb auf eure Selbstprüfung aufmerksam gemacht; allein verstehet dieselbe wohl; denn auch Meine damaligen Jünger konnten oft die Gleichnisse und Reden nicht fassen, weil sie glaubten, dass solche sogleich in Erfüllung gehen müssten und selbe seien bloß für ihren kleinen Kreis gegeben, während doch diese Worte der Heiligen Schrift heute noch in ihrer ganzen Bedeutung anzuwenden sind.

Ihr könnt nun deren Sinn beim Rückblick auf den Entwicklungsgang Meiner Geschichte besser verstehen, und jetzt, da die Erfüllung derselben mehr denn je notwendig ist, muss Ich aufs Neue dieselben Meinen Verehrern zurufen (Lk. 12) und die Petrusfrage tritt Mir wieder entgegen: „Herr gilt das uns (nur), oder allen?"

Ich sage euch: Allen, die Mich lieben und ihre Liebe in den Werken zeigen wollen; doch in der Art und Weise, dass sie die Werke selbst wählen können, und Ich nie bestimmend ihnen etwas Besonderes anweise, sondern auch in der Liebe am meisten ihren freien Willen ehre.

Denn durch solche Zwangsformen ist schon manche gar gute Unternehmung, die in Meinem Namen angefangen wurde und zu Meiner Ehre dienen sollte, wieder unterdrückt worden, weil die redlichsten Seelen dabei durch ihren fanatischen Eifer missbraucht wurden, und statt dass ihr Geistesleben dabei gefördert, dasselbe geärgert wurde, so dass sie durch die Vorsteher, statt zu Mir gelockt zu werden, durch dieselben infolge erlittener Enttäuschungen gänzlich von Mir entfernt wurden.-

Darum, Meine lieben Kinder, verstehet diese Meine an euch gerichteten Worte wohl und redet mit Mir Selbst im Herzen darüber. ehe ihr dieselben selbst auslegen wollt als Winke zu äußeren Unternehmungen. Auch Meine Jünger musste Ich in diesem Punkte mit vieler Geduld leiten, weil ihnen Mein ganzes Wesen und Mein Wort oft als größter Widerspruch vorkam.

Bittet also um den Geist der Wahrheit, hauptsächlich wenn ihr die Kapitel leset, auf welche Ich euch noch besonders hinweise, und Ich will euch nahe sein mit Meinem väterlichen Segen. Amen! Euer Jesus!

202. Missionswinke

„Daran wird man euch erkennen - so ihr Liebe habt." (Joh. 13,35)

(Joh. 20)   11. November 1880

Liebe Kinder! Heute will Ich euch auf den Glauben hinweisen, welcher gerne hofft, dass Ich bald erscheinen werde; aber dabei doch dem Glauben Meines Thomas gleicht, der äußere Zeichen verlangt, ehe er die Möglichkeit Meines Wiedererscheinens annimmt. Zu solchen trete Ich bei verschlossener Türe ein, wie bei Thomas, der eine große Liebe zu Mir hatte, und darum auch ein Verlangen Mich zu sehen. Er war aber nicht leichtgläubig, sondern wollte einen Beweis der Wahrheit, darum gab Ich seinem Unglauben nach, und zeigte Mich ihm nach seinem Begehren.

So gibt es auch jetzt noch viele Thomasse, die ein Verlangen aus Liebe zu Mir haben, Mich zu sehen, allein ihr Verstand hindert sie es bloß mit dem Herzen anzunehmen, und sie knüpfen deshalb allerlei Bedingungen daran, ehe sie sich von ihren Mitjüngern überzeugen lassen. Es gibt viele redliche Seelen, die auf Mich warten, und ihnen will Ich nach dem Grade ihrer Liebe und Aufnahmefähigkeit erscheinen.

Darum muss Ich euch hier noch besondere Verhaltenregeln zukommen lassen: Seid gegen solche, welche an ihren eigenen Ansichten von Mir festhalten, desto liebevoller; denn auch sie fühlen den Segen Meines Einwirkens und wollen denselben bewahren; weshalb sie euch als Feinde oder wenigstens als Irrende betrachten, und euch kein Innewerden des inneren Friedens zutrauen, sondern euch darum ganz meiden, oder euch auf ihre Seite zu bringen suchen.

Schätzet daher an diesen ihren Eifer für Mich, und erkennet sie im Stillen als eure Bundesgenossen an; aber rechnet auf keinen Erfolg, wenn ihr euch bemühet nach eurem Erkennen sie zu leiten. Gedenkt Meiner Worte: „Daran wird man euch erkennen, so ihr Liebe habt" (Joh. 13,34-35). Ja so ihr in der Liebe bleibet, seid ihr Meine rechten Jünger.

Sehet - die Liebe zu Mir ist in jeder christlichen Partei vertreten; aber die Nächstenliebe fehlt, sie ist durch die Eigenliebe von der Gottesliebe getrennt und da steckt der große Fehler, welcher ein Weiterschreiten im geistigen Leben verhindert.

Diesen Fehler auszutilgen, sei für euch eine Hauptsorge, die Waffe oder das Werkzeug dazu wisst ihr, es heißt: „Nächstenliebe". Statt dass ihr euch von euren strebsamen Mitchristen absondert, oder sie zu widerlegen suchet, gebet ihnen Beispiele der Liebe!

Wie euch dies möglich ist, dafür lasst Mich sorgen; denn Ich werde sie euch schon zuführen, wenn ihr stark in der Liebe seid, und werde dann Meinen Segen besonders dazu geben, damit ihr nicht vergebens arbeitet.

Meine Ordnung ist stets einfach; ganz besonders aber im Werben für Mein Reich; es ist die Liebe, welche ebenfalls wieder sehr einfach bezeugt und geübt werden kann; schon in einem Blicke, in Worten, im Handeln und dann in der Selbstverleugnung, im Aufopfern kann sich dieselbe zeigen; sie kann stufenweise errungen und dadurch auf eine himmlische Höhe gebracht werden.

Stellet euch deshalb demütig aber ernst auf die unterste Stufe und legt in das kleinste Vorkommnis Liebe - um Meinetwillen, und ihr werdet schnell wachsen und Großes für Mich übernehmen können! Amen! Euer Jesus!

203. Simon Jona - hast du Mich lieb?

(Joh. 21,17) 21. November 1880

Meine lieben Kinder! Wenn Ich einem Petrus dreimal die Frage vorlegte: „Simon Jona, hast du Mich lieb?" so werdet ihr wohl begreifen, welch große Bedeutung diese Frage enthält! Sie fordert den Glauben zur Liebetätigkeit auf, denn nur so kann der selig machende Glauben bestehen.

Gleichwie aber Petrus ohne weiter zu prüfen, Mir sogleich Antwort gab: „Herr, Du weißt ja alle Dinge und auch dass ich Dich lieb habe," so spricht der Glaube heute noch. Allein wenn Ich den Auftrag gebe, Meine Schafe zu weiden und sie zu behüten, so fehlt es oft noch gar sehr an der wahren Liebe. Denn Ich will vom Glauben keinen Dienst für Mich in Anspruch nehmen, sondern nur für die Meinen, welche Ich so gerne durch die Liebe zu Mir mit dem wahren Himmelsbrot gesättigt wünsche, und Ich will niemand zwingen, sich Meiner Schafe anzunehmen. Darum fragte Ich immer wieder: „Hast du Mich lieb?" und erst dann (auf die bejahende Antwort) sagte Ich: „So weide Meine Lämmer!"

(Denn) es muss dieses Hirtenamt durch die Liebe verwaltet werden, wenn es für Mich Seelen gewinnen soll. Darum Ich auch dem Petrus keine weiteren Bedingungen machte, als die Liebe zu Mir, welche aber nur dann bestehen kann, wenn diese Liebe nach Meinem Willen geordnet ist, und diese göttliche Ordnung ist die Nächstenliebe. Alle Liebe, welche Mir die Menschen auf eine andere Art beweisen wollen, führt zu Verirrungen, wie ihr euch aus der Kirchengeschichte überzeugen könnt. Denn wie viele Opfer, wie viel Prunk und welche Kasteiungen hat der falsche Glaube erfunden, und zwar wie er es heißt - aus Liebe zu Mir (ad majorem Dei gloriam d.h. zur größeren Ehre Gottes), und die Folge davon war stets eine immer größere Gottentfremdung!

Nun, liebe Kinder, gerade wie Ich an euch Meine Liebe walten lasse, still und verborgen, ohne Prunk und doch beglückend, so sollt ihr's Mir, dem Vater nachmachen. Ohne alles Aufsehen sollt ihr die Liebe zuerst im engeren Kreise walten lassen und dann im Allgemeinen; und wenn es euch sauer ankommt, diesen oder jenen Menschen (oder Geist) nach Meinem Willen zu behandeln, so denkt an die Frage, welche Ich an Petrus oder an euren Glauben richtete: „Hast du Mich lieb?"

Erst, wo euer eigenes Wollen oder Lieben in den Kampf tritt, da fängt die göttliche Liebe an in den Herzen zu zünden, und macht dieselben tüchtig für die Seelsorge anderer, obgleich ihr Mir vorher die Versicherung gebet, dass ihr Mich liebt.

Erst dann, wenn ihr „das Hüten oder Weiden Meiner Schafe" begreifet und es dankbar annehmt, auch beim Überblick der damit verbundenen Schwierigkeiten; erst dann werdet ihr euch selbst erkennen, wie viel (oder wenig) ihr Liebe zu Mir habt!

Bei allem, was ihr also um Meinetwillen tut oder lasst, hört im Inneren auf die Frage: „Habt ihr Mich lieb?" Daher erwartet von Mir keinen Extra-Auftrag! Die Liebe ist beauftragt, für ihre Mitmenschen eine gute Weide herzustellen. Das Wo, Wie und Wann wird die Liebe, wenn von Mir regiert, schon selbst herausfinden.

Auch ihr seid feurige Petrusse; darum gilt auch euch die Frage: „Habt ihr Mich lieb?" Euer Jesus.

Inhaltsverzeichnis

Ida Kling

Lebensworte
der Ewigen Liebe

Bereits im 21. Lebensjahr durfte Ida Kling,
wie sie es selbst in dem Bericht über ihr
Berufungserlebnis schreibt, zum ersten Mal
die Stimme des Herrn in sich vernehmen.
Diese innere Stimme hat über viele Jahrzehnte
nicht nur ihr, sondern sehr vielen Menschen
Rat, Hilfe und Trost neben vielen Belehrungen
über tiefste Lebensfragen geschenkt.

348 Seiten, gebundene Ausgabe
Preis 20,- € oder als E-Book 6,99 €
ISBN 978-3-7534-0765-4
Bezug portofrei über Books on Demand-Buchshop
oder Amazon und im Buchhandel

Max Seltmann

ERLEBNISSE MIT JAKOBUS
auf der Reise nach Edessa

In Edessa im mesopotamischen Königreich Osrhoene, wird die Geschichte überliefert, dass König Abgarus V. von Edessa von dem berühmten Heiland Jesus und seinen Wundertaten Kunde erhielt. Da er selbst schwer erkrankt war, sandte er einen Boten an Jesus, um ihn nach Edessa einzuladen, damit dieser ihn von seiner schweren Krankheit heilen möge.

Jesus pries den König selig: „Selig bist du, der du an mich geglaubt hast, ohne mich gesehen zu haben." Da er aber nicht persönlich zu ihm kommen konnte, versprach er, zu einem späteren Zeitpunkt, einen seiner Jünger zu senden.

Diese umfangreiche Erzählung handelt nun von den Erlebnissen des Jüngers Jakobus auf der Reise von Jerusalem nach Edessa zu König Abgarus.

Was der Jünger Jakobus auf dieser zweijährigen Reise durch die Heidenländer an Begegnungen, Wundern, Krankenheilungen und Zeugnissen erlebte, erfahren wir in dieser inspirierenden Erzählung, die weit mehr ist, als nur ein Roman.

580 Seiten, Paperback (21,5 x 13,5 x 4,0 cm)
Preis: 19,80 € oder als E-Book 9,99 €
ISBN 978-3-7528-7356-6
Bezug portofrei über Books on Demand Buchshop
oder über Amazon und im Buchhandel

Naeme

Ein Lebensschicksal und die Führungen
Gottes zurzeit der ersten Christen

Diese Erzählung handelt von den Erlebnissen einer jungen Frau, der Tochter eines jüdischen Tempelpriesters, die sich zurzeit der ersten Christen in Jerusalem zum Christentum bekehrt.
Sie erlebt das Leid der Christenverfolgung am eigenen Leibe, aber auch die Führungen Gottes und den Segen eines im Glauben und Vertrauen gegründeten Lebens, welches sie durch die Wirren der damaligen Zeit hindurchträgt.

„Selig sind, die um der Gerechtigkeit willen
verfolgt werden; denn ihrer ist das Himmelreich."
(Mt. 5,10)

104 Seiten, Paperback (19x12 cm), Preis: 5,99 € oder als E-Book 2,99 €
ISBN 978-3-7534-0674-9

Erlebnisse mit Jesus

Diese Erzählung beinhaltet köstliche Szenen aus dem Erdenleben des jungen Jesus vor dem Beginn seiner Lehrtätigkeit.
Von Jesu Kämpfen und Versuchungen und dem Unverständnis seiner Umwelt gegenüber seiner großen Mission wird in anregenden und bewegenden Episoden erzählt.

„Und Jesus nahm zu an Gnade und Weisheit
vor Gott und den Menschen und blieb untertänig
und gehorsam seinen Eltern, bis da Er sein
Lehramt antrat." (Luk. 2,40+52)

94 Seiten, Paperback (19x12 cm), Preis: 5,99 € oder als E-Book 2,99 €
ISBN 978-3-7534-0695-4

Bezug portofrei über Books on Demand Buchshop
oder über Amazon und im Buchhandel